LOKAL-TERMIN IN ALT-BERLIN

Ein Streifzug
durch Kneipen, Kaffeehäuser
und Gartenrestaurants
unternommen
von
PAUL THIEL

EULENSPIEGEL VERLAG
BERLIN

ISBN 3-359-00124-9

1. Auflage
© Eulenspiegel Verlag, Berlin · 1987
Lizenz-Nr.: 540/49/87 · LSV 8100
Gesamtgestaltung: Hans-Joachim Schauß
Printed in the German Democratic Republic
Lichtsatz: Karl-Marx-Werk Pößneck V 15/30
Druck und buchbinderische Weiterverarbeitung:
Sachsendruck Plauen
620 803 4

03200

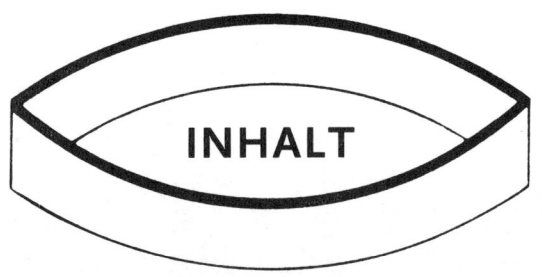

Vorbemerkung 7
Berlin und seine Kneipen 16
Vor den Toren der Stadt 44
Auf den Spuren von Heinrich Zille 82
Treffpunkt Hinterzimmer 120
Geschlossene Gesellschaft 154
Vom Waschhaus ins Café Größenwahn 186
Die Brauerei auf dem Windmühlenberg 216
Wir bitten zur Kasse 248

Quellennachweis 265
Bildnachweis 267
Danksagung 268

Anhang
Das Fliegenfest 270
Edict, wegen der Sonntags-Feier 277
Allgemeines Edict wegen Abstellung des
Voll-Sauffens 280

1. Theodor Hosemann:
Diner-Karte zum Hofball
Friedrich Wilhelm IV.,
Farbendruck, 1844

VORBEMERKUNG

Im Mai des Jahres 1765 kam der Pariser Koch und Kleinwarenhändler Boulanger auf die Idee, an der Ecke der Rue Bailleul und der Rue des Poulies eine Gaststätte aufzumachen, in der man während der gesamten Öffnungszeit unterschiedliche, im Preis gestaffelte Speisen und Getränke verzehren konnte. Er erfand das moderne Restaurant.

Diese Stätte der Erquickung wurde zunächst von der Aristokratie, von Künstlern und Gelehrten in Anspruch genommen. Fortan brauchten sie sich nicht mehr auf die vorher üblichen, streng festgelegten Tischzeiten zu beschränken. In aller Ruhe konnten sie bei einem vielfältigen Speisen- und Getränkeangebot die Neuigkeiten des Tages bis in die späten Abendstunden diskutieren.

Obwohl sich das Restaurant des Monsieur Boulanger an der Ecke einer Straßenkreuzug befand, kann man natürlich noch längst nicht von einer «Eckkneipe» im Berliner Sinne sprechen; dazu waren das Etablissement und sein Publikum viel zu vornehm. Die Anregung für diese typische Berliner Erscheinung scheint eher aus England, genauer: aus London gekommen zu sein und hängt mit der expandierenden Großstadt zusammen.

Dort, in London, etablierten sich gegen Ende des 18. Jahrhunderts im Stadtteil Westminster und vor allem an den Straßenecken der neuangelegten Viertel billige Porterschenken für ein breites, zumeist proletarisches Publikum.

Auch der moderne Tresen, an dem man «... einen auf die Schnelle zur Brust nehmen» bzw. «kippen» kann, zeigte sich zuerst in den großen Industrie- und Ballungszentren Englands. Dort verdrängte er zu Beginn des 19. Jahrhunderts den beschaulicheren Ladentisch und ermöglichte eine gewinnbringendere Bedienung der Gäste, die sich nun nicht mehr stundenlang an einem Glas Bier oder Schnaps festhalten konnten, sondern sich ihren Platz stets neu erkaufen mußten. So trug der Tresen zur Angleichung der Trinksitten an das Tempo des beginnenden Industriezeitalters bei.

Wer die Eckkneipe in Berlin einführte, wissen wir nicht. Ebensowenig ist über die erste Verwendung eines Tresens im heutigen Sinne bekannt. Beide, Eckkneipe wie Tresen, treten in Berlin erst nach der Mitte des 19. Jahrhunderts auf, waren aber um die Jahrhundertwende bereits zu einer massenhaften Erscheinung geworden.

Die überlieferten Darstellungen von Franz Burchard Dörbeck, von Theodor Hosemann und anderen Berliner Künstlern aus der ersten Hälfte des 19. Jahrhunderts zeigen den Tresen, dieses wichtige Requisit des modernen Gaststätteninventars jedenfalls noch nicht, und auch in Adolf Glaßbrenners Serie «Berlin wie es ist und – trinkt» aus den Jahren 1832–1850 wird noch keine Eckkneipe geschildert.

Vieles ist schon über die Berliner Gastronomie veröffentlicht und durch Abbildungen verbreitet worden. Daten und Fakten aus der Entwicklung großer und repräsentativer Unternehmen wie Zenner oder Kranzler, exponierter Künstler- und Literatencafés oder exotisch anmutender Ganovenkneipen sind allgemein bekannt und werden immer wieder beschrieben. Auch der Stralauer Fischzug oder die historische Gaststätte «Zum Nußbaum» oder die «Letzte Instanz» gehören gewissermaßen zum Repertoire der berlingeschichtlichen Literatur. Merkwürdig wenig ist jedoch von der Gastronomie der Unterschichten in der sich herausbildenden Industrie-Metropole bekannt, sie ist allenfalls summarisch dargestellt worden.

Das gilt für die gesamte Breite des Spektrums, vom «Fliegenfest» in Pankow über die Kaffeeklappen und Animierkneipen bis zur Selterwasserbude und dem Ausschank in einer Laubenkolonie. Es umfaßt ebenso die Bierflasche und die mit ihr verbundene Innen- und Außenwerbung, die Etiketten und die Verschlüsse, wie auch die Geschichte der Berliner Brauereien.

Hier will das vorliegende Buch einige Lücken schließen helfen, indem es bisher bekannte Quellen zusammenträgt und neu befragt, unbekannte Materialien in Bild und Text erstmalig vorstellt, sowie Anstöße für spätere Untersuchungen zu geben versucht. Auf der Suche nach der «Berliner Eckkneipe», die hier als Synonym für die Gastronomiegeschichte der arbeitenden Klassen und Schichten um 1900 steht, befaßt sich unser Buch deshalb auch mit der Entwicklung der Mietskaserne und dem Entstehen weitgehend proletarischer Wohnviertel wie dem heutigen Stadtbezirk Prenzlauer Berg, und es wird versucht, anhand historischer Bauakten und anderer Unterlagen selbst dem illegalen Bierverkauf auf den Berliner Baustellen der Jahrhundertwende nachträglich auf die Schliche zu kommen. Oder hätten Sie gewußt, daß mancher Polier damit reich werden konnte, oder daß das Flaschenpfand in Berlin erst kurz vor dem 1. Weltkrieg eingeführt worden ist?

2. Franz Burchard Dörbeck:
Marqueur und Gast,
Lithographie, nach 1830

3. Franz Burchard Dörbeck:
Im Schnapsladen,
Lithographie, um 1829/30

4. Anonym:
Zwei Angetrunkene
auf der Straße vor einem
Berliner Viktualienkeller,
Lithographie, um 1830

6. Anonym:
Berliner Bierkutscher,
Foto, um 1933

5. E. von Brauchitsch:
Fassade des Hauses
Köllnischer Fischmarkt 1/2,
Foto, ca. 1905

7. Anonym:
Arbeiter vor einer
Berliner Kneipe,
Foto, um 1910

8. Hoffmann:
Café Kranzler am
Kurfürstendamm,
Foto, April 1937

BERLIN UND SEINE KNEIPEN

In Berlin kam im Jahre 1905 auf jedes zweite Grundstück eine Gaststätte oder, wie der Berliner Ausdruck lautet, eine Kneipe. Bei dieser Angabe muß man allerdings berücksichtigen, daß auch das vornehme Tiergartenviertel, die Villenvororte Wannsee und Grunewald dazu gerechnet wurden, in denen sich – außer einigen Ausflugslokalen – keinerlei Ausschank befand.

Die Kneipen und Gaststätten konzentrierten sich auf die Innenstadt und auf die Arbeiterbezirke, wo beinahe in jedem Hause eine Kneipe war oder wo sich, wie in der Friedrichstraße, oft mehrere Gaststätten in den verschiedenen Etagen eines Hauses befanden.

Das Wort «Kneipe» selbst soll aus der Sprache der Vogelfänger stammen und bedeutete ursprünglich eine Spalte in einem Stück Holz, das man zum Fallenstellen benutzte und in dem sich der zu fangende Vogel wie in einer Kneip- (d. h. Kneif-)Zange selbst fing. Danach ging dieser Begriff auf die Gastwirtschaften niedriger Kategorien über, in denen Vogelfänger, Fuhrleute und anderes «fahrendes Volk» verkehrten, weil sie dort oft genug festgehalten wurden und manch lockerer Vogel in solchen »Kneipen« gefangen werden konnte./1/ Wie und wann sich dieser Begriff dann in Berlin – auch unter tatkräftiger Mithilfe der Studenten – verbreitete und in der Umgangssprache heimisch wurde, ist schwer zu sagen.

Studenten haben sich vielfach als Kulturträger erwiesen. So entpuppt sich z. B. ein im Jahre 1905 im Berliner Ausschank der Süddeutschen Brauerei angebrachter Kneipenspruch:

Trinke nie ein Glas zu wenig,
Denn kein Kaiser oder König
Kann von diesem Staatsverbrechen
Deine Seele ledig sprechen.

als die 1. Strophe eines (den damaligen Zeitgenossen vertrauten) Studentenliedes.

Im «Kleinen Kommersbuch», d. h. dem für Studenten verbindlichen Liederbuch, unter der Nummer 91 ge-

führt, lautet es mit der nachfolgenden 2. Strophe vollständig:
> Lieber eins zu viel getrunken,
> Etwas schwer ins Bett gesunken,
> Und darauf in stiller Kammer
> Buße thun beim Katzenjammer.

Auch die sogenannte «Bierzeitung», die heute noch in Abitur- und Hochzeitszeitungen u. ä. unbeachteten Erzeugnissen der Volkskultur weiterlebt und von Studenten wahrscheinlich etwa Mitte des 19. Jahrhunderts erfunden wurde, ist von dort in breitere Schichten eingedrungen./2/

Nicht zuletzt wurden eine Reihe studentischer Bräuche wie z. B. der feierliche Kommers, das Biertrinken auf Kommando in festlichem Rahmen, auch als Salamander bezeichnet/3/, von der Arbeiterbewegung übernommen und abgewandelt. So fand am 16. November 1892 zu Ehren der Delegierten des Parteitages der SPD in Berlin ein festlicher Kommers statt, und es erschien eine Festzeitung, in welcher die Tradition der studentischen Bierzeitung neue Inhalte erhielt. Porträts von Karl Marx und Ferdinand Lassalle, die die Titelseite dieser Festzeitung schmückten, verzierten auch so manchen Bierseidel dieser Zeit./4/

In der hyperkritischen Sicht des Deutschen Arbeiter-Abstinenten-Bundes hatte sich «der Charakter der Arbeiterfestlichkeiten», so der Titel eines Artikels in der Zeitschrift «Der Abstinente Arbeiter» vom 15. August 1906, radikal zu einem bloßen Ausschank von Bier und Schnaps gewandelt und war auf das Niveau von Jahrmarktsbelustigungen herabgesunken. Danach wurden folgende Anlässe zum Trinken mißbraucht: Frühlingsfestlichkeiten, Sommerfestlichkeiten, Herbstfestlichkeiten, Winterfestlichkeiten, Gartenfestlichkeiten, Waldfestlichkeiten, Stiftungsfeste, Jubiläumsfeste, Parteifeste, Kreisfeste, Gewerkschaftsfeste, Sängerfeste, Turnerfeste, Radfahrerfeste, Athletenfeste, Rudererfeste, Schwimmerfeste, Raucherfeste, Skatspielerfeste, Fahnenweihen, Bannerweihen./5/

Bei Ausflügen in die Natur konnte es deshalb vorkommen, wie «Der Abstinente Arbeiter» schrieb, daß die Organisatoren absichtlich wenig Gelegenheit zum Sitzen vorsahen, denn «... schaffen wir deren zu viel, so wird nichts getrunken, da sich dann die Leute stundenlang vor einem Glas Biere setzen können. Haben sie aber wenig Sitzgelegenheit, so müssen sie, wollen sie das nun einmal gekaufte Glas nicht immer mit sich herumschleppen, gleich austrinken! Hier müssen die Biermarkenverkäufer auf dem Damme sein.»/6/ Dieser Biermarkenverkauf, mit dem wider besseres Wissen argumentiert wird, hatte jedoch andere Beweggründe, als dem Zitat zu entnehmen ist.

Während der Zeit des Sozialistengesetzes wurde damit und mit dem Verkauf anderer Sammelbons Geld zur Unterstützung von Familien ausgewiesener Genossen und für die Gemaßregelten selbst bereitgestellt. Manchmal wurde das Bier, das man auf solchen Ausflügen trank, von den Reichstagsabgeordneten der SPD, so z. B. von Paul Singer, zur Verfügung gestellt. Der daraus erzielte Erlös – deshalb die Biermarken zur Kontrolle! – wurde der Parteikasse überwiesen.

Zur Ehre der Berliner Arbeiter muß gesagt werden, daß sie die organisierten Ausflüge in die nähere Umgebung Berlins vor allem zu machtvollen Demonstrationen ihrer Stärke und Kampfbereitschaft nutzten, wenn auch mit unkonventionellen Mitteln. So hatten z. B. die Berliner Arbeiter-Bezirks-Vereine am 30. August 1885 zur Feier des Todestages von Ferdinand Lassalle zu einer «Herrenpartie» nach Köpenick eingeladen, an der nach einem zeitgenössischen Polizeibericht etwa 2000 Personen teilnahmen.

«Der Aufbruch erfolgte in der Zeit von 7 bis 9 Uhr vormittags teils mit der Bahn, teils zu Fuß; es trafen die Teilnehmer daher truppweise im Laufe des Vormittags in Köpenick ein ... Auf der Eisenbahnfahrt und während des Marsches durch die Kgl. Heide wurden ... verschiedene Lieder abgesungen, unter denen die (verbotene, d. V.) Arbeiter-Marseillaise am häufigsten wiederholt wurde. Der anwesende Oberförster des Reviers, zu dem der fragliche Forstabschnitt (die sog. Wuhlheide) gehört, nahm Veranlassung, darauf hinzuweisen, daß es unpassend sei, in einem Kgl. Forst derartige Lieder zu singen, und verbot den Marschierenden den Gesang. Dieselben anworteten damit, daß sie nunmehr

11. Ludwig Löffler:
Berliner nächtliche
Conditorei,
Holzstich, 1865

9. Ludwig Löffler:
Eine Berliner Destillation,
Holzstich, 1866

10. Ludwig Löffler:
Berliner Weißbierstube,
Holzstich, um 1865

12. Anonym (C. R.):
Titelseite einer
Berliner Bierzeitung,
vervielfältigte Feder-
zeichnung, 1881/82

13. Fritz Hansen:
Titelseite der Festzeitung
zum SPD-Parteitag in
Berlin, vervielfältigte
Federzeichnung, 1892

14. Paul Thiele:
Titelseite für eine
Berliner Bierzeitung,
vervielfältigte Feder-
zeichnung, 1935

die ‹Wacht am Rhein› unter höhnischen Bemerkungen und allerlei Randglossen anstimmten.»/7/

Der Mangel an eigenen Versammlungsräumen und die Tatsache, daß das Bismarcksche Sozialistengesetz vor der Kneipe haltgemacht hatte, so daß «... jedes von Parteigenossen besuchte Wirtshaus einen ‹Geheimbund› bildete, der Einmütigkeit im Denken und Handeln verbreitete und den Zusammenhang unter den einzelnen Genossen aufrechterhielt ...», hatte in der SPD das Kautskysche Theorem vom «Wirtshaus als Bollwerk der Partei» aufkommen lassen./8/ Erst mit Wirkung vom 1. April 1907 konnte die Bewirtschaftung des Berliner Gewerkschaftshauses, das vorher mit der Schultheiß-Brauerei einen Pachtvertrag unterhalten mußte, der die Pachtsumme nach der Zahl der ausgeschenkten Hektoliter Bier festlegte, in eigene Regie übernommen werden./9/

Nur so ist es wohl zu erklären, daß die sogenannte Alkoholfrage schließlich auf Drängen des 1903 gegründeten Arbeiter-Abstinenten-Bundes, vor allem aber aufgrund der Initiativen einiger Vertreter aus den oberschlesischen Industriebezirken, wo katastrophale Verhältnisse unter den Arbeitern herrschten, im Jahre 1907 auf die Tagesordnung eines SPD-Parteitages gesetzt wurde. Und auch nur so ist die übertreibende Kritik des «Arbeiter-Abstinenten-Bundes» an den Arbeiterfestlichkeiten aus dem geschichtlichen Zusammenhang zu erklären./10/

Selbst der Berliner Polizeipräsident von Stubenrauch richtete erst zu Beginn des Jahres 1909 «... an die Eigentümer von Kraftwagen die Bitte, im eigenen Interesse tunlichst den Wagenführern den Genuß geistiger Getränke während der Fahrt und vorher zu untersagen»./11/ Er reagierte damit – das Zitat stammt aus einem Schreiben an den Verein gegen den Mißbrauch geistiger Getränke – auf ein tragisches Zugunglück bei der Berliner Hochbahn vom 26. September 1908, bei dem 18 Menschen getötet und weitere 18 Personen schwer verletzt worden waren.

Der schuldige Hochbahnzugführer Karl Schreiber, im Laufe des Prozesses zu $1\frac{3}{4}$ Jahren Gefängnis verurteilt, hatte am Tage vor der Katastrophe Gehalt bekommen und war am selben Abend durch die Berliner Kneipen gezogen. Offensichtlich noch unter erheblichem Alkoholeinfluß stehend, die Berliner Zeitungen vom 4. Februar 1909 äußern sich in ihrer Prozeßberichterstattung nicht sehr zuverlässig, trat Schreiber seine Frühschicht verspätet an und wurde während des Dienstes mehrfach von Durst geplagt. Außerdem mußte er «... an einer Station austreten, und dadurch wurde ein Austausch mit einem anderen Fahrer nötig. Die Zeit seines Austretens hat Schreiber dazu benutzt, in einem Schanklokal ein Glas Bier zu trinken. Dann übernahm er den Zug. Plötzlich wurde ihm schlecht zu Mute, und als er wieder zu sich kam, war der Zusammenstoß geschehen.»/12/

Gleichzeitig mit dem Prozeß gegen Schreiber erließ die betreibende Gesellschaft für elektrische Hoch- und Untergrundbahnen in Berlin im Februar 1909 ein «Verbot des Genusses alkoholhaltiger Getränke während des Dienstes», das auf allen Bahnhöfen in den Diensträumen im Einverständnis mit der Aufsichtsbehörde, der Königlichen Eisenbahndirektion, als Plakat ausgehängt wurde./13/

Ein frühes Berliner Verbot des Alkoholgenusses stellt übrigens ein am 31. März 1718 publiziertes und hier abgedrucktes «Allgemeines Edict wegen Abstellung des Voll-Sauffens ...» dar. Darin wird bereits der strafrechtliche Grundsatz aufgestellt, daß Trunkenheit keineswegs strafmildernd zu werten sei, sondern das Strafmaß vermehren müsse./14/

Neben dem Wort «Kneipe» geht auch die umgangssprachliche Formulierung «etwas auf dem Kerbholz haben» auf das Gaststättenwesen, genauer auf eine jahrhundertealte Form der Rechnungsführung zurück, die in Berlin erst Ende der 80er Jahre des vorigen Jahrhunderts durch das modernere Kontobuch endgültig verdrängt wurde. Das wahrscheinlich letzte Berliner Kerbholz, das später an das Märkische Museum übergeben wurde, war noch im Jahre 1889 in der Weißbierbrauerei von Richter (1910/1911: Dalldorferstraße 23) in Gebrauch.

Das Kerbholz, auch Kerbstock genannt, bestand «... aus zwei schmalen Brettchen, die aneinander gelegt werden und an den Enden mit Zäpfchen ineinander greifen. Wurde von der Brauerei Bier geliefert, so schnitt der Kutscher quer über die Schmalseiten beider Hälften einen Kerb, gab dem Empfänger die eine Hälfte und steckte die andere, auf der der Name des Gastwirts stand, in den Schaft des langen Stiefels und später in die am Wagen angebrachte ‹Stocktasche›, die sich noch heute (1910/1911, d. V.) an vielen Bierwagen befindet. Für jede halbe Tonne wurde ein Einschnitt gemacht, die siebente ‹gab es schenk›, d. h. geschenkt, als ‹Gratisgabe›, die aber auch gekerbt wurde. Bei der Abrechnung wurden die beiden Hälften aufeinander gehalten, so daß ein Irrtum oder Betrug nie vorkommen konnte. Die bezahlten Kerben wurde dann mit Tinte geschwärzt; die unbeglichenen blieben weiß. Daher finden sich noch in den älteren Kontobüchern der Brauer über den Spalten die Bezeichnungen: schwarz, weiß usw. Nach der Bezahlung von 21 (später 20) Kerben wurde der Stock ‹abgekerbt›, d. h. mit dem Hobel glatt gemacht, und die Sache begann von neuem. In einigen Gegenden der Mark, z. B. bei Beeskow, benutzen Wirt und Gäste noch heute (1910/1911, d. V.) den Kerbstock zur gegenseitigen Kontrolle ...»/15/

Der Gebrauch des Kerbholzes deutet gleichzeitig auf den konservativ-patriarchalischen Charakter der Berliner Weißbierbrauereien, die am Ende des 19. Jahrhunderts gegenüber den zum größten Teil bereits zu Aktiengesellschaften zusammengeschlossenen «Bairisch-Bier»-Brauereien hoffnungslos ins Hintertreffen geraten waren.

Die oft genug nur als 1-Mann-Betrieb oder als Familienunternehmen geleiteten Weißbierbrauereien verzichteten z. T. aus traditionsblindem Stolz, hinter dem sich allerdings auch ökonomische Zwänge verbargen, auf die modernen Formen der kaufmännischen Buchführung und andere Methoden der Betriebsorganisation. In einer von Gustav Stresemann im Jahre 1900 vorgelegten Dissertation über «Die Entwicklung des Berliner Flaschenbiergeschäfts» konnte sich der Besitzer einer nicht näher bezeichneten größeren Berliner Weißbierbrauerei «... noch nicht einmal ... dazu entschließen, sich Fernsprechanschluß zu besorgen»/16/.

Den Konzentrierungsbestrebungen in der Berliner Brauereiindustrie fielen vor allem die klein- und mittelständischen Weiß- und Malzbierfabriken sowie andere Bierbrauereien ähnlicher Größenordnung zum Opfer. Dieser Prozeß, der sich seit dem letzten Drittel des 19. Jahrhunderts bereits deutlich abgezeichnet hatte, wurde während des ersten Weltkrieges von Staats wegen außerordentlich beschleunigt.

Unter dem Vorwand der Freisetzung von Arbeitskräften für den Frontdienst, der strategisch wichtigen Einsparung von Kohle und der Ablieferungspflicht von Bunt- und Edelmetallen – die Braukessel waren aus Kupfer! – wurden viele Betriebe stillgelegt bzw. zwangsweise zugunsten der großen Brauereien wie Schultheiß, Patzenhofer und Engelhardt zusammengeschlossen./17/

Nach Beendigung des Krieges ergab sich im Jahre 1919 für Berlin das folgende Bild/18/:

An Lagerbierbrauereien bestanden noch die folgenden 15 Betriebe:
1. Aktiengesellschaft Friedrichshöhe, vorm. Patzenhofer
2. Brauerei Königsstadt AG
3. Deutsche Bierbrauerei
4. Aktiengesellschaft Schloßbrauerei, Schöneberg
5. Berliner Kindl-Brauerei AG
6. Bergschloßbrauerei AG
7. Böhmisches Brauhaus AG
8. Brauerei Julius Bötzow
9. Brauerei Happoldt
10. Löwenbrauerei AG
11. Vereinsbrauerei Teutonia
12. Versuchs- und Lehranstalt für Brauerei
13. Schultheiß-Brauerei AG
14. Genossenschaftsbrauerei Friedrichshagen
15. Engelhardt-Brauerei AG

Aufgesogen wurden 20 Betriebe:
1. Berliner Bockbrauerei AG
2. C. Habels Brauerei GmbH
3. Münchner Brauhaus AG
4. Brauerei Gabriel und Richter

15. Ludwig Burger:
Neue Bier-Etablissements
in Berlin,
Holzstich, 1860

16. Anonym:
Der Brandtweins-Moloch,
Lithographie, um 1840

17. *Fritz Gehrke:*
Ein russisches Restaurant
in Berlin,
Illustration, o. J.

5. Aktienbrauerei Friedrichshain
6. Berliner Bierbrauereien AG vorm. F.W. Hilsebein
7. Bürgerliches Brauhaus Gebr. Wanninger
8. Hansa-Brauerei AG
9. Brauerei Germania AG
10. Brauerei Karl Gregory, später Phönix-Brauerei AG
11. Brauerei A. Werm AG
12. Norddeutsches Brauhaus AG
13. Brauerei C. Flehinghaus
    von Löwenbrauerei AG

14. Berliner Unionsbrauerei
15. Brauerei Pfefferberg
16. Spandauer-Berg-Brauerei
    von: Schultheiß-Brauerei AG

17. Brauerei Oswald Berliner
18. Viktoria-Brauerei AG

19. Kaiser-Brauerei AG
20. Bergbrauerei Nacher u. Co.
    von: Engelhardt-Brauerei AG

Stillgelegt wurden:
1. Berliner Stadtbrauerei G.m.b.H.
2. Brauerei Schweizergarten C. Schneider
3. Klosterbrauerei AG

An Malzbier- und Weißbierbrauereien bestanden noch 9 Betriebe:
1. Berliner Weißbierbrauerei AG, vorm. Carl Landré
2. Berliner Weißbierbrauerei Carl Richter
3. Berliner Weißbierbrauerei E. Willner
4. Weißbierbrauerei AG, vorm. H. A. Bolle
5. Weißbierbrauerei C. Breithaupt
6. Brauerei Groterjahn u. Co. AG
7. Bayerische Malzbierbrauerei Max Böhm

18. Anonym: Kunstausstellung in einem Berliner Café, Foto, 1932

8. Berliner Weißbierbrauerei Julius Stolpmann
9. Brauerei Kienz u. Co.

Stillgelegt wurden folgende 26 Betriebe:
1. Erste Berliner Weißbier-Genossenschaft der Gastwirte
2. Berliner Weißbierbrauerei vorm. Gericke
3. Berliner Weißbierbrauerei W. Bönnhoff
4. Berliner Weißbierbrauerei Friedrichstadt Julius Borsdorf
5. Berliner Weißbierbrauerei E. Gebhardt AG
6. Berliner Weiße- und Malzbierbrauerei Christian Stauch
7. Berliner Weißbierbrauerei und Malzfabrik Albert Bier
8. Böhmische Malzbierbrauerei Albert Sindermann
9. Borussia-Brauerei Walt. Lehmberg
10. Brauerei Berolina Ernst Krüger
11. Brauerei Gesundbrunnen Hugo Riewe
12. Brauerei Carlsberg, Inh. Gebr. Otto und Pippow
13. Brauerei A. Lehmann
14. Brauerei Luisenstadt E. Weber
15. Brauerei Schwarzer Adler, A. Reich
16. Brauerei Gabriel u. Jäger
17. Malzbierbrauerei Christoph Groterjahn
18. Brauerei C. D. Möwes
19. J. C. A. Richter u. Co.
20. Carl Schultz
21. H. Schulz
22. Weißbierbrauerei M. Rathgeb
23. Weißbierbrauerei H. Schade
24. Weißbier-Genossenschafts-Brauerei Süd-Ost e.G.m.b.H.
25. Weißbier- und Malzbierbrauerei Nördl. Vororte G.m.b.H.
26. Brauerei Alt-Berlin, Max Hirschwald

Kurz darauf, im Jahre 1920, schlossen sich die beiden größten Brauereien Berlins (und Deutschlands), Schultheiß und Patzenhofer, zusammen. Auf diese «Elefanten-Hochzeit» folgte ein Jahr später die Gründung einer Interessengemeinschaft zwischen Schultheiß-Patzenhofer und der Münchner Pschorr-Brauerei in der Weise, «daß die Gewinne beider Gesellschaften schlüsselmäßig verteilt ... (wurden).

Hierbei wurde die Selbständigkeit der Pschorrbräu AG nach jeder Richtung gewahrt und auf die bayerischen Sonderverhältnisse volle Rücksicht genommen ...»/19/, während der Engelhardt-Konzern zum vertikalen Aufbau überging. Lediglich die Brauerei von Julius Bötzow blieb als einzige große Berliner Brauerei nach wie vor in Familienbesitz und konnte der geballten Konkurrenz widerstehen.

1 Brandenburgia. IX. Jg. 1900/1901, S. 287. Grimms Etymolog. Wörterbuch d. deutschen Sprache (Lpz. 1873) gibt die Studentensprache als Herkunft an; ebenda u.a. Verweis auf Adelung sowie Kindleben (Studentenlex., Halle 1781).
2 Noch nicht bei Grimm... 1. Aufl. Bln. 1860! Vgl. auch Anm. 35 d. vorlieg. Buches zum Kap. «Geschlossene Gesellschaft».
3 Nach mittelalterlicher Vorstellung lebte der Salamander im Feuer; daher bei Paracelsus Elementargeist des Feuers. Von da wurde S. zum gemurmelten Zauberwort eines studentischen Trinkritus, bei welchem man brennenden Schnaps zu Munde führte. Ein «Schnapsgott» S. tritt in einem Trinklied aus Basel im Jahre 1829 auf, danach «S. reiben» (Heidelberg, 1841, München ca. 1841/46). Der erste S. in Jena wurde im Sommer 1843 auf dem Burgkeller gerieben. Friedrich Kluge, Etymolog. Wörterbuch d. dt. Sprache, 12. und 13. Aufl., Bln./Lpz. 1943, S. 495 f.
4 Die Bierseidel mit den Porträts der für die Arbeiterklasse wichtigen Persönlichkeiten sind auch als kulturpolitische Aktivitäten gegen den offiziellen Preußenkult der Zeit (z. B. auf den sogen. Reservistenkrügen u.ä.) zu verstehen.
5 Der Abstinente Arbeiter. 4. Jg., Nr. 16 vom 15. August 1906, S. 121.
6 Ebenda.
7 Archival. Forschungen zur Gesch. d. dt. Arb.beweg. Bd. 3/II. Hrsg. von Leo Stern. Bln. 1956, S. 872 f.
8 Karl Kautsky nach Otto Rühle. In: Illustrierte Kultur- u. Sittengeschichte d. Proletariats. Bln. 1930. Reprint: Frankf./M. 1971, S. 434.
9 Der Abstinente Arbeiter. 5. Jg., Nr. 16 vom 16. August 1907, S. 127.
10 Die Geschichte d. Arbeiter-Abstinenten-Bundes ist noch unerforscht, ebenso die Debatten zur sog. Alkoholfrage, welche unter Bezug auf die Arbeit von Friedrich Engels «Preuß. Schnaps im deutschen Reichstag» aus dem Jahre 1875 geführt wurden. Vgl. auch MEW, Bd. 19. Bln. 1982, S. 46 ff. Zur Geschichte d. Arb.-Abst.-Bundes vgl. auch: Unser Weg und Ziel. Festschrift zum 25jähr. Jubiläum des D. A. A. B., Bln. 1928.
11 Der Abstinente Arbeiter. 7. Jg., Nr. 4 vom 16. Februar 1909, S. 28.
12 Ebenda.
13 Wortlaut des Plakats z. B. in Der Abstinente Arbeiter. 8. Jg., Nr. 8 vom 16. April 1910, S. 68.
14 Mylius ... 1. Bd. T. II, Abt. III, Nr. XXXVII, Sp. 115 ff.
15 Brandenburgia. XIX. Jg. 1910/1911, S. 38/39. Grimm..., a. a. O. datiert die Bez. «Kerbholz» im Sinne von «Quittung», «Schuldverzeichnis» auf das Jahr 1470.
16 Gustav Stresemann: Die Entwicklung des Berliner Flaschenbiergeschäfts. Diss., Lpz. 1900, S. 29.
17 Die Zusammenlegung der Brauereien wurde dem Reichsamt des Innern bzw. dem Reichswirtschaftsamt übertragen. Letzteres legte dem Bundesrat am 2. November 1917 den Entwurf einer Verordnung auf Zusammenlegung von Brauereien zur Beschlußfassung vor. Verband der Brauereiarbeiter etc. Jahrbuch f. 1917. Bln. 1918, S. 34 f.
18 Verband der Brauerei- und Mühlenarbeiter und verwandter Berufsgenossenschaften, Jahrb. f. 1919, Bln. 1920, S. 18 f.
19 Verband d. Lebensmittel- und Getränkearbeiter Deutschlands. Jahrbuch f. 1922. Bln. 1923. S. 19.

19. Anonym:
Raritäten-Restaurant
in Berlin, Knesebeckstraße,
Foto, 1934 (Detail)

20. Anonym:
Vegetarisches
Diät-Restaurant »Scala«
in Berlin,
Foto, 1935 (Detail)

21. Anonym:
Chinesische Gaststätte
der »China-blüht-Company«
in Berlin, Langestraße,
Foto, 1930 (Detail)

22. Werbepostkarte für Berliner Automaten-Restaurants, Ende 19. Jh. (Detail)

23. Anonym:
Erstes Automaten-Restaurant in Paris,
Holzstich, 1892

25. Werbepostkarte für die Brauerei Alt-Berlin in Charlottenburg, um 1903

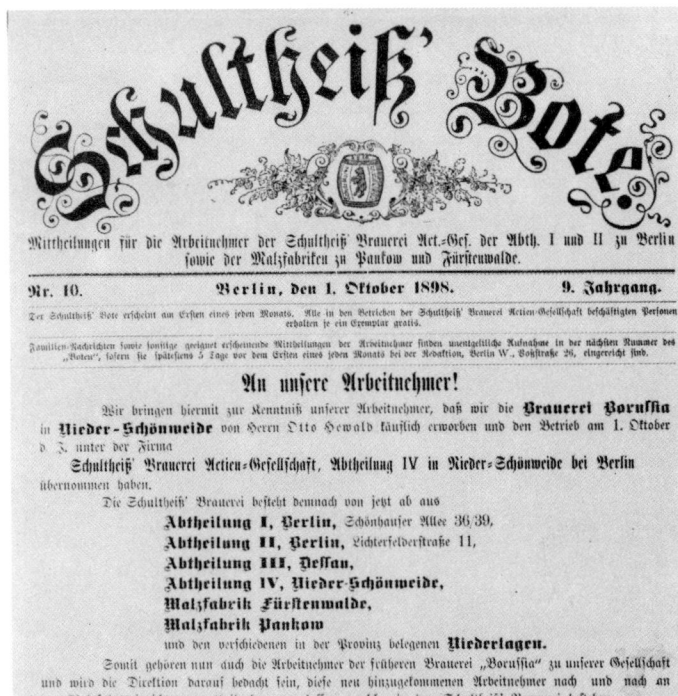

24. Titelblatt der Firmenzeitschrift »Schultheiß-Bote«, 1898

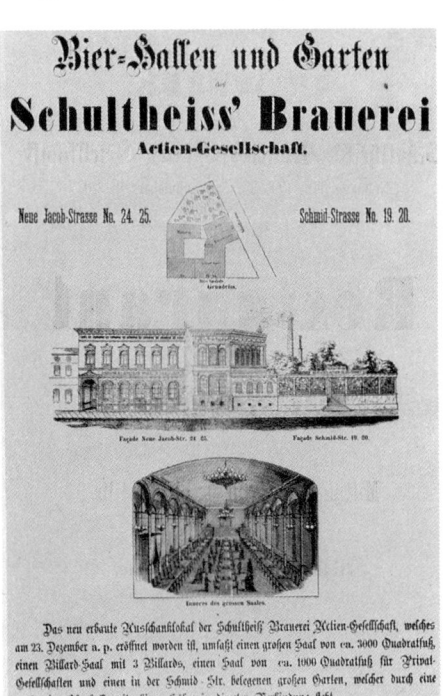

26. Werbezettel für die Schultheißbrauerei, Berlin, o. J.

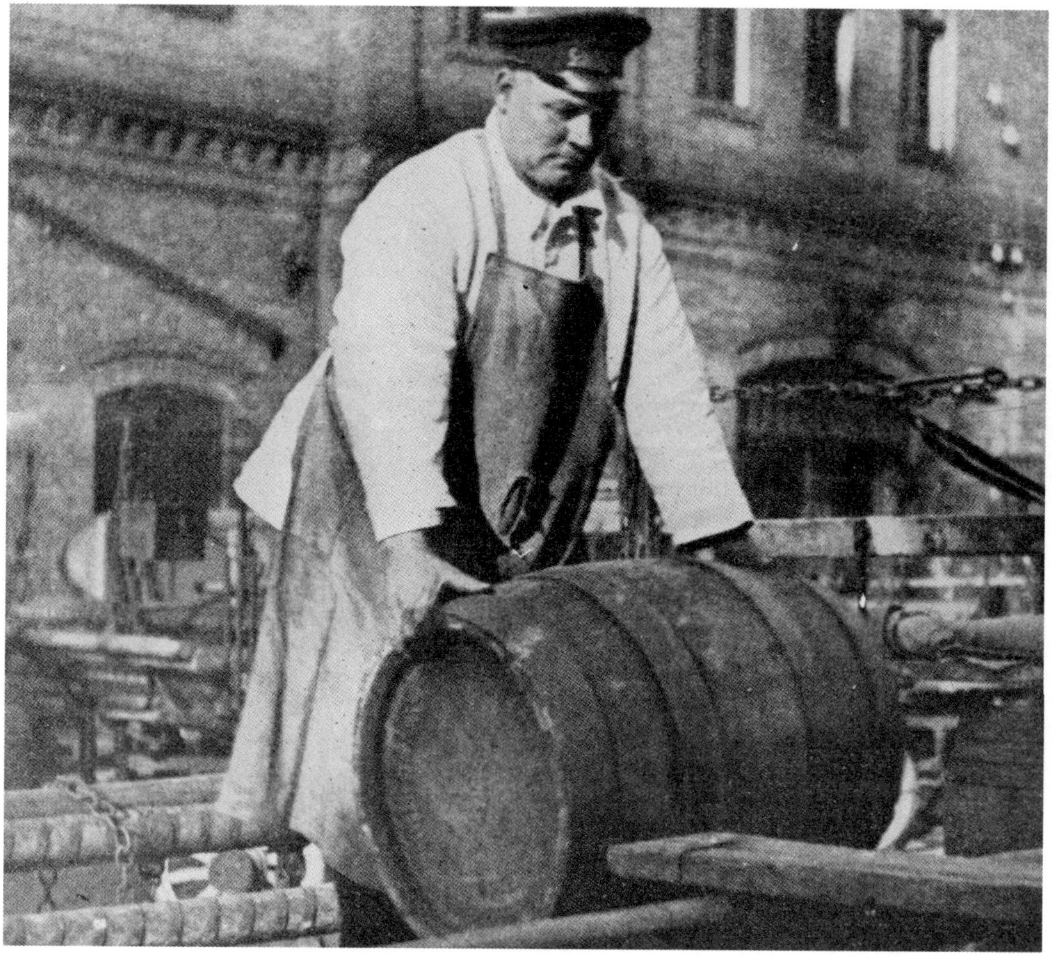

Die Lohn- und Arbeits-
Bedingungen der Bierfahrer

Nach Erhebungen ::
vom Dezember 1910

Protokoll
der Konferenz der Bierfahrer

vom 20. und 21. Juni 1911
im Gewerkschaftshaus
zu Berlin

Berlin 1911
Verlag des Brauerei- und Mühlenarbeiterverbandes

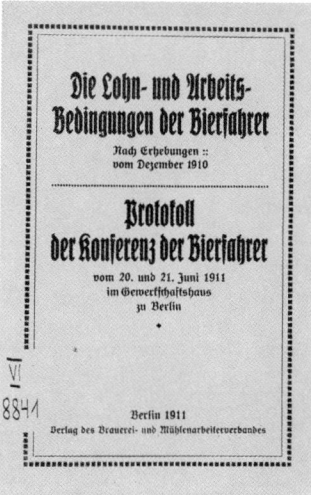

28. Titelseite einer Broschüre über die Konferenz der Berliner Bierkutscher, 1911

27. Anonym: Berliner Bierkutscher, Foto, um 1933

29. Th. Flachsberner:
Gesamtansicht der
Schultheißbrauerei Abt. I,
Berlin,
Lithographie (?), um 1910

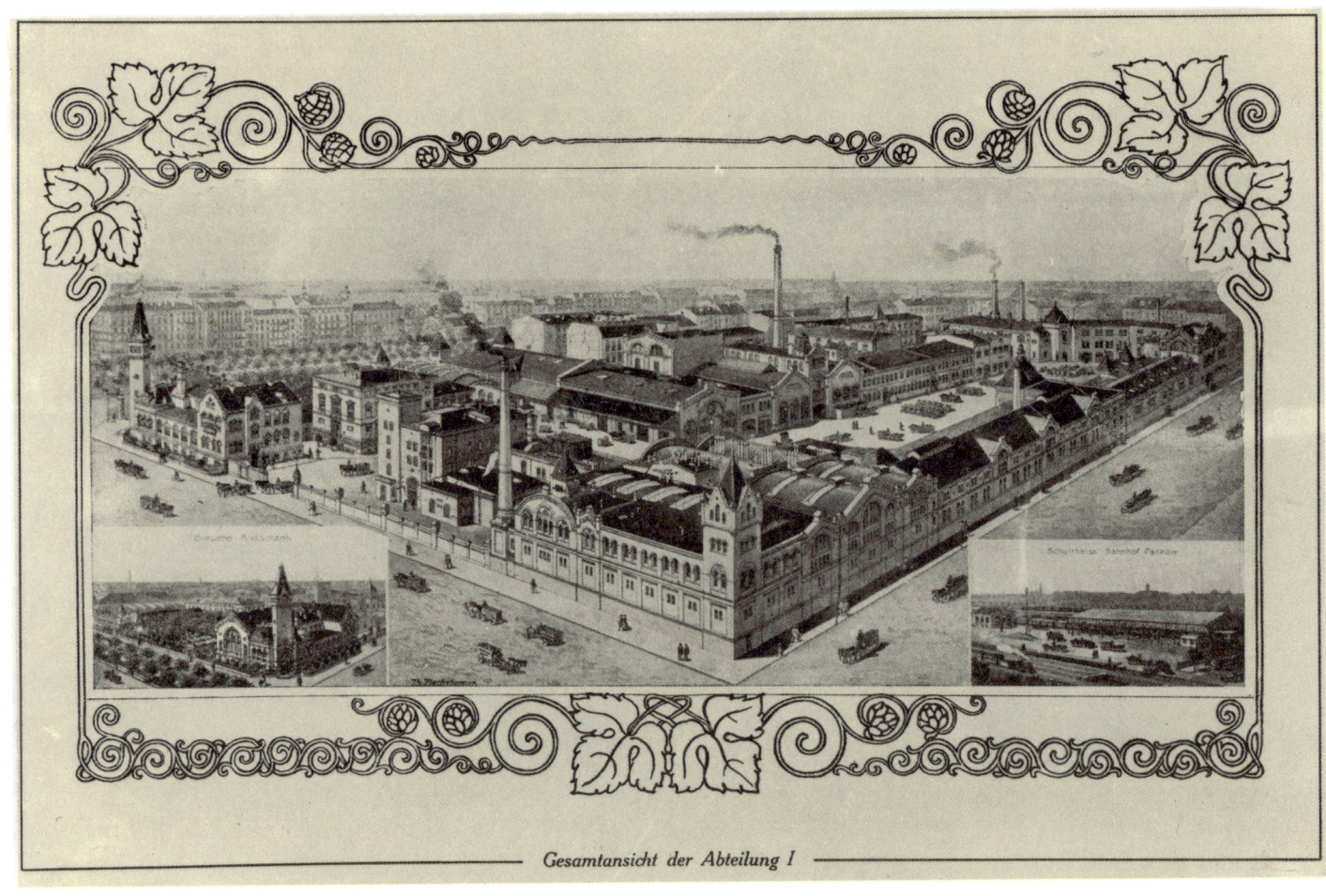

30. Anonym:
Schultheißbrauerei Abt. I,
Foto, um 1910

Abteilung I, Ansicht von der Schönhauser Allee

Brauerei-Ausschank, Schönhauser Allee
Ecke Fransecki-Straße

31. Anonym:
Ausschankgebäude der
Schultheißbrauerei Abt. I,
Foto, um 1910

32. Anonym:
Berliner Bierkutscher,
Foto, um 1933

33. Anonym:
Faßhebemaschine der Berliner Brauerei Schultheiß-Patzenhofer,
Foto, 1929

34. Anonym:
Das Verladen von Selters und Brause in Berlin,
Foto, 1937

35. Anonym:
Speisesaal der
Schultheißbrauerei Abt. I.,
Berlin, Foto, um 1910

36. Anonym:
Der Berliner Tagesbedarf
an Malzbier,
Foto, 1932

37. Anonymes Foto eines Betriebsangehörigen der Berliner Schultheißbrauerei aus dem Schützengraben, zwischen 1914 und 1918

38. Anonymes Foto eines Betriebsangehörigen der Berliner Schultheißbrauerei aus dem Unterstand, zwischen 1914 und 1918

39.

40.

VOR DEN TOREN DER STADT

Im Jahre 1828 ließen die Brüder Gericke einen Teil des südlich vor dem Halleschen Tor gelegenen Kreuzberges in Berlin mit Bäumen und Sträuchern bepflanzen, legten dort einen bescheidenen Park nach englischem Muster an, errichteten mehrere Baulichkeiten sowie eine Reihe von größeren und kleineren Sommerwohnungen und verwandelten so «... mit viel Kosten und nicht ohne Geschmack ... einen öden Hügel in einen Lustort»/1/.

Ein Jahr später konnte bereits das Berliner Tivoli, wie dieser «Kulturpark» für höhere Ansprüche genannt wurde, in direkter Nachbarschaft des Schinkelschen Denkmals für die Befreiungskriege der Öffentlichkeit übergeben werden.

Eingezäunt und bei 4 Silbergroschen oder umgerechnet 48 Pfennigen Eintritt, was zu dieser Zeit dem Tagesverdienst eines Schneidergesellen bei 14-stündiger Arbeitszeit entsprach, blieb die sogenannte gute Gesellschaft von vornherein unter sich.

Johann Ludwig Franz Deinhardstein, einem österreichischen Literaten, Journalisten und Zensor sowie zeitweiligem stellvertretenden Direktor des Wiener Burgtheaters, verdanken wir die folgende Schilderung des Berliner Tivoli aus dem Jahre 1830: «Der Weg dahin, den man von der Stadt ungefähr in einer Viertelstunde (mit Pferd und Wagen, d. V.) zurücklegt, ist der Eintönigkeit wegen nicht sehr interessant. An mehreren, geschmackvoll erbauten, mit Blumen dekorirten Landhäusern vorbei, kommt man an die Pforte, durch welche man gegen Erlag von vier Groschen unmittelbar in die Anlagen tritt. Den Besucher empfängt ein niedlicher Park, hin und wieder mit kleinen Zelten besetzt, in deren Innenraum Tische und Stühle stehen. Darauf kommt man in die sogenannte Kreisfahrbahn, wo elegante Wagen bereit stehen, mit welchen man eine Strecke von 800 Fuß (etwa 250 Meter, d. V.) in einer halben Minute zurücklegt. Hinter dieser Bahn führen mehrere Terrassen abwärts zu einem großen, von elegant dekorirten Lampen umgebenen Blumenkorbe. Ringsumher sind allenthalben blaue Zelte für die Schaulustigen angebracht. Steigt man eine Treppe aufwärts, so gelangt man in die dem Tanze und der Eßlust geweihten Gemächer. Im Hauptsaale sowohl, als in den Nebenzimmern, muß der Geschmack und die glückliche Mischung der Farben in den ringsumher angebrachten Drapperien gelobt werden. Besonders lieblich ist der Blumensaal, in welchem zwischen niedlichen Tischen, von mit einem rothen Stoffe überzogenen Stühlen umgeben, Körbe mit frischen Blumen gefüllt, sich erheben. Hin und wieder hängen Käfige mit Singvögeln, auch sind allenthalben Pianofortes zum Gebrauch hingestellt. Man hat einen großen Theil der Stadt vor Augen, rechts die Hasenheide mit einem hübschen Wäldchen, Stralau, und weiter im Hintergrunde Köpenick; nur zur Linken Hand ist die Gegend durch Flächen ermüdend. Diese Fernsicht ist umso interessanter, da bei dem Mangel an Bergen um Berlin hier der einzige Ort ist, einer genießen zu können. Rings um die fertigen Anlagen wird noch gebaut und neu angelegt. Bedenkt man, daß all dieß vor kurzem noch Sandhügel waren, so kann man die Thätigkeit und den Verschönerungssinn der Brüder Gericke, welchen Tivoli das Entstehen verdankt, nicht genug loben. Es wird übrigens dieser Ort sehr zahlreich besucht, wie man mir sagte, auch im Winter. Da der Gebrauch der Wagen nicht zu wohlfeil ist, so nehmen die distinguirtesten Personen daran theil. Ich sah mitunter die ernstesten Männer sich hier im Kreise herumtreiben. Zuweilen werden auch große Bälle, Feuerwerke u. dgl. hier gegeben. Herr Hof-Kompositeur Blume, den ich im Tivoli traf, äußerte, daß das in Paris, welches er vor kurzem gesehen hatte, wohl größer, aber minder geschmackvoll, als das Berliner sey.»/2/

Die Kreisfahrbahn, deren Benutzung 2½ Silbergroschen kostete/3/, wurde auch als Rutschberg bzw. als Rutschpartie bezeichnet.

Die Idee dazu stammt aus dem alten Rußland, dessen Einwohner «... im Sommer ihre Eisberge durch einfach gebaute hölzerne Rutschbahnen ersetzten», wie ein Lexikon aus dem Jahre 1843 zu berichten weiß./4/ Die auch heute noch gebräuchliche italienische Bezeichnung für Achterbahn «montagna russa» (russischer Berg) überliefert diese Herkunft. Kulturgeschichtlich geht das Berliner Tivoli als Gesamtprojekt einschließlich der ‹Rutschpartie›, wenn auch über Paris vermittelt, jedoch auf England zurück.

Hier entstand in der Mitte des 18. Jahrhunderts in dem damals an der südlichen Peripherie Londons gelegenen Dorfe Vauxhall ein Vergnügungszentrum gleichen Namens für höhere und höchste Ansprüche. Der Name Vauxhall löste sich dann recht schnell von der konkreten Örtlichkeit und wurde bis zum ausgehenden 18. Jahrhundert zum Synonym für ein außerhalb der Stadtmauern befindliches Vergnügungszentrum überhaupt. Die Bezeichnung «Vauxhall» wurde in den Jahren um 1780 nach Berlin übertragen und tauchte sogar in Weimar auf, wie eine Briefstelle bei Goethes Christiane Vulpius aus dem Jahre 1793 belegt./5/ Dieses Berliner Vauxhall lag im ehemaligen Graf Hackeschen Garten an der Spreeseite der Holzmarktstraße, etwa dort, wo um die Mitte des 19. Jahrhunderts die Breslauer Straße durchgebrochen wurde. Die beiden Gastwirte, Höhl und Pose, hatten das Allerhöchste Mißfallen Friedrich II. dadurch erregt, «... daß in diesem Vauxhall liederliche Sachen vorgingen»/5a/. Polizeidirektor Philippi versicherte seinem König, daß in diesem Garten alles ordentlich und sittsam vorgehe und daß «... derselbe bisher von allen Gesandten und den höchsten Königlichen Beamten mit Beifall besucht worden sei. Alle Fremde, welche Berlin besucht hätten, wären nicht fortgereist, ohne den Vauxhall einigemale gesehen zu haben.»

Der Garten wurde in der Woche ein- bis zweimal festlich illuminiert, ohne daß dabei weder getanzt noch Glücksspiele veranstaltet worden wären, wie Philippi weiter schrieb. Aber Friedrich II. ließ sich nicht beruhigen und schrieb aus Potsdam mit Datum vom 22. Juli 1781 zurück:

Rath! Besonders Lieber getreuer!
Aus Eurem Bericht vom gestrigen Dato habe Ich ersehen, was Ihr in Ansehung der Wirthschaft in dem Vauxhall anführen wollen, was sollen aber die Sachen, die

Das Berliner Tivoli mit der sanften Rutschpartie.

Nach Tivoli, so hört man sagen,
Nach Tivoli, nach Tivoli, da steht mein Sinn,
Zu Fuß, zu Schlitten und zu Wagen
Nach Tivoli, nach Tivoli muß ich heut hin;
Erholung von der Arbeit Müh'
Die find' ich nur auf Tivoli.

Am meisten seufzen unsere Damen,
Ach Tivoli, ach Tivoli ist wunderschön;
Man nehme nur den süßen Namen,
Schon deshalb ganz alleine möcht' man dort hingehn,
Und welche sanfte Rutschpartie
Find't man nicht noch auf Tivoli.

Original u. Eigenthum — Wiederdruck zur 150jährigen Jubiläumsfeier. — Neu Ruppin zu haben bei Gustav Kühn.

41. Anonym:
Das Berliner Tivoli,
Neuruppiner Bilderbogen,
Lithographie, o. J.

42. Franz Burchard Dörbeck:
Das Berliner Tivoli,
Lithographie, um 1832

da sind, daß junge Leute liederlich gemacht werden, daß ist nur nichts damit, daß verursacht große depenses und die jungen Offizieres werden dadurch liederlich. Wozu sollen die Illuminationes, daß ist ganz unnütze. Hier ist mein Garten sein Tage nicht illuminirt; das Korn is so theuer genug, und brauchen sie keine Illuminationes anzustellen, daß indessen Leute zu Essen gehen in die Gärtens und an öffentliche Oerter, stehet jedem frei, nur muß es ordentlich zugehen, daß die jungen Leute nicht liederlich gemacht werden, welches Ich Euch also zu erkennen geben wollen.

Ich bin übrigens Euer gnädiger König Friedrich /5b/

Die Enzyklopädie der bürgerlichen Baukunst von Christian Ludwig Stieglitz, im Jahre 1798 in Leipzig erschienen, widmete dem Vauxhall ein Stichwort, in dem es programmatisch und für den heutigen Leser überraschend modern heißt:

«Ein Vauxhall muß in einem angenehmen geräumigen Platze, nahe vor der Stadt, liegen; es muß viele, breite und leichte Zugänge haben, damit die Kutschen ungehindert hin und her fahren können, und Platz zum Halten haben (wir würden heute von Parkplätzen sprechen, d. V.), ohne daß die Fußgänger, deren Anzahl immer die größte ist, gehindert oder beschädigt werden. Man kann einem solchen Platze verschiedene Abtheilungen und besondere Gebäude geben; einige können zu Tanzsälen, zu Concertsälen, zu Speisesälen, zu Gesellschafts- und Spielzimmern dienen, einige zu freyen, dem Durchgange der Luft blosgestellten Spaziergängen, einige zu bedeckten Gängen, die nach großen Colonnaden und geräumigen Hallen führen, wohin man bey schlechtem Wetter seine Zuflucht nimmt. Aus diesen tritt man in kleinere Zimmer, die zu allerhand Spielen und Zeitvertreiben eingerichtet sind, oder worin man Erfrischungen erhalten, oder auch in kleinen Gesellschaften speisen kann.

Um das Innere pikanter und mahlerischer zu machen, muß man dem ganzen Umfange einige Ungleichheiten zu geben versuchen, um die gar zu große Einförmigkeit eines regulären Platzes zu vermeiden. Die vornehmsten Gebäude, als die Gesellschaftssäle und Tanzsäle, müssen die Aussicht über abwechselnde Gärten und Terrassen haben, von denen man Blumenparterre, Alleen, Spaliere, Springbrunnen, und dergleichen übersehen kann. Dem Gebäude gegen über bringe man doppelte Terrassen und Plattformen an, um zuweilen Feuerwerke darauf abzubrennen, oder Illuminationen von Fackeln, Lampen und Lichtern, von allerley Farbe, mit dazwischen befindlichen Wasserbasins und Fontänen anzustellen. Von dieser Anhöhe führe ein sanfter Abhang in eine weite Ebene, die von einem Canale durchschnitten wird, der zu allerley Wasserparthien bestimmt ist. Von dieser Ebene gelange man, durch offene Alleen, nach Lustwäldern, worin sich Schaukeln, Plätze zum Ringstechen, und dergleichen ländliche Spiele befinden. In besondern Gärten könnte man eine Maillebahn (eine Art Golfspiel, d. V.), Ballonspiele, Rennbahnen für junge Leute anlegen. In diese Gärten müßte man von den eigentlichen Gärten des Vauxhall hineinsehen können, damit das Ganze einen angenehmen Anblick machte.» /6/

Trotz mannigfaltiger Veranstaltungen, die im Berliner Tivoli mit wechselndem Erfolg stattfanden, verlor dieses Etablissement jedoch rasch an Attraktivität und Bedeutung für die Berliner High Society. Schon im Jahre 1834 bedauerte Freiherr von Zedlitz in seinem Conversations-Handbuch für Berlin und Potsdam, daß die Glanzperiode des Tivoli fast vorüber sei. Das «bessere» Berliner Publikum hatte seine Gunst in der Zwischenzeit dem ähnlich strukturierten, jedoch prächtiger ausgestatteten Elysium des ehemaligen Delikatessenhändlers Carl Heinzelmann im vornehmeren Tiergarten zugewandt.

Nachdem ein verheerender Brand das alte Tivoli vernichtet hatte, wurde das Gelände von einer Gruppe finanzkräftiger Berliner Unternehmer für 60 000 Taler aufgekauft und dort am 28. Juni 1857 eine Brauerei gegründet. In zwei Bauetappen, 1857–1859 und 1862–1873, wurde hier die Berliner Brauerei-Gesellschaft Tivoli errichtet, die nach ihrer Fusionierung mit der Schultheiß-Brauerei 1891 nur noch als deren Abteilung II firmierte. Das große Ausschankgebäude mit seinem Saal diente auch der Berliner Arbeiterbewegung als Versammlungsort. Von der gesamten Anlage ist nur das prunkvolle Eckgebäude des ehemaligen Ausschanks erhalten geblieben.

Das ausgedehnte Gelände des Kreuzberges, an den heute noch der Name des Westberliner Stadtbezirkes und der Ende 1880 angelegte Victoria-Park Kreuzberg erinnert, bestand ursprünglich aus acht Bergen, die sich bis zur Hasenheide hinzogen. Diese Berge wurden in der Geschichte Berlins abwechselnd die Cöllnischen, später die Tempelhofer oder einfach nur die Weinberge genannt, weil sie dem Weinanbau dienten.

Zwischen zweien solcher Sandberge befand sich eine für Berliner Verhältnisse steile Vertiefung, die der «Dustere Keller» hieß. Heute stößt hier die westliche Seite der Arndtstraße auf die Nostizstraße.

David Kalisch, der Gründer der Berliner humoristisch-satirischen Zeitschrift Kladderadatsch (Mai 1848), schrieb in seiner Humoreske «Die Besteigung des Monte Cruce bei Berlin» in grotesker Übertreibung sogar von «... Schluchten, die sich zwischen den Kuppen des Monte di Bocko (das Gelände der Tempelhofer Bockbrauerei) und den nackten Gipfeln des Cave dustro (der Dustere Keller) wild und ungeheuerlich hinziehen ...»/7/

Als Kalisch den Kreuzberg zehn Jahre später wieder besteigen wollte, fand er ihn nicht mehr vor. «Wo ist mein Berg? fragte ich schmerzlich. Hatte ihn der *Glaube* versetzt? Nein, aber der *Kredit* – der *Actien-Brauerei-Tivoli*. Nur der Invalide (der Wächter für das nahegelegene Schinkelsche Denkmal, d. V.), das Monument und die Aussicht waren geblieben, das heißt die Aussicht der Bier-Actionäre auf 12 pCt. Dividende. *Sauft ruhig seine Asche!*»/8/ Bei dem von Kalisch erwähnten Invaliden konnte das Publikum gegen eine Gebühr von 3 Silbergroschen für 1 Quart Milch (d. h. ca 1,2 Liter) seinen mitgebrachten Kaffee «umsonst» kochen lassen./9/ Das auf dem Kreuzberg gebraute Bier der Aktienbrauerei Tivoli hat wahrscheinlich für die Berliner Bezeichnung «Actienjauche», die bis Ende des 19. Jahrhunderts im Sprachgebrauch war, Pate gestanden.

Im Mittelalter wurde ein Teil der erwähnten Schlucht zum Weinkeller ausgebaut, der jedoch mit dem Verfall des Weinanbaus an Bedeutung verlor und deshalb als Lagerkeller für das von den verschiedenen Landesherren auf dem Gelände des Tempelhofer Berges erlegte Wild genutzt wurde. Als die Jagd nicht mehr erfolgreich war, verfiel der Keller erneut und diente einem ehemaligen Hofbeamten als Einsiedelei, der sich etwa um das Jahr 1720 dorthin zurückgezogen hatte. Viele Berliner wanderten vor das Hallesche Tor, um diesen seltsamen Kauz zu bestaunen, der auf eine sichere Altersversorgung verzichtete. Solch ein Ausflug in die nahe Umgebung Berlins war jedoch zu jener Zeit weder selbstverständlich noch so ohne weiteres möglich. Das im Jahre 1711 von Friedrich I. erlassene «EDICT, wegen der Sonntags-Feyer», welches die sonntäglichen Spaziergänge und Ausflüge der Berliner vor die Tore ihrer Stadt unter dem Vorwand religiös-erzieherischer Gründe noch generell verboten und unter hohe Strafen gestellt hatte, war unter seinem Nachfolger Friedrich Wilhelm I., dem sogenannten Soldatenkönig nur wenig gelockert worden. Seit dem 18. August 1718 durften die Gastwirte nach beendigtem Gottesdienst, dessen Besuch auf Verlangen der Torwachen von den Kirchgängern nachzuweisen war, auch sonntags ab 17 Uhr wieder «Gäste setzen», wie man damals sagte, Wein und Bier ausschenken und sogar Spielleute beschäftigen. Und die Berliner durften wieder Kegel «... und dergleichen andere nicht verbothene und sündhafte Spiele ... spielen». Allerdings machte es ihnen der König zur Auflage, «... daß aller Muthwille, Leichtfertig- und Üppigkeiten dabey vermieden werden (müßten)»./10/

Die Erklärung solcher für uns heute doch recht kurios wirkenden Ge- und Verbote liegt vor allem im politisch-sozialen Bereich. Die brandenburgisch-preußischen Herrscher des 17. und 18. Jahrhunderts, die ihren Staat zur drittgrößten Militärmacht des alten Europa emporprügeln ließen, hatten Kummer mit ihren Untertanen, die sich nur höchst ungern unter die Soldaten pressen ließen. Die Charlottenburger und Berliner warfen ihren Königen dafür sogar die Laternen ein./11/

43. Fr. Hübner/L. Veit:
Das Tivoli bei Berlin
im September 1829,
Lithographie, 1829

44. Anonym:
Die Rutscheisberge im
alten Rußland,
Holzstich, um 1835

45. Johann Friedrich Hennig:
*Der Dustre Keller,
Kupferstich, um 1800*

46. Anonym:
*Die Kegelbahn im Dustren Keller,
Lithographie, um 1830*

Als der Soldatenkönig von dem Einsiedler auf dem Kreuzberg hörte, beschloß er, diesen modernen Diogenes persönlich kennenzulernen. Die Legende überliefert dazu das folgende Gespräch: «Ich habe deinen Namen vergessen, Alter, rief ihm der König zu, als er des Einsiedlers ansichtig wurde. Ich heiße Sartorius. – Heißt das nicht Schuster auf deutsch? – Nein, es heißt Schneider. – Aber warum wählst du so eine wunderliche Lebensart, du mußt eine besondere Religion haben? – Laß Er mich nur, gab Sartorius, der jedermann mit ‹Er› anredete, zur Antwort, bei meiner Lebensart, ich werde dadurch niemand Anstoß geben; und übrigens bin ich ein guter reformierter Christ. Ich glaube immer noch dasselbe, was ich glaubte, als ich Seinem Großvater die Psalmen vorlas. Der König reichte ihm beim Abschied einen Gulden. Das Geldstück ist zu groß für mich, sagte aber der Klausner, der nie anderes Geld als kleine Kupfermünzen annahm.»/12/

Knapp einhundert Jahre später war der «Dustere Keller», der sich in der Zwischenzeit zu einem beliebten Auflugsziel entwickelt hatte, erneut Schauplatz der Geschichte. Am Abend des 14. November 1810 versammelten sich hier patriotisch gesinnte Männer wie Friedrich Ludwig Jahn, Friedrich Friesen und andere und gründeten den Vorläufer des ersten Turnvereins, den geheimen «Deutschen Bund». Im Frühjahr darauf wurde in der nahegelegenen Hasenheide der erste öffentliche Turnplatz Deutschlands eingeweiht.

Mit der Verdrängung des Weißbiers durch andere Biersorten verlor der «Dustere Keller» an Bedeutung. Als die Mietskasernen auch dem Kreuzberg zu Leibe rückten, mußte der «Dustere Keller» weichen und wurde durch ein Lokal gleichen Namens auf dem Grundstück ersetzt, das sich nach der Parzellierung des Bodens in der Bergmannstraße 1 befand. Im Sommer des Jahres 1924 schloß auch dieses Lokal für immer seine Pforten.

Das nördliche Gegenstück zum «Dusteren Keller» und zum Tivoli auf dem Kreuzberg war die Tabagie von Theodor Würst auf dem Windmühlenberg vor dem Prenzlauer Tor. Anders als im Tivoli verkehrten hier Mitte der 1830iger Jahre Handlungsdiener, einfache Soldaten und Unteroffiziere, Privatschreiber und Handwerker, die vorwiegend aus der Textilbranche kamen, sowie Gesellen und Handlanger verwandter Berufe. Sie kamen aus allen Teilen Berlins und aus den Vorstädten. Einige von ihnen stammten aus den umliegenden Dörfern, wie z.B. aus dem eine dreiviertel Meile entfernten Friedrichsfelde oder aus Rixdorf, dessen siebenhundert Einwohner sich zu dieser Zeit hauptsächlich mit dem Weben von Kattun ernährten.

Der Caffetier Theodor Würst, Jahrgang 1807, war keineswegs der Biedermann, als der er in der berlingeschichtlichen Literatur gelegentlich erwähnt wird, sondern ein nüchtern denkender, geschäftstüchtiger Mann, der aus der Tatsache, daß ihm laufend Gläser gestohlen wurden, einen umsatzfördernden Werbegag zu machen verstand. Unter dem Vorwand, dem Diebstahl ein Ende setzen zu wollen, ließ er in seine Wein- und Schnapsgläser die Worte «Gestohlen bei Würst auf dem Windmühlenberg» ätzen und erreichte damit natürlich genau das (vielleicht beabsichtigte) Gegenteil: Jeder Gast setzte seinen Ehrgeiz daran, zu einem derartigen Glas zu kommen. Nach Erinnerungen von Zeitgenossen soll mit solcherart erworbenen Souvenirs ein schwunghafter Handel getrieben worden sein./13/

Das Würstsche Etablissement vor dem Prenzlauer Tor, das aus dem eigentlichen Gasthaus und einem etwa hundert Meter langen und vierzig Meter breiten Gartengrundstück entlang der Nordseite der heutigen Saarbrücker Straße in Richtung Prenzlauer Allee bestand, war höchst bescheiden mit einer Kegelbahn, einer Schaukel und einem Karussell ausgestattet, bot also nur einen schwachen Abklatsch des Tivoli. Die Gäste der Tabagie mußten anstelle des von Herrn Stieglitz für ein Vauxhall geforderten Kanals, welcher zu allerlei anmutigen Wasserpartien bestimmt war, den nicht immer sauberen Graben der Prenzlauer Chaussee überqueren. Im Gegensatz zum Tivoli führte der Weg dorthin auch nicht an geschmackvoll dekorierten Landhäusern vorbei, sondern er schlängelte sich als teilgepflasterter, mehrfach verästelter Fahrweg an zahlreichen Mühlen vorbei, die dem Berg vor dem Prenzlauer Tor den Namen verliehen hatten. Außerdem gab es Fußgängerpfade, welche, wie die übrigen Wege auch, mindestens seit den 1770er Jahren bestanden, wie der Mühlenbescheider (d. i.: der leitende Mühlknappe) Franz bei einer amtlichen Vernehmung im Rechtsstreit Bötzow/Griebenow im Jahre 1834 aussagte./14/ Einer dieser Fußsteige ging von der heutigen Wilhelm-Pieck-Straße etwa in Höhe der Straßburger Straße in nordöstlicher Richtung an den restlichen vier Scheunen des ursprünglichen Scheunenviertels und an dem 1829 erbauten Exerzierhaus des Kaiser-Alexander-Garde-Grenadier-Regiments vorbei.

Ein weiterer Pfad verlief von der Prenzlauer Chaussee in nordwestlicher Richtung etwa in Höhe der heutigen Saarbrücker Straße und führte direkt auf das Gasthaus. Die heutige Metzer Straße, nördlich des Windmühlenberges, war ein stark frequentierter Verbindungsweg zwischen der Schönhauser und Prenzlauer Chaussee.

Die gute Aussicht, die man von der Höhe des Windmühlenberges auf die tiefer liegende Stadt genießen konnte, hatte bereits den Gutsbesitzer Christian Friedrich Bötzow im Sommer 1826 auf den Gedanken gebracht, dort ein Kaffeehaus einzurichten. Obwohl ihm ein großer Teil des Geländes sowie das ehemalige Mühlenbescheiderhaus gehörte, wurde sein Antrag vom 26. 8. 1826 von der Baupolizei zunächst abgelehnt. Die Hohe Königliche Behörde hatte nicht nur feuerpolizeiliche Bedenken, «... Ihm eine solche Erlaubniß gradehin zu ertheilen ..., da dies Haus in einem engen Umlaufe von 8 Bockwindmühlen begrenzt wird», sie befürchtete auch, daß dieses geplante Kaffeehaus «... in eine gewöhnliche Tabagie» ausarten könne./15/

Wenige Jahre später hatte sich Christian Friedrich Bötzow jedoch gegen mannigfaltige Widerstände von Privatpersonen und Behörden durchgesetzt, worüber noch im Kapitel über die Geschichte dieser Berliner Brauerei zu berichten sein wird. Dazu waren viel Geld und gute Worte erforderlich.

Er verpachtete das zu einem Gasthaus umgebaute Mühlenbescheiderhaus und ging daran, zu Füßen des Windmühlenberges eine Haus und eine Schnapsbrennerei zu bauen, deren Schornstein seit Dezember 1835 die nähere Umgebung belastete. Der Aufenthalt im Garten des Pächters Theodor Würst, der sich zur Belebung seines Umsatzes gerade erst Karussell und Schaukel angeschafft hatte, war dadurch begreiflicherweise auch kein ungetrübtes Vergnügen mehr, und die Stühle, Tische und Bänke mußten vor ihrem Gebrauch im Freien sicherlich oft abgewischt werden.

Zwei Jahre später ereignete sich auf dem Gelände des Würstschen Etablissements ein Unfall mit tödlichem Ausgang. Die Beschreibung dieses Ereignisses und seiner gerichtlichen Folgen erwähnt die Tabagie, die in den zeitgenössischen und später gedruckten Quellen und persönlichen Erinnerungen entweder gar nicht oder höchstens summarisch und anonym als «Gastwirtschaft vor dem Prenzlauer Tore» (Zedlitz, Nalli-Rutenberg u. a.) genannt wurde. Sie vermittelt einen wertvollen Einblick in sonst unbekannte Alltagssituationen und -reaktionen sowie Verhaltensweisen der Berliner Handwerker und Gesellen aus der Zeit des Vormärz. Nicht zuletzt wird hier auch das Pankower «Fliegenfest» erwähnt.

Gehorsamste Anzeige! 24.37
8

Unser Bruder und resp. Schwager der Schlächter Eduard Barschel 28 Jahr alt, unternahm es sich am 25t. July in Begleitung einiger Freunde Abends 8 Uhr einen Spaziergang vor dem Prenzlauer Thore zu machen, um den Zurückgang des Publicums von Pankow welches dort an diesem Tage zu dem sogenannten Fliegenfeste anwesend war(en) mit anzusehen. Derselbe kehrte bei dem Gastwirth Würst auf dem Windmühlenberge vor dem Prenzlauer Thore ein, um mit seinen Bekannten an dem heißen Tage ein Glas Bier zu trinken. Um 10 Uhr als der p. Barschel nach Hause kehren wollte, brachte es der Zufall mit sich, daß er in einer am Wege gelegenen und unter umzäunten Bäumen befindlichen Laube treten wollte, als er mit einemmale in eine unverdeckte und durch nichts bewehrte Glasgrube fiel, und so beschädiget wurde, daß er obgleich er den Weg zu Fuß wegen der Späte der Zeit machen mußte, am 26t. July zur Charite gebracht wurde, wo er bis zum 3t. Auguste verblieb, und wo sich schon das nachtheilige der Verletzung zeigte.

Ein Stiefbruder unseres Bruders und resp. Schwagers zu Friedrichsfelde wohnhaft fand sich veranlaßt denselben aus der Charite herauszunehmen und andererseits ärtzliche Hülfe in Anspruch zu nehmen; dieses war aber ohne Erfolg, und ist unser Bruder resp. Schwager am 11t. August bei seinem Stiefbruder dem Schlachter Born zu Friedrichsfelde an den Verletzungen verstorben.

Wir betrauern seinen Verlust innigst da er ein gewiß guter, ordentlicher und moralischer Mensch war; eine alte Mutter verliert an ihm einen guten Sohn, wir einen treuen Bruder und Schwager, eine Braut ihren Geliebten und ein 4 Monat altes Kind den Vater.

Wir alle sind durch seinen Verlust durch eine Nachläßigkeit des p. Würst sehr betrübt, allein da das Unglück einmal geschehen, so kann unser Bruder und Schwager keine Ansprüche gegen denselben nehmen, aber zum Wohl der übrigen Menschheit, und zumal auch jetzt noch keine Änderung getroffen, und nur eine neue Bohnenstange quer vor den Eingang der Laube im Gebüsch angebracht, welche Vorsicht so mangelhaft sie auch jetzt noch ist, an dem Tage des geschehenen Unglücks nicht einmal angebracht war, leicht wieder Unglücksfälle herbeiführen kann, sehen wir uns zu gegenwärtiger Anzeige veranlaßt, und bitten Ein Königlich Hochlöbliches Polizei Praesidium gehorsamst:

durch geeignete Maaßregeln dem Uebel abzuhelfen, und die Lage der Glaskute zu untersuchen und die nöthigen Anordnungen zu treffen.

Daß am 25.t July o: durchaus keine Marque vor dem Eingang der Laube befindlich war wird
1. der Handlungsdiener Bandow Blumenstraße No. 3 und 2. ein.................... Namens Julius Spott(,) Holzmarktstr. No. 37
bekunden.

Wir behalten uns außer dieser Anzeige vor, eine Entschädigungs Klage wegen der Begräbnißkosten und wegen Alimentation seines unehelichen Kindes beim betreffenden Gericht anzubringen.

Wir glauben daß diese Anzeige Ein König Hochlöbliches Polizei Praesidium angenehm sein wird, weil diese p. Würst schuldigermaßen nicht gethan hat und verharren

Ein König Hochlöbliches Polizei Praesidium
gehorsamst

der Färbermeister Heinrich Barschel Kesselstraße
der Färbergesell Fritz Barschel ebendaselbst
die verehlg. Sekretair Molitor geb. Barschel
Molitor als .... resp. Schwager
Niederwallstr. (?) No. 28
Erdmann....... Zeuge in dies (?)
Rixdorff
Berlin den 24t. August 1837

Randbemerkungen auf der vorausgegangenen Anzeige
Pl. (Polizeileutnant? d.V.) Frosch zur näheren Recherche u. Anzeige.
B. 25/8. 37   Unterschrift

Die von mir grundsätzlich (?) abgehaltene Local-Recherche und die mit dem Caffetier Würst gehaltene Rücksprache hat nachstehendes Resultat in der Sache ergeben.

Es ist gegründet, daß der p. Würst in seinem umzäunten Etablißement quest, eine sogenannte Glasgrube inne hat, in welche alles zerschlagene Glas aller Art hineingeworfen wird, doch befindet sich dieselbe am äußersten Ende seines Gartens ganz in dickichtem Gebüsch, wo durchaus ein Verkehr von Menschen nicht stattfindet, auch solche mit einer Stange der besonderen Vorsorge wegen quer vor dieselbe versehen ist, und wenn daher ein Mensch nicht absichtlich unter diese Stange sucht zu kriechen, so läßt er nicht dringlich machen daß daselbst jemand zu Unglück kommen kann. Nach der Versichrung des p. Würst so soll zur beredten hier angegebenen Zeit der p. Barschel in Folge dessen, daß er vielleicht mit einem Frauenzimmer dort im dunklen Gebüsch habe Unzucht treiben wollen, unter die dort befindliche Stange absichtlich gekrochen und dadurch in diese Grube qu. gefallen und sich beschädiget haben, was aber untrüglich den Schein einer unbedeutenden Verletzung ... gehabt haben soll zumal

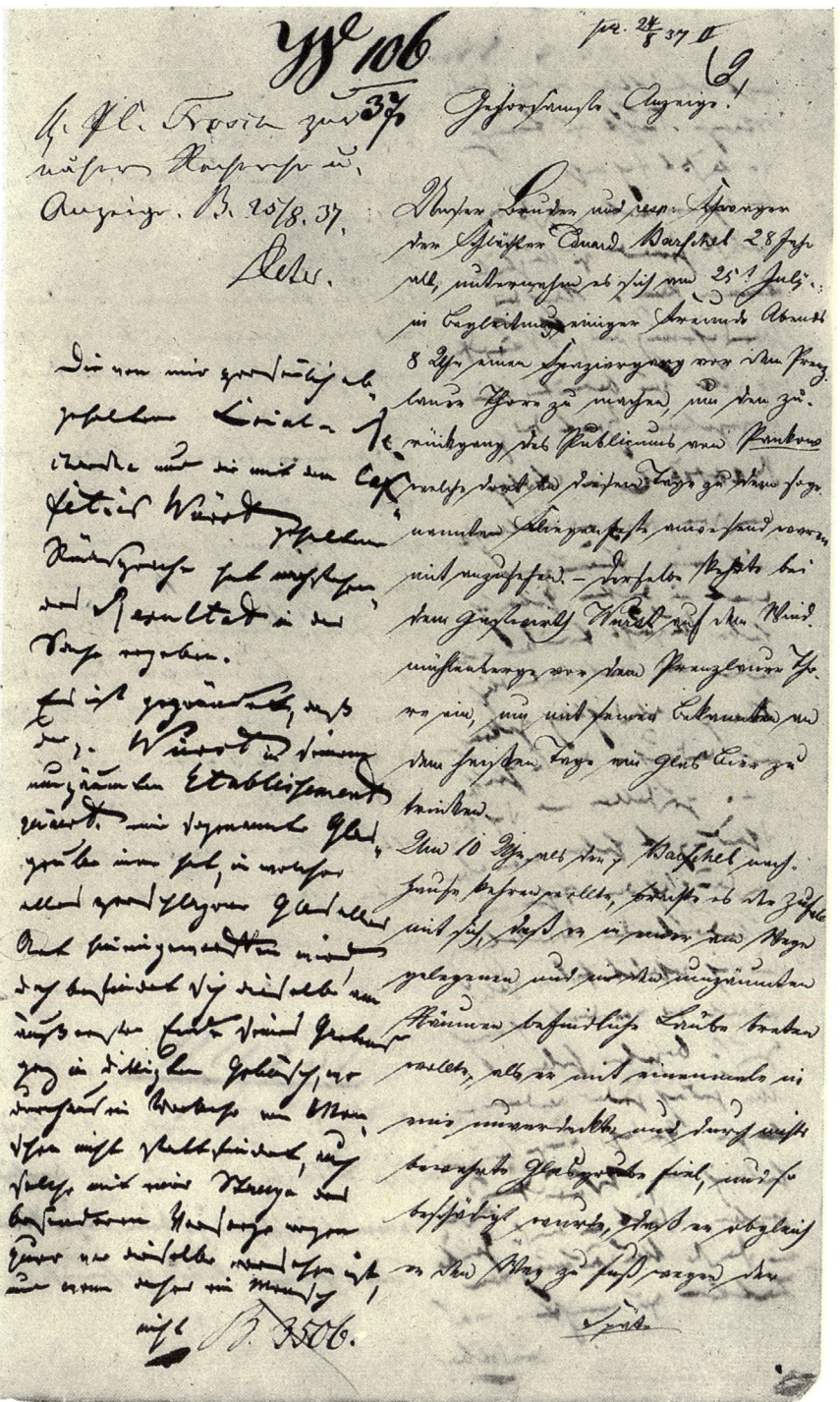

47–50. Anzeige des Unfalls auf dem Windmühlenberg vor dem Prenzlauer Tor vom 24. August 1837

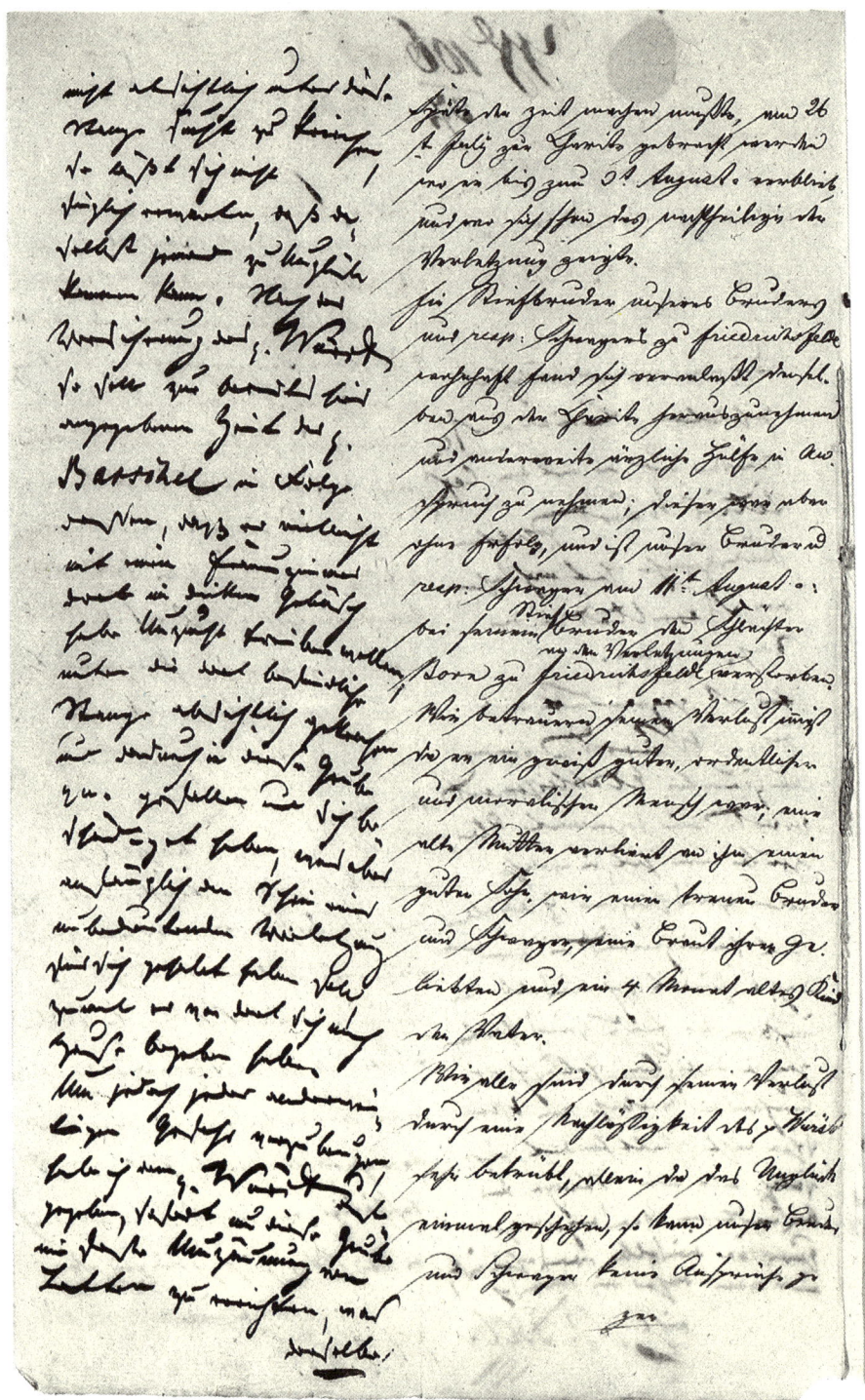

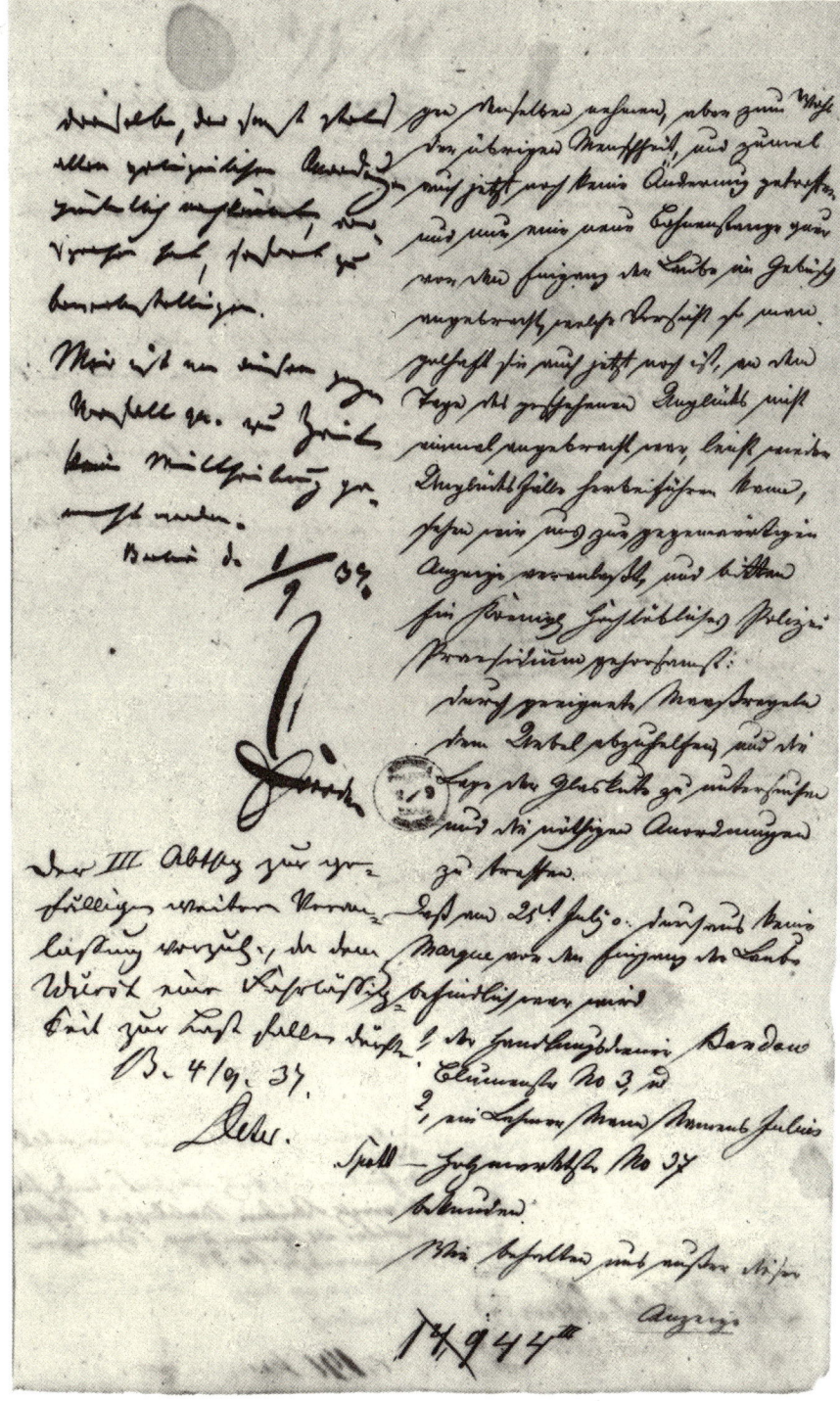

49.

er von dort sich nach Hause begeben habe. Um jedoch jeder anderweitigen Gefahr vorzubeugen, habe ich dem p. Würst aufgegeben, sofort um diese Grube eine dichte Umzäunung von Latten zu errichten, was derselbe, der sonst stets allen polizeilichen Anordnungen pünktlich nachkommt, versprochen hat, sofort zu bewerkstelligen.

Mir ist von diesem ganzen Vorfall qu. von Zweiten keine Mittheilung gemacht worden.
Berlin d. 1/9.37.   Unterschrift (Frosch)

(Mit anderer Hand)
Der III. Abthlg. zur gefälligen weiteren Veranlaßung vorzuleg., da dem Würst nur Fahrläßigkeit zur Last fallen dürfte.
B.4./9.37   Unterschrift

1. Es soll die Lokalität durch gerichtliche Einnahme des Augenscheins, ... constatirt .... werden, ob die Glasgrube dem Zugange der Gäste ganz entzogen auf irgend eine Art bewehrt gewesen ist. Zu diesem Behufe sind die Freunde des Verunglückten, die durch die Denunciation aufgerufen werden müssen, zu vernehmen.
2. Zur gef. Erinnerung des Inquirenten vorzulegen.
Berlin d. 12ter Septbr. 37   Unterschrift/16/

Diese Anzeige, die vom Selbstbewußtsein der Berliner Handwerker und des Vorproletariats zeugt, löste beim Polizeipräsidium eine Reihe von Aktivitäten aus, die sich zum Teil in den Bearbeitungsvermerken auf der linken Seite des Schriftstückes widerspiegeln.

So ist der dienstliche Vermerk vom 4. September 1837: «Der III. Abthlg. (d. i. die Baupolizei, d. V.) zur gefälligen weiteren Veranlaßung vorzuleg., da dem Würst nur Fahrläßigkeit zur Last fallen dürfte» bezeichnend für die Einstellung der Klassenjustiz, für die das Untersuchungsergebnis nach flüchtiger Befragung bereits vorher feststand.

Diese Beobachtung bestätigt sich beim weiteren Studium der betreffenden Akte, denn die amtliche Untersuchung des Unfallortes und die einvernehmliche Befragung des Gastwirts fand erst reichlich 2 Wochen später, am 22. September statt.

Fassen wir noch einmal alle aktenkundigen Vorgänge zusammen: Am Abend des 25. Juli 1837 war der 28jährige Schlächter Eduard Barschel gegen zwanzig Uhr mit einigen Freunden bei Würst eingekehrt, um dort bei einem Glas Bier, das in diesen Jahren selbstredend noch Weißbier ist, im Freien zu sitzen und sich das vom sogenannten Fliegenfest aus Pankow zurückströmende Publikum anzusehen. Dieses Fest, auf das noch einzugehen sein wird, war eine sommerliche Veranstaltung der Berliner Zeug- und Raschmachergesellen mit Volksfestcharakter. Seine Parallele und gewissermaßen Konkurrenz hatte es im Mottenfest, das die Leineweber in Lichtenberg feierten.

Als man gegen zweiundzwanzig Uhr aufbrechen wollte, schlug sich Barschel seitwärts in die Büsche, um sich zu erleichtern, wie anzunehmen ist. Dabei stürzte er in eine der unbewehrten Gruben im rückwärtigen Teil des Gartens, in die der Gastwirt seine zerbrochenen Gläser und Flaschen zu werfen pflegte. Bei einer ersten polizeilichen Befragung am 1. 9. äußerte Würst allerdings den Verdacht, daß Barschel «... vielleicht mit einem Frauenzimmer dort *im dunklen Gebüsch* (Hervorh. d. V.) habe Unzucht treiben wollen ... und dadurch in diese Grube gefallen (sei).» Drei Wochen später, am 22. September, dem Tag der amtlich angesetzten Lokalrecherche, beschuldigte er ihn jedoch nicht nur des versuchten Hühnerdiebstahls, sondern erklärte plötzlich, daß «... auch die entferntesten Theile meines Gartens *aufs Hellste erleuchtet* ...» (Hervorh. d. V.) gewesen wären; ein Widerspruch in der Aussage des Würst, auf den die überlieferten Akten übrigens mit keiner Silbe eingehen!

Barschel zog sich bei seinem Fall in die Scherbengrube heftig blutende Verletzungen am Knie bzw. am Oberschenkel zu, die von einem Angestellten der Schenke notdürftig verbunden wurden. Anschließend brachten ihn sein Schwager, der Privatschreiber August Heinrich Molitor (32 Jahre), und seine Freunde, der 19jährige Handlungsdiener Friedrich August Bandow und der 20jährige Tuchbereitergeselle Johann

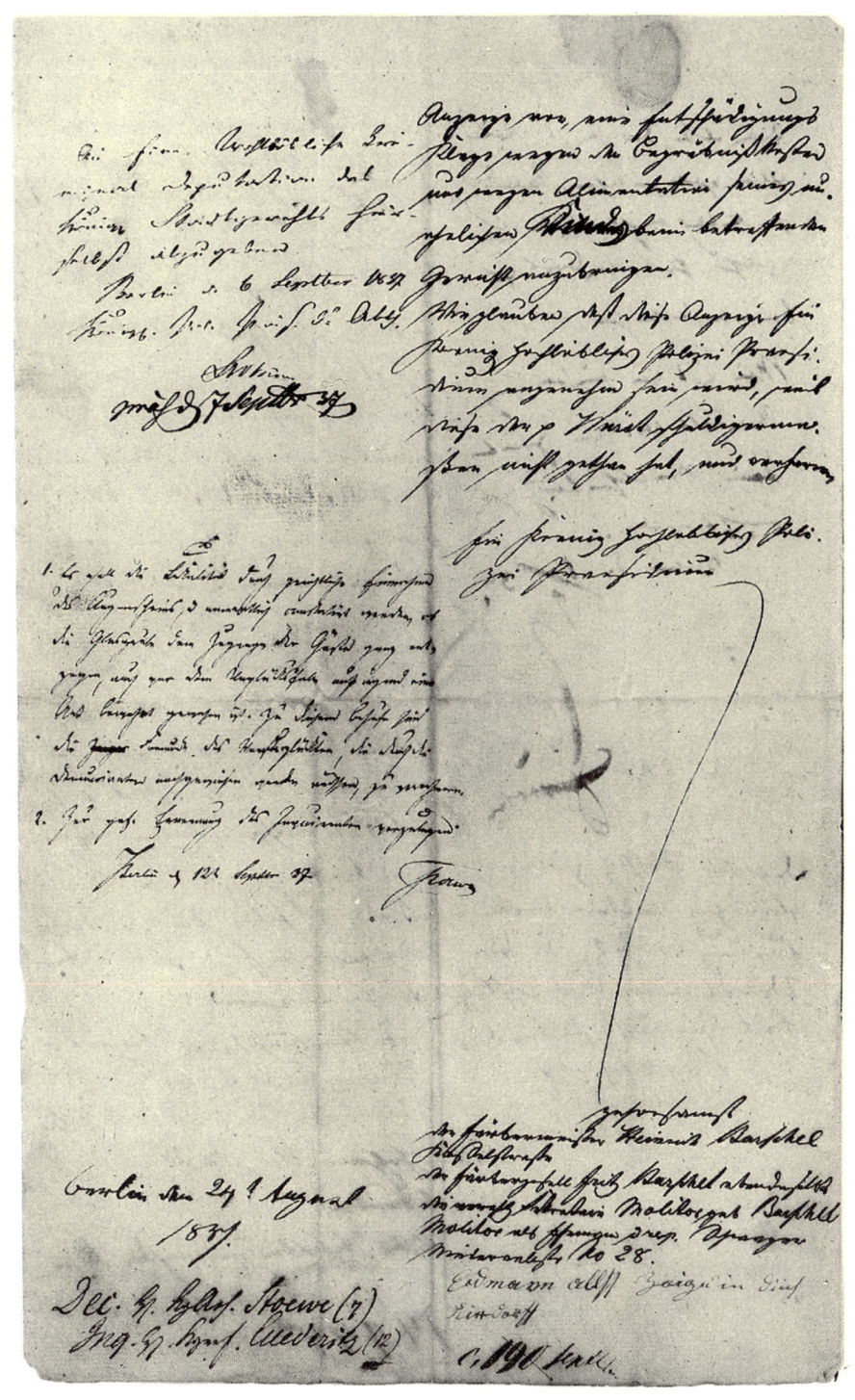

50.

Carl Julius Spott zu Fuß nach Hause in die Kesselstraße im äußersten Nordwesten der Stadt.

Ihr Weg führte sie außerhalb der Stadtmauer entlang der heutigen Wilhelm-Pieck-Straße bis zum Oranienburger Tor. Dort bogen sie in die Chausseestraße ein und wandten sich nordwärts bis zur Kesselstraße, der heutigen Habersaathstraße südlich des Stadions der Weltjugend, die direkt auf das Invalidenhaus zulief.

Am 26. Juli wurde Barschel in die nahegelegene Charité gebracht, wo die medizinische Versorgung für Menschen seines Standes offensichtlich derart unzureichend war, daß ihn sein Stiefbruder am 3. August wieder herausnehmen mußte und zu sich nach Friedrichsfelde holte. Der hinzugezogene Schäfer des Dorfes konnte den Wundbrand nicht mehr aufhalten, so daß Barschel am 11. August seinen Verletzungen erlag.

Würst kam mit einer Verwarnung davon, und als er eine Stange quer vor seine Glaskuten legte, war der Fall für die Behörden erledigt. Die weitere Geschichte der Würstschen Tabagie verliert sich gegenwärtig noch im historischen Dunkel. Sie hat allerdings, wie die hier zum Teil erstmalig veröffentlichten Fotos aus dem Jahre 1865 belegen, zu dieser Zeit als Gebäude noch bestanden und ist, entgegen bisherigen Darstellungen, erst in der Zeit von Mai bis Juli 1904 abgerissen worden (vgl. Abbn. 227–229).

Das in der Anzeige vom 24.8.1837 erwähnte Fliegenfest wird von Otto Berendt und Karl Malbranc in ihrem 1924 erschienenen Buch «Auf dem Prenzlauer Berg» auf das Jahr 1842 datiert. Sie folgen darin den Erinnerungen von Otto Brunow, dem ehemaligen Obermeister der 1924 aufgelösten Raschmacherinnung, demzufolge dieses Fest in jenem Jahre bei dem Gastwirt Linder in Pankow begründet worden sei. Der etwas eigentümliche Name leite sich von den Fliegen ab, die sich im Gründungsjahr auf einem großen Weißbierglas versammelten, aus dem die Mitglieder des Vorstandes gemeinsam getrunken hätten. Danach schildern die beiden Autoren, auch darin Brunow folgend, den Verlauf des Festes, das alljährlich bis etwa 1869, gefeiert worden sein soll./17/

Hermann Kügler, der das Fliegenfest dagegen bis 1832 zurückverfolgen konnte, veröffentlichte im Jahre 1929 eine weitere Quelle./18/ Es handelt sich dabei um ein anonym erschienenes Schriftchen in der Art Glaßbrenners mit dem Titel «Das Fliegenfest. Szene aus dem Berliner Volksleben», das bald nach 1840 entstanden sein dürfte. Da die von Kügler erwähnten zwei Exemplare dieser Broschüre wahrscheinlich Kriegsverlust sind, ist der Text in das vorliegende Buch aufgenommen worden.

Die Szene spielt auf einem großen freien Platz in Pankow. Die handelnden Personen, Raschmachergesellen mit den sprechenden Phantasie-Namen Zippel, Mütze, Schirm sowie die Putzmacher-Mamsells Lenchen und Pinchen, die in Schlafstelle bei Mutter Wiesen sind, sitzen unter einer großen Weide. Es hat eben aufgehört zu regnen; die Sonne ist wieder hervorgetreten und brennt tüchtig. Überall, wo nur im geringsten Schatten zu finden ist, haben sich Männer, mannbare Mädchen und Backfische, kleine Knaben und kleine Mädchen in buntem Gemisch gelagert. Die Erwachsenen und Halberwachsenen verzehren ihre mitgebrachten Vorräte, worunter Knoblauchwürste (die Vorläufer der Berliner Bockwurst!) die bedeutendste Rolle spielen, trinken tüchtig aus den zirkulierenden Flaschen und schikanieren die Vorübergehenden. Die Kinder wälzen sich nach eingenommenen ‹Kosthäppchen› lustig im kaum halbtrockenen Grase umher, während die Säuglinge, deren auch hier eine große Anzahl umhergeschleppt wird, den allgemeinen und alle Begriffe übersteigenden Lärm durch ihr ohrenzerreißendes Gequäke zu einem vollständigen Ganzen auszubilden sich bestreben (nach dem Wortlaut des Originals, vgl. Anhang).

Die zum Teil auch heute noch gültigen Bezeichnungen, Redewendungen sowie Frage- und Antwortspiele, die der Text des unbekannten Verfassers bietet, wie z. B. «Was ist hier los?» – «Na, wat nich anjebunden is!», der Berliner Dialekt also, wurde bereits zu Beginn des 19. Jahrhunderts von Schriftstellern wie Julius von Voß und Louis Angely auf die Bühne gebracht. Von Hegel wurden die Schimpfkanonaden der Hökerinnen sogar als philosophischer Beleg für das jedem Menschen angeborene abstrakte Denken bezeichnet./19/

Seinen größten Formenreichtum aber offenbart das Berlinische Denken nach wie vor in den gekonnten Definitionen der unterschiedlichen Grade der Trunkenheit vom leichten «Anjeäthert»-Sein bis zum «stockbesoffenen» Zustand./20/

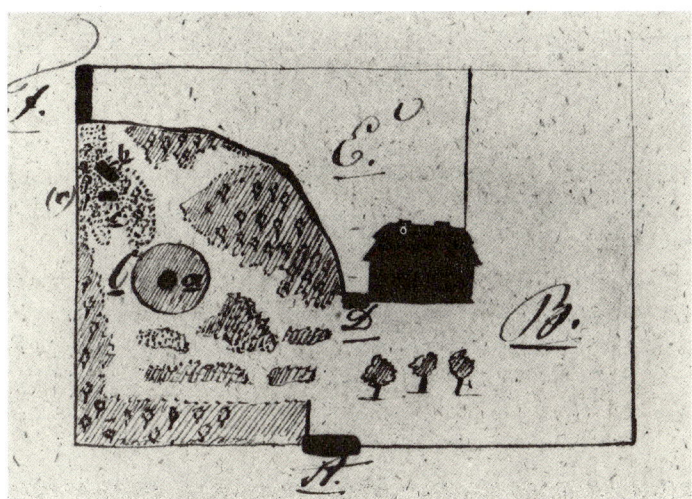

51. *Lageskizze der Würstschen Tabagie auf dem Windmühlenberg vor dem Prenzlauer Tor, 1837*

52. *Anonym: Vorgarten des Magistrats-Gasthauses in Treptow, Stahlstich, um 1833*

1 Zedlitz ..., a. a. O., S. 764. A. Nalli-Rutenberg, Das Alte Berlin ... 2. Aufl., Bln., o. J. (1912), S. 63 falsch: «Gehrke».
2 Brandenburgia. XXI. Jg. 1912/13, S. 78 ff.
3 Nalli-Rutenberg, a. a. O., S. 63.
4 Rhein. Conversations-Lexikon Cöln, 1843. Bd. 10, S. 829 f.
5 Goethes Ehe in Briefen, Franfurt/M. 1921. S. 55, 59.
5a Albert Ballhorn, Das Polizeipräsidium zu Berlin. Eine geschichtliche Darstellung ... Bln. 1852, S. 112 f.
5b Ebenda.
6 Christian L. Stieglitz, Encyklopädie der bürgerlichen Baukunst. Lpz. 1798. Bd. 5, S. 331 f. Eine ausführliche Darstellung der Londoner Vauxhall anhand verschiedener historischer Quellen bei Rauers ..., a. a. O., Bd. 2, S. 1360 ff.
7 David Kalisch, Die Besteigung des Monte Cruce bei Berlin. Alt-Berliner Humor. Hrsg. von Franz Leppmann. Bln., o. J. (1916). Die Fünfzig Bücher. Bd. 8, S. 157/58.
8 Ebenda, S. 166.
9 A. Nalli-Rutenberg, a. a. O., S. 62 ff. Dort auch weitere Bier- und Kaffeegärten der 40er und 50er Jahre des 19. Jhs.
10 Declaration des § 14. Edicti vom 10. Februarii 1715. wegen der Sabbaths-Feyer / daß verstattet werden soll / Sonntages nach geendigtem Gottesdienst Wein- und Bier-Gäste zu setzen. De dato Berlin, den 18. August. 1718. Mylius ... 1. Th. II. Abth., No. CXVII, Sp. 227 f.
11 Seit dem 17. September 1707 mußten die Edicte gegen den Laternenfrevel ständig erneuert werden. So kam es noch 25 Jahre später fast auf den Tag genau zu einer Verordnung unter dem Titel «Geschärfftes Patent, gegen die Verderbung und Diebereyen an den öffentlichen Laternen in den Königl. Residentzien. De dato Berlin, den 18. September 1732.» Während der Revolution von 1848 wurde das Einwerfen der Laternen als «Kladderadatsch» bezeichnet; daher dann der Name der oben genannten satirischen Zeitschrift.
12 Erinnerungen an den «Dusteren Keller» von Dr. Plumeyer. Berliner Lokalanzeiger vom 12. Juli 1924.
13 Hugo Wauer, Humoristische Rückblicke auf Berlins Gute alte Zeit von 1834 bis 1870. Bln., 6. Aufl. 1910, S. 31/32.
14 Rechtsstreit Bötzow/Griebenow in: Bauakte Prenzlauer Allee 230 (o. Z.). Rat d. Stadtbez. Prenzlauer Berg, Stadtbezirksbauamt.
15 Bauakte Prenzlauer Allee 242–47. Vol. I. (O. Z.). Rat d. Stadtbez. Prenzlauer Berg, Stadtbezirksbauamt.
16 Ebenda.
17 O. Berendt/K. Malbranc, Auf dem Prenzlauer Berg. Bln. 1924, S. 36–38.
18 Brandenburgia. 38. Jg. 1929, S. 184–199, vgl. Anhang.
19 Vorwort von Georg Hermann zu: Alt-Berliner Humor, Hrsg. von Franz Leppmann. Bln., o. J. (1916). Die Fünfzig Bücher, Bd. 8, S. 10.
20 Vgl. dazu u. a.: Der richtige Berliner ..., sowie Leonhard Hermann, Das Bier im Volksmund. Alte Sprichwörter und Redensarten. Bln., o. J. (um 1928) – Dort ausführliches Literaturverzeichnis.

53. Anonym:
Werbeplakat für den Berliner
Müggelturm, um 1900

54. Anonym:
Das Stralauer Fischzugs-Spiel,
Lithographie, um 1830

55. Anonym:
Szenen am Tage
des Stralauer Fischzuges,
Stahlstich, 1835

Scenen am Tage des Stralauer Fischzuges.

56. Anonym:
Gartenlokal,
Neuruppiner Bilderbogen,
um 1857

Das Baiersche Bier-Vergnügen im Garten-Local.

57. Ludwig Löffler:
Ausflug nach Erkner,
Lithographie, 1872

58. Anonym:
Schützenfest in der Hasenheide, Schießkonferenz im März,
Federzeichnung, 1843

59. Theodor Hosemann:
Die drei Wanderer,
Lithographie mit Tonplatte,
1852

60. Anonym:
*Ausschankgebäude
der Berliner Tivoli-Brauerei*,
Foto, um 1930

61. Werbepostkarte für den Ausschank der Berliner Löwen-Brauerei, Unter den Zelten 3, um 1900 (?)

62. Anonym: Ausschank der Berliner Bötzow-Brauerei, Unter den Zelten 1, Foto, um 1939 (Detail)

63. Bartels:
Gartenlokal »Bremer Höhe« in der Schönhauser Allee 58 b,
Foto, um 1890

64. Wolfgang Wandelt:
Schönhauser Allee 58/Ecke Gneisstraße,
Foto, 1985

Die ehemaligen Ausflugslokale der Schönhauser Allee mußten der späteren Bebauung durch Mietskasernen weichen. Der ursprüngliche Charakter dieser Anlagen hat sich bis heute im Prater-Garten erhalten.

65. Wolfgang Wandelt:
*Kreiskulturhaus
Prenzlauer Berg, Eingang
Prater-Garten, Pappelallee 9,
Foto, 1985*

66. *Anonym:*
Grand-Restaurant am
Weinbergsweg,
Foto, 1894 (Detail)

67. *Anonym:*
Restaurant »Zum Kuhstall«,
Innsbruckerstraße 110,
Foto, o. J.

68. *Anonym:*
Vor dem Schlesischen Tor,
Foto, 1886 (Detail)

69. *Anonym:*
Der »Rollkrug« in Rixdorf,
Foto, um 1900

70. Bartels:
Restaurant »Wohllebe«,
Alexandrinenstraße 10,
Foto, o. J. (um 1890?), Detail

71. Anonym:
Restaurant »Haidekrug«,
Hasenheide 16/19,
Foto, 1902

72. Werbepostkarte für das Restaurant »Klostergarten« am Spandauer Schiffahrtskanal, um 1900

73. Anonym:
Schramm's Seebad
in Wilmersdorf,
Foto, o. J.

74. Anonym:
Ausflugslokal am
Orankesee,
Postkarte, o. J.

75. Anonym:
Gartenrestaurant
»Krumme Lanke«,
Foto, 1930

76. Anonym:
Pfingstkonzert
in Berlin-Treptow,
Foto, 1930er Jahre

77. Anonym:
Der Dachgarten des Café
Braun am Alexanderplatz,
Foto, 1932

78. Anonym:
Der gleiche Dachgarten
wie Abb. 77,
Foto, 1934

1.

Als Moses an den Fels einst klopfte,
geschah's daß Wasser ihm enttropfte;
Viel größer ist das Wunder hier:
Man klopft ans Glas, und es fließt Bier.

In der Patzenhoferkneipe
am Köllnischen Fischmarkt, 1905

2.

Lerne saufen, ohne zu schlucken.

Berliner Kneipenspruch, um 1905

3.

Tu den Mund nicht unnütz auf,
red' vernünftig oder sauf.

Berliner Kneipenspruch, um 1905

4.

Quatsche zu Hause!

Beim Hasenwirt in der Hasenheide, 1905

5.

Es darf Humor den durst'gen Kehlen
beim Weinvertilgen niemals fehlen.

Berliner Kneipenspruch, um 1905

6.

Harre und hoffe, daß sich's wende,
Jeder Kater nimmt ein Ende.

Wandspruch in den Akademischen Bierhallen,
Hegelplatz, 1905

7.

Ein Lied bei edlem Saft
gibt Frohsinn, Mut und Kraft.

In einer Kneipe in der Bischofsstraße, 1905

8.

Hast du Geld, um zu berappen,
Gibt's gut Bier und guten Happen.

Berliner Kneipenspruch, 1905

9.

§ 11. Geborgt wird nicht; das halt ich für das Beste;
sonst verliert man sein Geld und obendrein die Gäste.

Berliner Kneipenspruch, 1905

10.

Geborgt wird am 30. Februar.

Berliner Kneipenspruch, 1905

11.

Wo heiter die Wirtin und kühle der Trunk,
wird jeder Gast munter und trinkt sich gesund.

Im Krug zum grünen Kranze,
ehemals Friedrichstraße, 1905

12.

Amate, so ihr jung noch seid,
Cantate, so ihr traget Leid;
Doch ob ihr habt Lust oder Weh,
Ob jung, ob alt seid: bibite!

Im Krug zum grünen Kranze,
ehemals Friedrichstraße, 1905

13.

Gott verläßt keinen Deutschen:
hungert's ihn nicht, so dürstet's ihn doch.

Über der Tür zu einer Kellerkneipe,
Stallschreiberstraße, 1905

14.

Ein kühler Trunk, ein voller Tisch
Erhebt den Geist, hält's Herze frisch.

Als Handzettel auf der Straße verteilt, 1905

15.
Die alten Deutschen tranken immer noch eins,
und die jungen Deutschen würden noch zwei
trinken, wenn sie Geld hätten.

In einer Gaststätte, Friedrichstraße 250, 1905

16.
Das Trinken lernt der Mensch zuerst,
Viel später dann das Essen;
Drum sollst du dankbar einst als Greis
Das Trinken nicht vergessen.

Im Deutschen Wirtshaus, Rixdorf, 1905

17.
Sitzt du gut, so sitze feste,
Alter Sitz, der ist der beste.
Guter Wille führt zum Ziel,
Trinke oft und trinke viel.

Im Spatenbräu, Friedrichstraße, 1905

18.
Guter Dinge gibt es vier:
Liebchen, Karten, Sang und Bier.

Im Spatenbräu, Friedrichstraße, 1905

19.
Ein Mann ein Wort, ein Wort ein Mann,
Ist besser als ein Schwur getan.

Im Spatenbräu, Friedrichstraße, 1905

20.
Und wie auch die Uhr und das Weiberl uns winkt,
in Frieden geht nur, wer sein Stehseidel trinkt.

Auf einem Bierkrug, Berlin, 1905

21.
Alte Taler, junge Weiber,
Sind die besten Zeitvertreiber.

Auf einem Bierkrug, Berlin, 1905

22.
Abendläuten, Hahnenschrei,
ist dem Trinker einerlei.

Im Spatenbräu, Friedrichstraße, 1905

23.
'raus mit dem Wort, wenn es wahr ist,
hinab mit dem Trunk, wenn er klar ist.

Auf einem Bierkrug, Berlin, 1905

24.
Ob Seidel oder Töpfchen,
Ob Kuffe oder Krug,
Ob Flasche, Maß oder Schöppchen,
Man trinkt doch nie genug.

In der Vereinsbrauerei (Rixdorf?), 1905

25.
Wer traurig ist bei Bier und Wein,
Der muß ein Erzphilister sein.

In der Vereinsbrauerei (Rixdorf?), 1905

26.
Der Liebe nicht jedes gelingt,
Der Durst aber alle bezwingt.

Im Ratskeller Schöneberg
(vor der Renovierung), 1905 (?)

27.
Fröhlich Gemüt gibt frisches Geblüt.

Im Ratskeller Schöneberg
(vor der Renovierung), 1905 (?)

80.

AUF DEN SPUREN VON HEINRICH ZILLE

Die Chronisten des Berliner Alltags, Franz Dörbeck, Theodor Hosemann, Hans Baluschek, Otto Nagel und andere, haben sich jeweils ihrer spezifischen künstlerischen Ausdrucksmittel, der Malerei, der Grafik, der Zeichnung, der farbigen Lithografie, bedient. Heinrich Zille setzte auch die Fotografie ein.

Auf seinen Streifzügen durch Berlin «notierte» er sich auf diese Weise bestimmte Motive und Eindrücke, um sie nicht nur als eine Art modernen Bildarchivs ständig zur Verfügung zu haben, sondern um sie auch von Fall zu Fall als Anregungen für seine eigenen Arbeiten zu verwenden.

Hier fand er die ihn interessierenden Themen in gebündelter Form: das leichte Mädchen mit seinem Freier, die Kneipe, das Sarggeschäft, den Kreislauf von Liebe und Tod im Milieu der kleinen Leute von Berlin N., Bergstraße 70.

Auf einer Lithografie Zilles von 1911 stehen sich Gastwirt und Sarghändler vor den Eingängen ihrer Geschäfte gegenüber und führen den austauschbaren Dialog: «Wie war dein Geschäft zu Weihnachten, Justav?» – «Na, ick kann nich klagen!» Die kleinen Korrekturen, die Zille gegenüber der Realität vornahm, bieten zugleich einen Einblick in seine Schaffensmethode: Aus dem im Keller befindlichen Beerdigungsinstitut von Gustav Aßmann wird beziehungsvoll das Beerdigungsinstitut Gustav Erdmann, das nun nicht nur «nach allen Krankenhäusern von und nach außerhalb» liefert, sondern dessen Ein-Mann-Geschäftsleitung, und das ist in Berlin N. nur als bittere Ironie zu verstehen, als «Lieferant der Sarkophage höchster und hoher Herrschaften» auftritt.

Foto und Grafik Zilles zeigen in unaufdringlicher Symbolik zugleich die Möglichkeiten, die das von ihm geschilderte Milieu, die gesellschaftlichen Verhältnisse seiner Zeit den Menschen boten, die vom Verkauf ihrer Arbeitskraft leben mußten: «Aufstieg» in die Kneipe, «Abstieg» in den Sarg.

Auf einem anderen Foto brachte sich Heinrich Zille während eines Besuches beim Wirt des sogenannten Uhren-Kellers in der Nähe des ehemaligen Wriezener Bahnhofs am heutigen Franz-Mehring-Platz mit Hilfe des Selbstauslösers auch aufs Bild. Dadurch verlieh er diesem Foto die historische Authentizität des «hic fuit» (hier ist er gewesen), dessen sich zuweilen die alten Meister bedienten.

Der Wirt dieses Kellerlokals war durch die Marotte stadtbekannt geworden, Uhren gegen Schnaps zu «tauschen». Wer Zahlungsschwierigkeiten hatte, konnte bei ihm – für eine Uhr – einen ganzen Abend lang trinken. Pünktlich um Mitternacht schlugen dann alle auf diese Weise erworbenen Uhren und vereinten sich zu einem einmaligen Konzert, wie Erich Kranz in seinem Büchlein über Heinrich Zille und die Berliner Kneipen zu berichten weiß./1/

Auch die Kellerkneipe «Zur quietschvergnügten Drehorgel» in der ehemaligen Landwehrstraße, die sich zwischen der heutigen Leninallee und der Georgenkirchstraße befand, wurde oft von Zille besucht. Der geschäftstüchtige Wirt Max Buchwald, der in den Zeitungen mit der Annonce «Broterwerb im Handumdrehn» warb, verlieh Drehorgeln, oder Leierkästen, wie der Berliner treffender sagte, für sechs Mark pro Tag und Orgel. Und wenn abends abgerechnet wurde, legten seine in kurzer Zeit bis auf fünfzig Mann angewachsenen Drehorgelspieler bei ihm einen nicht unbeträchtlichen Teil ihres bescheidenen Gewinns gleich wieder in Schnaps, Bier und einem kleinen Imbiß an.

Die Leierkästen bezog der gelernte Drehorgelbauer Buchwald im wesentlichen von der Firma Bacigalupo, Schönhauser Allee 78, die seit 1860 in Berlin ansässig war. Bacigalupo sen. kam um die Mitte des 19. Jahrhunderts aus der ländlichen Umgebung Genuas zunächst nach Hamburg und versuchte dort, sein Brot zu verdienen. Man drückte ihm eine defekte Harmonika und ein Meerschweinchen in die Hand. Letzteres habe er mit den Worten «non voglio porci» (ich mag keine Schweine) abgelehnt und statt dessen einen Affen genommen, wie er im Jahre 1900 Vertretern des Berliner Heimatvereins Brandenburgia voller Stolz erzählte. Das Produktionsprogramm seines für Berlin und ganz Norddeutschland wichtigen Familienunternehmens reichte von der simplen Drehorgel bis zum komplizierten Orchestrion./2/

Drehorgelhersteller wie Bacigalupo lebten hier im Norden von Berlin in einer kleinen italienischen Kolonie, die sich hauptsächlich aus Leierkastenspielern, Straßenmusikanten und Hausierern zusammensetzte. Letztere ernährten sich durch Herstellung und Verkauf von Gipsfiguren und Rattenfallen.

Ihre Arbeits- und Lebensbedingungen waren derart haarsträubend, daß sich manchmal selbst die Preußische Polizei einschaltete. So teilte z. B. das 97. Polizeirevier der Baupolizei mit Anschreiben vom 7. Juni 1901 mit, daß der Keller des Gipsfiguren-Herstellers Quirico Veraci, Buchholzer Straße 7, seinen fünf Arbeitern gleichzeitig auch als Schlafraum diente, der von der Werkstatt nur durch Eierkistenbretter abgeteilt worden war. Der Schlafraum des Meisters befand sich sogar noch dahinter, in der Tiefe des Kellers./3/

In der benachbarten Pappelallee lag das Ristorante Colonia Italiana, das von einer italienischen Familie bewirtschaftet wurde und von dem sich ein Foto erhalten hat. Hier «... plauderten sie bei einem Schoppen billigen Landweins oder auch bei einer Weißen von ihren Erlebnissen und Zukunftsplänen»/4/.

Während die Italiener sich am nördlichen Rand von Berlin j. w. d. (janz weit draußen) ansiedelten, drängten sich andere Teile der Berliner Bevölkerung, meist Einwanderer und Zugereiste jüdischen Glaubens aus den kleinen Städten und Dörfern der preußischen Ostgebiete und aus Galizien, in der armutsvollen Enge des sogenannten Scheunenviertels zusammen, dort, wo heute das Gebäude der Volksbühne steht.

Das Scheunenviertel, dessen Name im 18. Jahrhundert noch einen guten Klang hatte, wurde im Norden von der Lothringer Straße (heute Wilhelm-Pieck-Straße), im Süden von der Hirtenstraße, im Westen von der Alten Schönhauser Straße und im Osten von der Prenzlauer Straße (heute Karl-Liebknecht-Straße) begrenzt. Das Viertel selbst bestand aus der Dragoner-, Grenadier-, Füsilier-, Amalien-, Koblank-, Weydinger-,

Auf den Spuren von Heinrich Zille

81. Wolfgang Wandelt: Innenansicht der sogenannten »Mulack-Ritze«, ehemals Mulackstraße 15, um 1900, Foto, 1985 (Gründerzeitmuseum, Berlin-Mahlsdorf)

82. Wolfgang Wandelt: Innenansicht der sogenannten »Mulack-Ritze«, Foto, 1985

83. Wolfgang Wandelt: Innenansicht der sogenannten »Mulack-Ritze«, Foto, 1985 (Detail)

84. Briefkopf der Firma Bacigalupo, noch 1932 verwendet

85. Fritz Gehrke: In der Kaschemme, Holzstich, 1887

Kleine(n) Alexander- und Bartelstraße. Die Schendelgasse verband die Alte Schönhauser mit der Hirtenstraße. Im Jahre 1786 standen hier tatsächlich siebenundzwanzig Berliner Scheunen. Sie bildeten das sogenannte Scheunenfeld, wie es Nicolai in seiner Beschreibung Berlins aus demselben Jahre formulierte. Gleichzeitig befanden sich hier die Kasernen für das Dritte Regiment Artillerie (daher die Namen der Straßen, die allerdings mit Ausnahme der Dragonerstraße alle erst späteren Datums sind) sowie der «Stelzenkrug», ein Wirtshaus, «... wo das ganze Jahr durch Vieh verkauft wird»/5/, und die «Fleischscharren», wie die Verkaufsstände für Fleisch damals genannt wurden.

Auch hier im Scheunenviertel begegnet uns der Chronist Heinrich Zille, der eine typische Berliner Eckkneipe, die Destillation von Wilhelm Knötsch an der Ecke Amalienstraße/Hirtenstraße im Foto festhielt und der sich von dieser Kneipe die Anregung für eine Zeichnung holte, die etwa um 1905 entstanden sein mag.

Westlich des Scheunenviertels, auf der linken Seite der Alten Schönhauser Straße, schloß sich die Mulackstraße an, die auch heute noch existiert.

Hier traf sich schon von alters her die Berliner Unter- und Halbwelt, hier wohnten zahlreiche Prostituierte. In der Gaststätte «Zum gemütlichen Carl», Mulackstraße 10, tagte der Athletenverein «Cyclop» unter dem Patronat des Wirts Carl Erbe. Der Legende nach soll Zille zusammen mit seinem Freund Hermann Frey, dem Texter des Berliner Gassenhauers «Wer hat denn den Käse zum Bahnhof gerollt ...» und anderer Schlager, in dieser Kneipe an der Vorfeier zum 10jährigen Stiftungsfest des Vereins teilgenommen haben.

«Cyclop bestand nur aus zwölf Mitgliedern — inklusive des Vereinsvorstandes. Neue Mitglieder wurden nur dann aufgenommen, wenn ein altes Mitglied so lange am Erscheinen bei den wöchentlichen Trainingsabenden verhindert war, daß die Zahl zwölf nicht aufrechterhalten werden konnte. Und das war immer dann der Fall, wenn ein Mitglied zu einer langjährigen Freiheitsstrafe verurteilt worden war ... Einige der Vereinsmitglieder waren Geldschrankknacker und mit allen einschlägigen Fragen ihres ‹Berufs› genau vertraut. Sie waren Fachleute. Mehrere aber ‹arbeiteten› als Kartenspieler.»/6/

Nur wenige Häuser weiter, in der Schankwirtschaft von Sodke, Mulackstraße 15, deren Inneneinrichtung sich im Gründerzeitmuseum in Berlin-Mahlsdorf erhalten hat, kam es im Jahre 1907 zu einer Schießerei mit einem Zuhälter, die sogar Schlagzeilen in den Zeitungen machte. «Der Sklavenhalter mit dem Revolver. Vor

einigen Tagen ereignete sich in der Schankwirtschaft von Sadke in der Mulackstraße Nr. 15 eine Revolverschießerei. Ein Gast schoß die 21 Jahre alte Näherin Ida Krüger mit einem Revolver in die Brust. Der Täter entkam. Niemand wollte ihn kennen. Die Ermittlungen der Kriminalpolizei ergaben jedoch, daß die übrigen Gäste ihn sehr wohl kannten und bei seiner Flucht offenbar begünstigt hatten. Vorgestern wurde der Bursche ermittelt und festgenommen. Er ist einer der gefährlichen Zuhälter, ein 25 Jahre alter früherer Schmiedegeselle Arthur Witte. Daraus erklärt sich, daß man ihn ungehindert hatte laufen lassen und daß selbst die Verletzte sagte, sie kenne ihn nur als einen ‹Reisenden Arthur›. Hatte er kein Mädchen, das ihn mit ihrer Schande ernährte, so lebte er von Ladendiebstählen, die er in großer Zahl verübte. Seine letzte Sklavin mißhandelte er unmenschlich, weil sie nicht genug verdiente. Endlich sagte sie sich von ihm trotz aller Drohungen los. Die ganze Wut Wittes richtete sich nun gegen den anderen, dem sie sich jetzt anschloß. Als er ihn eines Abends in der Linienstraße traf, griff er ihn mit dem Revolver an. Er hätte ihn niedergeschossen, wenn ihm nicht im letzten Moment Zuhälter in den Arm gefallen wären. Diese schlugen die Waffe in die Höhe, so daß die Kugel in die Luft ging. Aus der Beute eines Ladeneinbruchs mit neuer Kleidung versehen, suchte Witte jetzt ein neues Opfer. Sein Auge fiel auf die junge Ida Krüger. Diese aber empfand ein heimliches Grauen vor ihm und wollte sich in nähere Beziehungen zu ihm nicht einlassen. Ihre fortgesetzte Weigerung beantwortete der Unmensch schließlich in der Mulackstraße mit dem Revolverschuß, der dem Mädchen leicht das Leben hätte kosten können. Seitdem suchte ihn die Kriminalpolizei, bis sie ihn vorgestern morgen in einem Kuppelquartier in der Gipsstraße bei einem anderen Mädchen entdeckte. Als der Verbrecher die Kriminalbeamten eintreten sah, sprang er aus dem Bett und lief auf einen Tisch zu, in dessen Schublade er seinen scharf geladenen Revolver liegen hatte. Ein Beamter aber merkte seine Absicht, kam ihm zuvor und nahm die Waffe an sich. Jetzt gab sich der Zuhälter ohne Widerstand gefangen.»/7/

Im Jahre 1780 existierten hundert Bordelle in Berlin mit je sieben bis neun Mädchen, die ähnlich wie die Gasthäuser in verschiedene Kategorien eingeteilt wurden. Die meisten Bordelle waren mit Tanzbetrieb, bis im Jahre 1795 die Verbindung von Bordell und Tanzwirtschaft polizeilich verboten wurde.

Zu den in diesen Häusern fest ansässigen Frauen und Mädchen, die zum Teil aus anderen Städten wie Hamburg «importiert» worden waren, kamen noch 67 alleinstehende Frauen, die vorwiegend in der Dorotheenstraße (ehemals Letzte Straße) und in der Friedrichstraße wohnten und die der Berliner Volksmund mit dem Namen «Privatdocentin» belegte.

Nach Zeugnis des ehemaligen Stadtphysikus gegen Ende des 18. Jahrhunderts vergrößerte sich die Anzahl der offiziell registrierten Prostituierten um einen beträchtlichen Anteil von Winkeldirnen, die sich statistisch nur schwer erfassen ließen.

Im Verlaufe des frühen 19. Jahrhunderts wurden die Bordelle auf immer weniger Straßen konzentriert, bis sie sich, kurz vor ihrer amtlichen Aufhebung zum 1. Januar 1846, in der nur drei Meter breiten Straße An der Königsmauer in 52 Häuser zusammendrängten, in denen neben zweihundertfünfzig Lohndirnen auch noch Viktualienhändler, Wäscherinnen und Aufwärterinnen wohnten.

Als diese Straße in der Mitte der 80er Jahre des vorigen Jahrhunderts der Bautätigkeit im Zentrum weichen mußten, wurden einige Häuser von Albert Schwartz noch fotografisch festgehalten. Eines dieser Fotos verwendete Heinrich Zille als Vorlage für drei seiner Zeichnungen.

Die «Monarchen von der Königsmauer», wie der Titel einer bekannten Arbeit von Zille lautet, haben dann später im größten Obdachlosenasyl Berlins, in der sogenannten «Palme», übernachten müssen.

Nach der Revolution von 1848 wurden die gerade aufgehobenen Bordelle ab 1851 für kurze Zeit wieder zugelassen und durften sich erneut über alle Stadtbezirke und Straßen verteilen, weil wohl «... der Wunsch, den politisch erregten Gemütern Ablenkung zu geben, sie zu korrumpieren, dem ‹Volke› Unterhaltung zu geben ...» maßgebend war./8/ Die Blütezeit der polizeilich konzessionierten Bordelle in Berlin war jedoch vorbei, und die «Königsmauer» bekam neue Bewohner.

Die weißen gestickten Gardinen und die roten Vorhänge verschwanden von den Fenstern, die Scheiben wurden blind. Die Musik verstummte, und die Straße blieb nachts dunkel.

Ende der 60er Jahre des vorigen Jahrhunderts war die Königsmauer bereits zum «... Stapelplatz der in diesem Viertel hausenden Strolche, Bauernfänger, Mauerjungen und Gänsejungen, der Taschendiebe und jener unglücklichen Mädchen geworden, die das Tageslicht scheuen.«/9/

Die «Gänsejungen» waren eine straff organisierte Gruppe von Männern zwischen achtzehn und dreißig Jahren, die vom Marktdiebstahl auf dem nahegelegenen Alexanderplatz lebten. Sie hatten ihr eigenes Verkehrslokal in einem Keller, zu dem man nur mittels besonderer Klopfzeichen Eintritt bekam. Über dem niedrigen Türbalken war mit roten Buchstaben zu lesen: *Hier wird zu Mittag und zu Abend gespeist.* Die hellgestrichenen Seitenpfosten der dunkelgrünen Tür waren mit der Darstellung eines Glases, einiger Flaschen, gekreuzter Messer und Gabeln verziert. Das Gastwirtsehepaar Patzke setzte offensichtlich eine Tradition der primitiven Eigenwerbung fort, wie sie in ähnlicher Form auf der Lithografie eines Viktualienkellers von Karl Stürmer um 1828 stattfindet.

Bereits um 1843 waren in Gestalt der «Polka-Kneipen» mit Damenbedienung jedoch neue, modernere Formen der abendlichen Zerstreuung entstanden, die auf die Berliner aus der Mitte des 19. Jahrhunderts ebenso elektrisierend gewirkt haben müssen wie die Einführung der Hi-Fi-Diskotheken mit ihren Lichtzerhackern in den 70er Jahren des 20. Jahrhunderts.

Das Wort «Polka» war in allen möglichen Zusammensetzungen zu einem Lieblingsausdruck der Berliner Umgangssprache geworden, mit dem man bis etwa zur Jahrhundertmitte alles bezeichnete, was irgendwie schnell, hastig (wir würden heute «hektisch» sagen) und damit modern war. So nannte man den Selbstmord auf den Schienen der gerade eingeführten Eisenbahn einen «Polka-Tod», denn dieses modernste Verkehrsmittel war von ähnlich verblüffender, ja die Sinne verwirrender Schnelligkeit wie der neue Tanz. Und die von Stüler leicht und anmutig, nach Meinung der Berliner fast zu luftig errichtete Matthäikirche im Tiergarten wurde nicht nur als «dem lieben Gott sein Sommerhaus», sondern geradezu als «Polka-Kirche» bezeichnet, ein Name, der einem heute vergessenen Gedicht von Gottfried Keller aus dem Jahre 1852 den Titel gab./10/

Folgen wir einem Zeitgenossen in eine derartige Kneipe, wie sie z. B. in der Kürassierstraße existierte: «Schon in der Entfernung und zumal beim Eintreten in die Haustür hörten wir rohes Geschrei, gepaart mit Geigen- und Guitarrenspiel und dem Krähen heiserer Gesangsstimmen. Als wir eintraten, drang ein erstikkender Cigarrendampf, welcher das Licht in ein Halbdunkel verwandelte, uns entgegen. An allen Tischen saßen junge Männer mit großen Bierkrügen vor sich und eine sogenannte Polkamütze auf dem Kopfe, welche der Wirth unentgeldlich verabreicht. Dies ist eine große, bunte, hohe Narrenmütze von Papier, ähnlich denen, welche Hanswürste auf dem Carneval tragen, nur das gebogene Horn fehlt darauf, jedoch die Schelle ist daranbefestigt. Die Stube ist mit Thymian- oder Eichenguirlanden kreuzweise durchzogen, woran kleine bunte Lämpchen brennen. Hinten befindet sich ein mit rothem, blauem u. a. Kattun behangenes Orchester, wo eine unrein gespielte Geige, zwei Harfen oder Guitarren und die rauhen Töne abgelebter, zurückgesetzter Töchter der Freude einen wahren Polkascandal erheben. Die Bedienung wird durch Dirnen besorgt, welche entweder als Amazonen, oder Indianerinnen, oder Jokkei's in Sporenstiefeln, gekleidet sind, zu den Prostituierten gehören und in der Regel außer Wohnung und Essen kein Lohn erhalten, indem sie auf den Erwerb ihres Körpers angewiesen sind ... Dergleichen moderne Bordelle sollen bereits über 15 bis 20 hier bestehen.»/11/

In ihrer Freizeit oder in einer Verschnaufpause verkehrten die «Peripatetikerinnen der Königstraße», wie sie der gehobenere Volksmund um 1846 bezeichnete, in eigenen Lokalen und Lokalitäten, in denen auch

Zuhälter, Buchmacher, Spieler und handfestere Vertreter der Berliner Unterwelt vor 1848 anzutreffen waren.

Die Namen dieser «Kaschemmen» und «Spelunken» (von dem Zigeunerwort: katšima, d. h. schlechte Schenke, Verbrecherkneipe bzw. von lat. spelunca, d. h. Höhle) sprechen für sich, entbehren aber auch nicht der augenzwinkernden Selbstironie.

Da gab es die «Lederne Flinte» in der Jerusalemer Straße 23, das Lokal von Monno in der Grenadierstraße 33, den «Türkenkeller» an der Neuen Promenade 3, die vom Hackeschen Markt durch die Kleine Präsidentenstraße auf den Monbijouplatz führte, den «Schmoortopf» in der Mulacksgasse 3 (der späteren Mulackstraße), den «Patzkopf» in der Linienstraße 35/36 und Spiegelberg's Tanzsaal vor dem Prenzlauer Tor.

Die allabendlichen Attraktionen solcher Treffpunkte der Unterwelt waren Puppenspielveranstaltungen!

«Das niedere Volk jener Zeit hatte eine große Liebhaberei für Vorstellungen von Puppenspiel. Puppen-Theater, für geringes Geld gezeigt, wurden zahlreich besucht. Diese brachten ihrem Publikum alle Novitäten des Königlichen und Königsstädtischen Theaters natürlich in einer besonders für die Zuschauer eingerichteten Form. Außerdem aber hatten sie auch eigene Stücke: ‹Der bairische Hiesel› und ‹Die Königin von Golkonda› waren Zugstücke für das große Publikum.

Ein solches Puppentheater befand sich auch in der ledernen Flinte. Abends prangte vor der Hausthür des kleinen unscheinbaren Hauses eine Tranparenttafel mit den Worten: ‹Theater von Richter› (welcher sogar in der Vossischen Zeitung inserierte, d. V.). Durch einen engen Gang, welcher wahrscheinlich dem Lokale seinen Namen verschafft hatte, kam man nach dem eigentlichen Schauspielhause, welches zugleich ein Ballsaal und der Versammlungspunkt des niedrigsten Pöbels war ... Der dunkle Gang wurde von den Besuchern in der schamlosesten Weise benutzt, und selbst die Hausflure der benachbarten Häuser bildeten Stätten der Unsittlichkeit. Die gerechten Klagen der Nachbarn führten endlich die Schließung des Lokals herbei, zu welcher die Polizei sich indeß lange genug nötigen ließ, da sie gerade hier ihre besten Fänge zu machen pflegte.»/12/

Die Kaschemmen späterer Zeit, deren Anzahl um 1900 von Hans Ostwald auf etwa vierhundert geschätzt wurde, paßten sich ihrer jeweiligen Umgebung stärker an. Das waren keine «Räuberhöhlen» mehr, sondern – jedenfalls nach außen – schlichte Lokale, die sich kaum von den Arbeiterkneipen und Destillen ihrer Nachbarschaft unterschieden.

Eine Abart dieser Lokale waren die sogenannten Kaffeeklappen, die sich in den 60er Jahren des vergangenen Jahrhunderts in den einschlägigen Kreisen großer Beliebtheit erfreuten. Sie hatten keine Schankgenehmigung, durften also keinen Alkohol führen. Dafür boten sie Kaffee, Tee, Schokolade und einen kleinen Imbiß bis in die frühen Morgenstunden an.

Eine der berüchtigsten Kaffeeklappen (2 mal kurz, 2 mal lang an der Tür klopfen – nach der Aussage von Zeitgenossen) befand sich in der Spandauer Straße nordwestlich der Bischofstraße in Richtung Neue Friedrichstraße. Das Viertel existiert heute nicht mehr. Die Bischofstraße verlief etwa dort, wo sich jetzt die Fußgängerzone in der Nähe des vor dem Fernsehturm aufgestellten Neptunbrunnens befindet. Die karge Ausstattung der Kaffeeklappe bestand aus einigen langen Holztischen, Schemeln und Stühlen. An den Wänden befanden sich auf einer hölzernen Etagere Bierseidel, Branntweingläser und Schnapsflaschen, also nur das Allernotwendigste. Der gelb (in anderen Fällen grau) gestrichene niedrige Raum wurde von zwei Gasflammen spärlich erleuchtet.

Gegen zwei Uhr morgens herrschte Hochbetrieb. Das Publikum setzte sich aus Taschendieben und ihren Hehlern, Bauernfängern, Prostituierten und deren Anhang zusammen. Hier wurden die Erlöse der vorangegangenen Diebeszüge diskutiert, Beute geteilt, neue Projekte besprochen. Der Rausschmeißer dieser Kaffeeklappen, welcher Kellner und Hausknecht zugleich war, wurde als «Louis» bezeichnet, ein Name, der später auf die Zuhälter als Gattungsbegriff übergegangen ist./13/

Gustav Rasch, dem wir diese Schilderung aus dem

86. Heinrich Zille:
*Gaststätte in Berlin N.,
Bergstraße 70,
Foto, um 1910*

87. Wolfgang Wandelt:
*Bergstraße 70,
Foto, 1985*

Jahre 1871 verdanken, war auch bei einer Razzia in einer Nachtkonditorei zugegen, die sich Ecke Friedrichstraße, an der östlichen Seite des kurze Zeit später abgerissenen Oranienburger Tores und damit an der Grenzlinie zum sogenannten Feuerland befand. Mit diesem Namen bezeichnete der Berliner Volksmund eines der ersten Industrieviertel der Stadt, in dem sich die Firmen Borsig, Egells und Wöhlert nordöstlich des Tores angesiedelt hatten. Schräg gegenüber, an der westlichen Seite des Oranienburger Tores, lag die (1889 abgebrochene) «Reitende-Artillerie»-Kaserne.

Von außen machte die Konditorei einen recht ordentlichen Eindruck, sie hatte eine Glastür und Spiegelscheiben, innen war sie gefällig eingerichtet, mehrere kleine Zimmer gingen auf die damals noch existierende Stadtmauer hinaus.

Diese Hinterzimmer waren Treffpunkte der «Bauernfänger», einer organisierten Gruppe von Berliner Ganoven, die sich – analog einem Teil der Londoner Unterwelt – auf das Schröpfen von unerfahrenen Provinzlern spezialisiert hatten. Sie rekrutierten sich, wie Rasch vermerkt, aus ehemaligen Dieben, Räubern und Einbrechern: «... statt ... gewaltsamer Verbrechen gegen das Eigentum haben sich unsere Diebe nun auf die Bauernfängerei gelegt»/14/. Das heißt also: in dem Maße, wie Berlin zur Großstadt wurde, stellten sich auch die Ganoven um und entwickelten moderne, «zeitgemäßere» Methoden, die im Falle der Bauernfänger bereits zu ausgeprägten Formen der kriminellen Arbeitsteilung führten.

Sogenannten Schleppern fiel die Aufgabe zu, die Opfer aufzuspüren und sie den eigentlichen Akteuren zuzuleiten, die den Spitznamen «Habsburger» hatten. Letztere «... bestehen aus den gewandtesten und verwegensten Spitzbuben; denn ihre Aufgabe ist, die eigentliche Plünderung der Betrogenen vorzunehmen, und ihnen das Geld vermittelst des falschen Spiels, falscher Würfel und, wenn es gar nicht anders geht, auch durch einen kühnen Griff in die Tasche zu nehmen.»/15/

Andere solcher «Kaffeehäuser» der Jahrhundertwende befanden sich in ziemlicher Anzahl in der ehemaligen Elsasser Straße, heute der westliche Teil der Wilhelm-Pieck-Straße zwischen Oranienburger Tor und Rosenthaler Platz. Die gleiche Gegend, die Rasch etwa dreißig bis fünfunddreißig Jahre früher beschrieb, wurde um 1905 die «Chansonetten-Ecke» genannt. Die Cafés öffneten hier um sechs Uhr morgens, nachdem die letzten Lokale gerade geschlossen hatten. Hier konnten sich die Nachtschwärmer sowie die Prostituierten und ihr Anhang bei den Klängen einer Kapelle von den Strapazen der Nacht erholen. Hier begann auch die Vermarktung der «scene» für Touristen, wie die Erwähnung der Gegend in dem 1905 in Karlsruhe (!) erschienenen Buch «Berlin und die Berliner. Leute, Dinge, Sitten, Winke» belegt. Stichpunktartig heißt es dort: «Die Chansonetten-Ecke Oranienburger Tor; Ecke der Friedrich-Chaussee und Elsasserstraße. Das Varieté als Volkssitte. Quartier-Latin-Publikum. Wohlfeile und gelegentlich wohl feile Specialitäten im Soubrettenröckchen und im Trikot. Verbunden mit Bier und Kellnerinnen-Bedienung. Uniformierte Torsteher, grelles Gelblicht, dazwischen Kellerrestaurants. Verlockende Photographieauslagen. Das Ganze als letzte Ausläufer der Friedrichstraße.»/16/

Nach 1900 wurden die Kaffeeklappen und Kaffeehäuser von den sogenannten Bouillon-Kellern abgelöst, die erst um zweiundzwanzig Uhr öffneten. Das Ladenschild solcher Keller war betont unauffällig und kündigte oft nur eine *Private Speisewirtschaft* an, in der Bouillon, Milch und Limonade ausgeschenkt wurde. Stammgäste verlangten eine *Kalte Bouillon*, wenn sie Appetit auf Bier oder Schnaps hatten.

Einer der ersten Keller dieser Art, wenn man von Vorformen aus den 30er Jahren des vorigen Jahrhunderts einmal absieht, befand sich etwa 1902/03 neben einer Roßschlächterei auf dem Grundstück Weinmeisterstraße 2. Bei einer nächtlichen Razzia im März 1905 wurden in diesem Lokal unter den dreißig Gästen, die zur Feststellung ihrer Personalien auf das Revier mußten, acht Personen gefunden, die schon eine längere Zeit auf den Fahndungslisten standen./17/

Die Bouillon-Keller bestanden zumeist aus zwei Räumen, deren gedeckte Tische bürgerliche Behaglichkeit ausstrahlten, die, wie im Falle eines solchen Etablissements in der Prinzenstraße, durch die an den Wänden befindlichen Kaiserbilder und Kaiserbüsten vaterländische Dimensionen bekam./18/

Hier waren die Wirte ihre eigenen Innenarchitekten, ihr Geschmack war entscheidend. Manche Gaststättenleiter und -besitzer steigerten sich darin allerdings bis zur gesuchten Originalität, wie z. B. der Wirt einer Kellerkneipe in der Alexanderstraße 69, ehemals nordwestlich des Alexanderplatzes, die sich «Wirtshaus Alt-Berlin, Museum und Schreckenskammer» nannte.

Aus einer ausführlichen Beschreibung dieses Lokals aus dem Jahre 1903 geht hervor, daß praktisch jede leere Fläche für irgendeinen Spruch, für irgendeinen Gag genutzt wurde. Schon über dem Eingang war zu lesen:

Wer sich nicht will hinunterwagen,
Wird wohl Schulden im Grünkramkeller haben.

Ging man die Treppe hinunter, so konnte man unterwegs lesen, daß sich in diesem Keller niemand aus dem Fenster stürzen könne. Die Wände der Gaststube waren mit Sprüchen der Trinkerphilosophie und der Gastwirtsweisheit förmlich übersät:

Wein und Weiber sind auf Erden
Aller Weisen Hochgenuß;
Denn sie lassen seelig werden,
Ohne daß man sterben muß.

Wer Weiber kennt
Und sich nach drängt,
Ist wert, daß er wird aufgehängt.

Was für ein Landsmann ist der Walfisch?
Ein Berliner; denn er hat eine große
Schnauze und ist immer im Thran.

Auf einer Wanduhr stand ihr ehrwürdiges Alter mit 715 v. Chr. angegeben. Ihr Perpendikel war ebenfalls beschriftet:

Vorsicht, die Uhr schlägt!
Außerdem waren allerlei Schaustücke zu bewundern, wie z. B. der Stab, mit welchem Moses am Ufer des Roten Meeres ins Wasser schlug. Die Speisekarte dieser Kellerkneipe nannte sich «Darmstädter Magenfahrplan»./19/

Ganz oben in der Gunst des vor allem kleinbürgerlichen, um die Jahrhundertwende noch vorwiegend männlichen Publikums standen die sogenannten Animierkneipen, d. h. die Gaststätten mit Damenbedienung. «Wenn diese bedauernswerthen Wesen, die ... von der Gnade des Wirths abhängen und die von diesem weder ein festes Gehalt beziehen, noch in einem festen contractlichen Verhältnis zu ihm stehen, auf die abschüssige Bahn des Leichtsinns gar oft hinabgleiten, so tragen die Wirthe, welche durch sie Geschäfte machen, ihren Hauptagentinnen aber keinen Lohn für ihre Bemühungen zahlen wollen, die Hauptschuld an deren sittlicher Verkommenheit. Sie sind es, welche diese Mädchen manchmal in die Arme der Prostitution treiben, denn die Kellnerinnen – namentlich diejenigen in den Kneipen, mit ‹diversen Weinen und Bieren› – sind gezwungen, pompöse Toilette zu machen, dem Gast zu gefallen und ihn ‹anzulocken›./20/

Hans Ostwald, der die Zahl der Animierkneipen um 1900 auf vier- bis fünftausend schätzte, unterschied folgende fünf Kategorien:

1. Die große Bierkneipe, die sich wenig von den anderen Lokalen unterscheidet.

2. Die kleinen Bars, in denen die Bedienerinnen sehr gefällig sind, aber nur gegen ‹Geschenke›, gegen Schmuck und gelegentlich bezahlte Hut- und Kleiderrechnungen.

3. Die feineren Animierkneipen vom Schlage des Café Amor, in denen viel Wein, auch Schaumwein getrunken wird.

4. Die mittleren Animierkneipen mit dem zweiten Eingang vom Flur, in denen Porter (oft nichts als Berliner Braunbier) verzapft wird.

5. Die ordinären Kneipen mit Kellnerinnenbedienung, in denen sich die Mädchen nach schlechtem Portwein und ähnlichen Giftmischereien reißen./21/

Während die Animierlokale der untersten Klasse sich in der Augustraße, am Hackeschen Markt, im Scheunenviertel, in der Tieckstraße und deren Nachbarschaft sowie in der Gegend des Molkenmarktes angesiedelt hatten, waren die der höheren und höchsten Preisstufen in der Friedrichstadt zwischen Bahnhof Friedrichstraße und der Leipziger Straße und in deren Nachbarschaft zu finden.

An die Passanten der Friedrichstraße wurden Handzettel verteilt, auf denen für den Besuch solcher Lokale geworben wurde.

Das sprunghafte Ansteigen der Animierkneipen beschäftigte die Öffentlichkeit in starkem Maße über Jahre hinaus. Sie waren Gegenstand von Leitartikeln der Berliner Zeitungen (u. a.: BZ am Mittag vom 5. Juni 1906), aber auch Gesprächs- und Verhandlungsthema eines am 30. Juni 1908 einberufenen Kongresses des Deutschen Vereins gegen den Mißbrauch geistiger Getränke.

Dort wurden vier Resolutionen verabschiedet, in deren Folge sich der Vorsitzende des Vereins, Dr. von Strauß und Torney, Senatspräsident des Oberverwaltungsgerichts, mit einer Eingabe an den Deutschen Reichstag wandte. Die Petition des Vereins, die nur eine von insgesamt vierundzwanzig zum gleichen Thema war, wurde registriert und, wie der Sprecher der Reichsregierung, der Geheime Regierungsrat Landmann, erklärte, dem Herrn Reichskanzler zur Berücksichtigung überwiesen./22/

Kulturgeschichtlich bedeuten die Animierkneipen in allen ihren Erscheinungsformen, selbst die damit verbundenen Probleme und Schattenseiten für das weibliche Personal inbegriffen, eine Verlagerung des Nachtlebens auf breitere Schichten. Sie trugen allein durch ihre Existenz zur endgültigen «Erotisierung des Bürgers» (Hans Ostwald) bei.

Ursprünglich spielte sich das Nachtleben hinter verschlossenen Türen hoher und höchster Kreise ab und war für die bürgerliche und erst recht für die proletarische Öffentlichkeit absolut unzugänglich. So heißt es z. B. in der «Instrucktion für die Comissaires des Quartiers in denen Königl. Residentzien» vom 20. Febr. 1742, § 8: «Desgleichen hat er (der Polizeikommissar des Stadtviertels, d. V.) mit aller Sorgfalt dahin zu sehen, das in seinem Revier ... die Wirths-, Wein- und Bierhäuser ... zu rechter Zeit des Abends zugeschlossen, *und keine nächtliche Zusammenkünfte, und Schwermereyen darinnen geduldet werden ...*» (Hervorh. d. V.)/23/

Gewissermaßen Pionierarbeit auf diesem Sektor der Alltagskultur leistete eine Madame Schubitz oder Schowich (es gibt noch andere Versionen ihres Namens), in deren elegant eingerichtetem Etablissement um das Jahr 1788 die vornehmsten Personen, ja «... selbst Prinzen ohne Inkognito» verkehrten./24/ Das Etablissement der Madame Schubitz scheint eine Entwicklung angeregt zu haben, die über ein «... niedriges, hölzernes, nur im Sommer nutzbares Haus mit Tanzsaal, Gastzimmern und Wirtschaftsräumen ...» in der Nähe des Grunewaldes führte, das noch um 1860 existierte. Schräg gegenüber diesem Sommerhaus befand sich «... eine halbkreisförmige, von außen bunt bemalte Bretterbude. Diese Bude enthielt ein volles Dutzend über den Eingangstüren mit Nummern versehene kleine Zellen, deren Einrichtung durchweg die gleiche war: ein runder, stets gedeckter Tisch, zwei Stühle, ein Spiegel und ein Kleiderständer.»/25/ Um 1860 fügte man noch ein Sofa hinzu, verlegte das Ganze in die Stadt und nannte es Cabinets secrets bzw. Chambres separées. Auch hier gab es selbstverständlich verschiedene Preisklassen und unterschiedliche Raffinements. Als das Gas auch für die Beleuchtung der Gaststätten genutzt wurde, konstruierte man z. B. Gashähne für die Chambres separées, die sich bei Bedarf schnell auf- bzw. zudrehen ließen./26/

Das Chambre separé wurde dann um die Jahrhundertwende von der aus den USA über Frankreich kommenden Nachtbar verdrängt, die sich, speziell in Berlin, mit der Traditionslinie der Animierkneipen vereinte und so kein Fremdkörper blieb./27/

Eine Berliner Sonderform des Chambre separé ohne verschlossene Türen, wo eigentlich nur die knappbemessenen Nischen und der Gedeckzwang an das ursprüngliche Vorbild erinnerten (Mocca double, dazu Likör für die Damen und Cognac für die Herren bzw. ein Schoppen Wein für beide), befand sich in der Rosma-

88. *Speisekarte der Gaststätte Weinmeister Straße 18, Inhaber: Bruno Heinrich, vom 15. 1. 1896*

rinstraße, die heute hinter dem Restaurant Lindencorso eine Verbindung zwischen Friedrichstraße und Charlottenstraße bildet.

Hier verkehrte auch Heinrich Zille, der die Hinterstube des Cafés mit seinem Zeichenstift festhielt. Hier fand «... das Rendezvous auf der Parkbank ... gewissermaßen im Saale statt.»/28/

1 E. Kranz, Budiken, Kneipen und Destillen. Heinrich Zille und Altberlin. Hannover 1969, S. 153.
2 Brandenburgia. IX. Jg. 1900/01, S. 353.
3 Bauakte Buchholzer Straße 7, Rat des Stadtbezirkes Prenzlauer Berg, Stadtbezirksbauamt.
4 Berliner Pflaster. Illustrierte Schilderung aus dem Berliner Leben. Hrsg. von M. Reymond und L. Manzel. Bln. 1891, S. 117.
5 Friedrich Nicolais Beschreibung Berlins 1786. Hrsg. und eingeleitet von Karlheinz Gerlach, Miniaturen zur Geschichte, Kultur und Denkmalpflege Berlins. Nr. 11, Bln. 1983, S. 36 sowie S. 46/47.
6 E. Kranz, ebenda, S. 86/87.
7 H. Ostwald, Ausbeuter der Dirnen. Leipzig, o. J. (1907), S. 64/65 (bei Ostwald irrtümlich: Sadke).
8 H. Ostwald, Berliner Bordelle. Leipzig, o. J., S. 71.
9 G. Rasch, Berlin bei Nacht. Culturbilder von Gustav Rasch. Bln. 1871, S. 18.
10 Brandenburgia. IV. Jg. 1895/96, S. 239. Das Gedicht von Keller: ebenda, S. 151.
11 C. Röhrmann (d. i. C. W. Zimmermann), Der sittliche Zustand von Berlin. Leipzig 1846 (Reprint Leipzig 1981), S. 234/235. Die Angabe «Kürassierstraße» nach A. Nalli-Rutenberg, Das Alte Berlin ... Bln., o. J. (1912), 2. Aufl., S. 102.
12 A. Streckfuß, 500 Jahre Berliner Geschichte. Vom Fischerdorf zur Weltstadt. Bln., o. J., S. 861. – Vgl. auch Adolf Glaßbrenner, Berlin wie es ist und – trinkt. 9. Heft: Puppenspiele. 3. Aufl., Leipzig, 1845.
13 G. Rasch, ebenda, S. 55 ff.
14 Ebenda, S. 114.
15 Ebenda, S. 116.
16 Berlin und die Berliner. Leute. Dinge. Sitten. Winke. Karlsruhe 1905, S. 270.
17 Ostwald, Schlupfwinkel der Prostitution. Leipzig, o. J., S. 77.
18 Ebenda, S. 71.
19 Brandenburgia. XII. Jg. 1903/04, S. 42/43.
20 Naturgeschichte der Berlinerin. Von xxx. Bln. 1885, 7. Auflage, S. 38 f.
21 H. Ostwald, Schlupfwinkel ..., S. 37.
22 Vgl. dazu: Der Abstinente Arbeiter. 7. Jahrgang, Nr. 3 vom 1. Februar 1909, S. 21/22, sowie ebenda, 7. Jahrgang, Nr. 7 vom 1. April 1909, S. 58/59. Dort auch Aufzählung sämtlicher Petitionen zu diesem Thema.
23 Mylius ... Bd. 3 (1741–1744), Jahrgang 1742, Nr. VI, § 8, Sp. 54.
24 Adolf Streckfuß: 500 Jahre Berliner Geschichte. Vom Fischerdorf zur Weltstadt. Bln., o. J., S. 501.
25 H. Ostwald: Schlupfwinkel ..., S. 5.
26 G. Rasch, a. a. O., S. 33 ff.
27 Zum weiteren Schicksal der Bar vgl. u. a.: Berlin bei Nacht. Ein gründlicher Wegweiser durch das nächtliche Berlin vom frühen Abend bis zum späten Morgen. Bln., o. J., 2. Auflage (um 1910?), S. 80 (mit einem Vorwort von Willi Wolff-Jeanquirit).
28 E. Kranz ..., a. a. O., S. 79.

89. Anonym:
Die Bier-, Wein- und Likörstube »Zur neuen Feen-Grotte« in der Langestraße,
Foto, 1929

90. Anonym:
Restaurant »Amor-Diele« in der Langestraße,
Foto, 1929

91. Anonym:
Alt-Berliner Bierkeller,
Foto, um 1900

92. Anonym:
»Zur letzten Instanz«,
Waisenstraße 15,
Foto, o. J.

93. *Albert Schwartz (?):*
Grenadierstraße 40–51,
Foto, 1880er Jahre

94. *Anonym:*
Straßenszene im
Scheunenviertel,
Foto, 1929 (Detail)

95. *Heinrich Zille:*
Destillation von Wilhelm
Knötzsch, Amalienstraße/
Ecke Hirtenstraße,
Foto, um 1900

96. Anonym:
Sodtke's Restaurant
Mulackstraße 15,
später auch »Mulack-Ritze«
genannt,
Foto, um 1900

97. Anonym:
Italienische Gaststätte
in der Buchholzer Straße,
Foto, 1901

98–101. Anonym: Innenansicht der Raabe-Diele, 4 Fotos, vor 1901

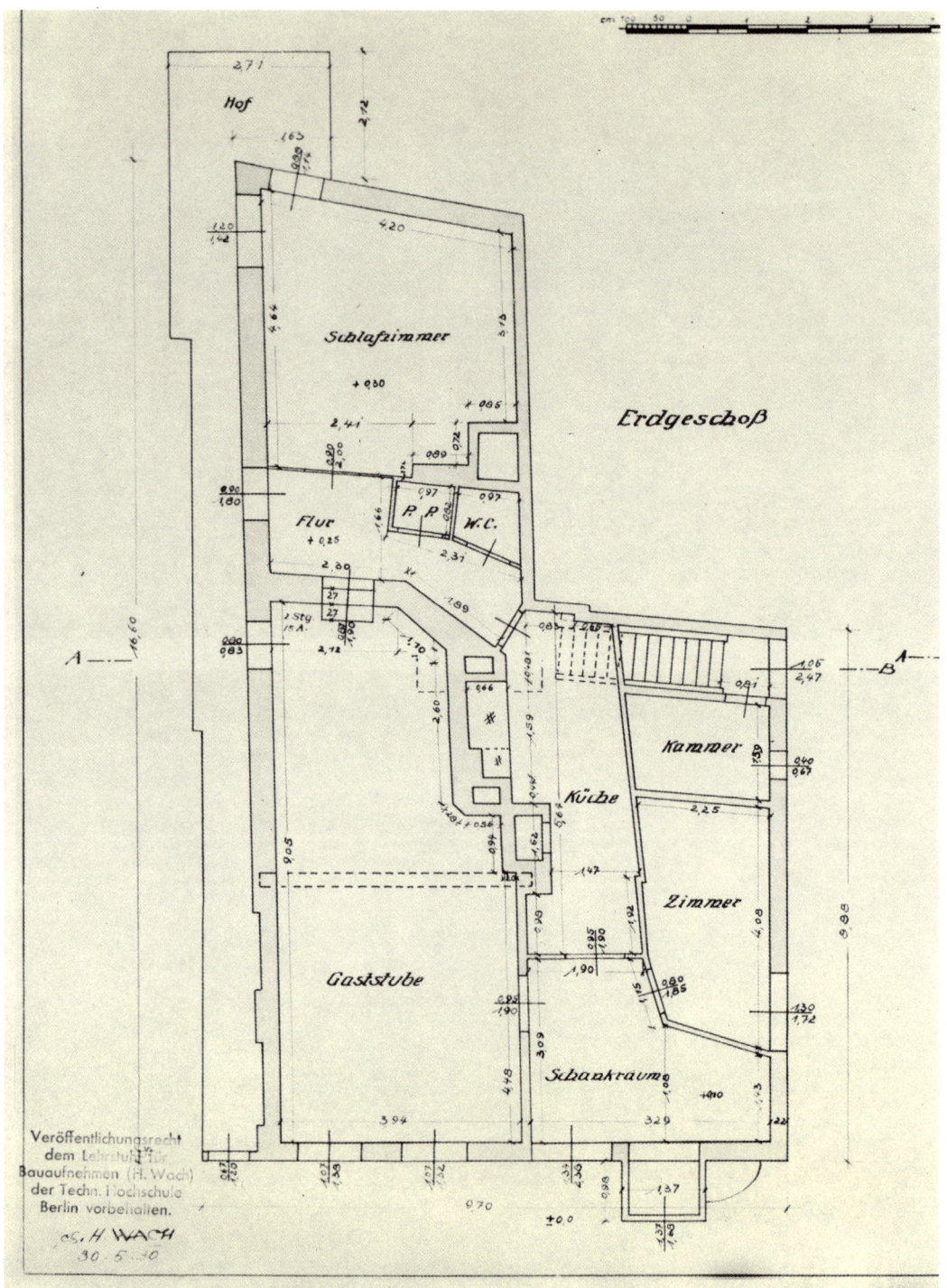

102. H. Wach:
Grundriß der Gaststätte
»Zum Nußbaum«,
Bauzeichnung, 1930

103. Anonym:
Gaststätte »Zum Nußbaum«,
Foto, um 1930

104. Anonym:
Alt-Berliner Gaststätte,
Foto, vor 1945

Auf den Spuren von Heinrich Zille

105. *Anonym:*
Alt-Berliner Gaststätte,
Foto, um 1925 (Detail)

106. Anonym:
Der sogenannte »Krukenkeller«
in der Wallstraße,
Foto, um 1905

107. Anonym: Insassen des Berliner Obdachlosen-Asyls in der Fröbelstraße, der sogenannten »Palme«, Foto, um 1925/26

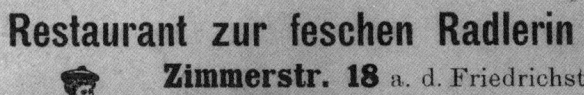

108–113. *Handzettel für Berliner Animierlokale, um 1900*

114. *Stebbing: Tingel-Tangel-Tänzerinnen, Foto, um 1894*

115–119. *Handzettel für Berliner Animierlokale, um 1900*

On parle français.   English spoken

Grand Restaurant
neues
klassisches Dreieck
Kronen-Str. 2.
Eingang vom Flur, an der Mauerstr.

Elegante Bedienung von hübschen jungen Französinnen, Spanierinnen, Polinnen, Italienerinnen u. s. w.

Gemüthlicher Aufenthalt für junge und alte Herren.

Strohwittwerheim.

Helles Bier, Münchener, Grätzer. Weine von Gebr. Habel.
Zigeuner-Musik.

Usluga polska.   Si parle italiano.

Fr. Fuhrberg, Mohrenstr. 58.

Die Mieze ist da!
Kronen-Str. 2.

Druck von Fr. Fuhrberg, Mauerstr. 6.

Sehenswerth!   Nur kurze Zeit!

Zum klassischen Dreieck, Kronenstr. 18

17 jährige amerik. Athletin

Adlershofer Druckerei Metzer. 6

Neu   **Sehenswerth**
Gräfin Schymei
arabischer Bauchtanz
und Künstler-Frei-Concert
täglich im Grand Restaurant
zum klassischen Dreieck
Kronen Str. 18, zw. Friedrich- u Charlottenstr
zweiter Eingang vom Flur.

Bedienung von schönen Griechinnen und Türkinnen, sowie Damen verschiedener Nationalitäten.

Löwenbräu 30 Pfg.   Lagerbier 20 Pfg.

Lebende Bilder
von 6 schönen jungen Damen.
Angenehmer Aufenthalt für Fremde und hiesige Gäste im **reizenden Palmgarten** des
Grand-Restaurant
zum klassischen Dreieck
Kronenstr. 18, zwischen Friedrich- und Charlottenstr.
— 2. Eingang v. Flur. —
Die feurige Spanierin aus Sevilla u. d. kl. Creolin.
Frei-Concert: — Zigeuner-Musik.
Löwenbräu 30 Pfg.   Lagerbier 20 Pfg.
Bedienung v. jungen Polinnen, Araberinnen, Französinnen, Amerikanerinnen, Russinnen im Nationalcostüm u.
16jährige dänische Riesendame.

120. Anonym:
Tingel-Tangel-Tänzerin,
Foto, um 1894

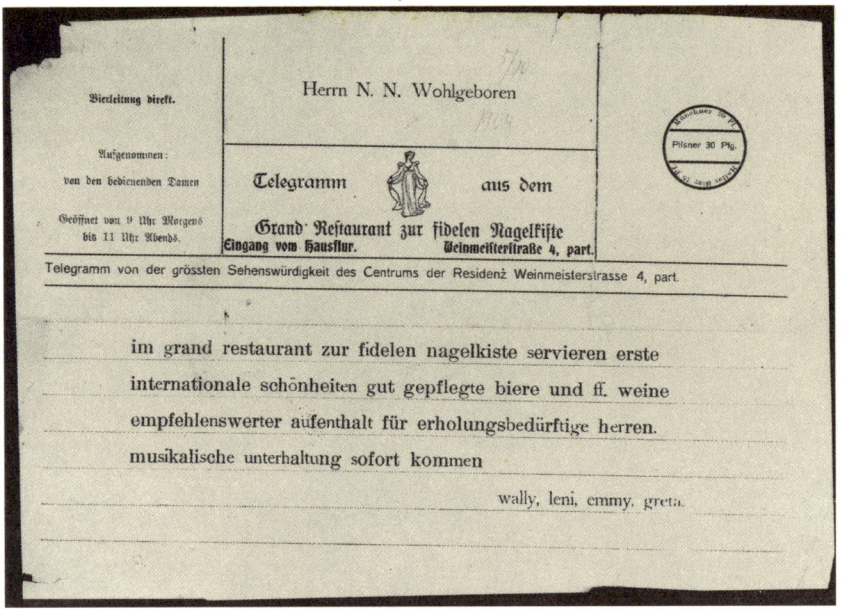

121. *Handzettel für ein Berliner Animierlokal, 1904*

122. Anonym: Pikante Darstellung einer Radlerin, Foto, um 1894

123–128. Werbekarten für das Animierlokal »Zur Hütte«, um 1900

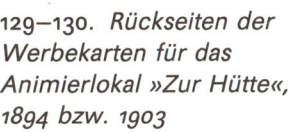

129–130. Rückseiten der Werbekarten für das Animierlokal »Zur Hütte«, 1894 bzw. 1903

28.
Ein volles Maß, ein braves Weib
Und frohes Herz erhält den Leib.

Im Ratskeller Schöneberg
(vor der Renovierung), 1905 (?)

29.
Alte Lieb und alter Span
Brennen leichtlich wieder an.

Im Ratskeller Schöneberg
(vor der Renovierung), 1905 (?)

30.
Borgen und Schmausen
Endet mit Grausen.

Im Ratskeller Schöneberg
(vor der Renovierung), 1905 (?)

31.
Bedacht beim Rat, bedacht beim Wein,
Wird euer Spruch ein weiser sein.

Im Ratskeller Schöneberg
(vor der Renovierung), 1905 (?)

32.
Wo Fürst und Volk vereint in Kraft
Das Vaterland beschützen,
Da trinke deinen Gerstensaft
Und bleibe ruhig sitzen.

Im Ratskeller Schöneberg
(vor der Renovierung), 1905 (?)

33.
Verrate nie leise, verrate nie laut,
Was ein Freund beim Glase
Dir anvertraut.

Im Ratskeller Schöneberg
(vor der Renovierung), 1905 (?)

34.
Hätt' Adam bayrisch Bier besessen,
Hätt' er den Apfel nicht gegessen.

Im Ratskeller Schöneberg
(vor der Renovierung), 1905 (?)

35.
Wer Neider hat, hat Brot,
Wer keine hat, hat Not – und die Wahrheit.

Im Berliner Ratskeller, 1905

36.
Ein versöhnter Feind, ein erkaufter Freund,
Sind zu einer Brücke ungeschickte Stücke.

Im Berliner Ratskeller, 1905

37.
Ein nüchterner Mann, ein armer Mann,
Ein König, wer singen und trinken kann.

Auf einem Humpen in der Leipziger Straße, 1905

38.
Bei Sonntagsschützen ist's Brauch und Sitt',
Gibt es nichts Wildes, geht Zahmes mit.

In einem Lokal in Britz, 1905

39.
Ob ich morgen leben werde,
Weiß ich freilich nicht,
Daß ich aber, wenn ich lebe,
Trinken werde,
Das ist ganz gewiß.

In einem Lokal in Rixdorf, 1905

40.
Der Kater aus Erfahrung.
Er stirbt an saurem Harung.

In einem Lokal in der Stallschreiberstraße, 1905

41.
Wer gut trinkt, schläft gut,
Wer gut schläft, sündigt nicht,
Wer nicht sündigt, kommt in den Himmel,
Also: Wer gut trinkt, kommt in den Himmel.

Im Haidereiter, Hasenheide, 1905

42.
Es gibt der edle Gerstensaft
Sogar Pantoffelhelden Kraft.

In einem Lokal in Mariental
bei Baumschulenweg, 1905

43.
Trinke nie ein Glas zu wenig,
Denn kein Pfaffe oder König
Kann von diesem Staatsverbrechen
Deine Seele ledig sprechen.

Im Ausschank der Süddeutschen Brauerei, 1905

44.
Ein Liter frisches, echtes Bier,
wie brickelt's in den Nüstern!
Drum ruf' ich Heil, Gambrinus Dir,
Nach Deinem Trank stets lüstern.

Im Krug zum grünen Kranze,
ehemals Friedrichstraße, 1905

45.
Wer sich läßt hinterm Ladentisch ertappen,
Muß eine große Weiße berappen.

In einer Kneipe des Dorfes Gosen an der Spree, 1905/06

46.
Wenn ich einen Gast erwische
Hinter meinem Ladentische
Also muß er sintemalen
Einige Gläser Bier bezahlen.

In einer Kneipe des Dorfes Gosen an der Spree, 1905/06

47.
Wir bauen hier so feste
Und sind doch fremde Gäste.

Über der Haustür
des Spreewaldwirtshauses Forsthaus Eiche,
1905/06 entdeckt, aber ältere Inschrift

48.
Altes Bier und junge Weiber
Sind die besten Zeitvertreiber.

Auf einem Bierkrug, Berlin, 1905/06

49.
Es darf Humor den burst'gen Kehlen
Beim Weinvertilgen niemals fehlen.

Gasthaus zum St. Hubertus
am Bahnhof Werbellinsee, Weinzimmer, 1905/06

50.
Tust am Wein dir gütlich,
Fühlst dich urgemütlich.

Gasthaus zum St. Hubertus
am Bahnhof Werbellinsee, Weinzimmer, 1905/06

51.
In den Weizen hat Satan sein Unkraut gesät,
Die Gerste verschont er aus Pietät.

Gasthaus zum St. Hubertus
am Bahnhof Werbellinsee, Großer Saal, 1905/06

52.
Lache nicht zu früh mein Lieber,
Denn wir schreiben noch mal drüber.

Gasthaus zum St. Hubertus
am Bahnhof Werbellinsee, Großer Saal, 1905/06

131.

132.

TREFFPUNKT HINTERZIMMER

Der Berliner Polizeispitzel Friedrich Wilhelm Leberecht Ferdinand Ihring, der während des Bismarckschen Sozialistengesetzes eine kurze, aber traurige Rolle als Agent provocateur gespielt hatte, tauchte reichlich zwanzig Jahre später ausgerechnet als Hochtempler der Loge «Königin Louise» Nr. 316 des gegen den Alkoholismus kämpfenden Guttemplerordens I.O.G.T. in Bremen wieder auf. Anfang November 1884 hatte sich Ihring unter dem falschen Namen Mahlow als angeblicher Gürtler (Metallarbeiter) in den Arbeiter-Bezirks-Verein für den Osten Berlin eingeschlichen, um der Politischen Polizei Vorwände und Material für die hinter den Kulissen zum nächsten Frühjahr geplante Verlängerung des Sozialistengesetzes zu liefern./1/

Gemäß erklärter und aktenkundiger Absicht seiner direkten Vorgesetzten, namentlich des Polizeirats und Bismarck-Intimus' Krüger, sollte Ihring die Berliner Arbeiterbewegung radikalisieren helfen, indem er sie ins anarchistisch-terroristische Fahrwasser zu zerren versuchte. Deshalb schlug er vor, innerhalb des legalen Arbeitervereins eine Art Verschwörerzirkel zu organisieren, wie er z. B. im sogenannten Dynamitkeller, einer verräucherten Kellerkneipe in Berlin N. zwischen der Brunnen- und Ackerstraße existierte./2/

Er hielt Vorträge über Geheimschriften und Sprengstoffe und kündigte an, Dynamitbomben mitzubringen, die man für «geeignete Fälle» aufbewahren und einsetzen könne. Die Berliner Arbeiterklasse ließ sich jedoch nicht provozieren.

In Absprache mit führenden Genossen der SPD ging der arbeitslose Tischler Franz Berndt, der zur Überprüfung Ihring-Mahlows eingesetzt war, scheinbar auf dessen Angebote ein, um ihn aus der Reserve zu locken, was auch gelang. Ihring-Mahlow, der unter diesem Doppelnamen in die Geschichtsbücher eingegangen ist, gab sich zu erkennen und redete Klartext: «Wirf das sogenannte Gewissen weg und tritt einfach bei uns ein,

133. Anonym:
Der Berliner Polizeispitzel
Dietrich II im Blitzlicht
eines Arbeiterfotografen,
Foto, vor 1910

dann hast du gute Tage ...; denn wir brauchen Material zur Verlängerung des Sozialistengesetzes ...»/3/

Daraufhin entschloß sich die Berliner SPD, den Lockspitzel auf einer öffentlichen Versammlung des Arbeiter-Bezirks-Vereins in Kellers Salon (später Borgmann), Andreasstraße 21, am 2. Februar 1886 zu entlarven.

Am 18. Februar, als der Rechenschaftsbericht der Regierung auf der Tagesordnung des Reichstages stand, brachte der sozialdemokratische Abgeordnete Paul Singer diesen Fall vor das Plenum und belegte die schmutzige Tätigkeit Ihring-Mahlows mit eindeutigem Material. Der Innenminister von Puttkamer versprach eine sofortige Untersuchung und ließ Berndt und den zweiten Zeugen Jens Lauris Christensen, der zwar offiziell nur als Schriftführer des Bezirksvereins fungierte, in Wahrheit aber dessen leitender Kopf war, verhaften. Die Anklage lautete auf verleumderische Beleidigung. Sie wurden am 28. Juni zu je 6 Monaten Gefängnis verurteilt, in der Berufungsinstanz am 12. Oktober jedoch von Strafe und Kosten freigesprochen, weil das Gericht «... die Überzeugung gewonnen (hatte), daß diejenigen Mitteilungen, welche die beiden Angeklagten dem Reichstagsabgeordneten Singer gemacht, auf Wahrheit beruhten»./4/

Der in den Umkreis des Prozesses als Zeuge verwickelte Gastwirt Wesenack wurde noch vor der ersten Verhandlung gegen Berndt/Christensen aus Berlin ausgewiesen. Seine Gaststätte wurde geschlossen und das Ladenschild von der Polizei übermalt. Ebenfalls ausgewiesen bzw. abgeschoben wurden Paul Singer und Jens Christensen, wobei sich die Anweisung Paul Singers am Sonnabend dem 3. Juli 1886 «... zu einer imposanten Demonstration (gestaltete), die zugleich die Polizei der Lächerlichkeit preisgab, ohne ihr Gelegenheit zur Provokation zu geben. Kaum hatte Singer den Bahnsteig (des ehemaligen Schlesischen Bahnhofs, d. V.) betreten, wurde er mit donnernden Hochrufen begrüßt.»/5/

Ihring-Mahlow dagegen wurde aus dem Verkehr gezogen und stillschweigend belohnt. Schon Ende Mai 1886 hatte er eine Stelle als Gefängnisaufseher in Frankfurt am Main. Später erhielt er das allgemeine Ehrenzeichen der Polizei und wurde Bahnhofsassistent in Bad Oeynhausen. Danach wurde es still um ihn, und er schien vergessen, bis ihn ein Mitarbeiter der Zeitschrift «Der abstinente Arbeiter» in Bremen aufstöberte.

Hier lebte er wiederum als Stationsassistent, war Guttempler geworden und hielt Vorträge in anderen Logen, wie z. B. in der Guttemplerloge «Lenz des Lebens» (Nr. 246), die sich – welch ein Zufall! – zu einem großen Teil aus Sozialdemokraten zusammensetzte.

Am 17. März 1907 sprach er hier über das Thema «Erzeugt Alkohol Verbrechen?», ein Jahr später, am 22. April 1908, hieß sein Thema «Ist der Guttemplerorden eine Geheimgesellschaft?»

Dazu schrieb die sozialdemokratisch ausgerichtete Zeitschrift «Der Abstinente Arbeiter» im Jahre 1911 ironisch: «Geheimgesellschaft und Verbrechen – einen sachkundigeren Referenten als Ihring-Mahlow kann es dafür nicht geben! Wir gratulieren den Parteigenossen im I.O.G.T. zu ihrem ‹Bruder› Ihring. Hoffentlich singen sie jetzt mit noch heißerer Inbrunst als bisher mit ihm gemeinsam das Lied Nr. 1 des ‹Liederbuchs für Guttemplerlogen›:

Wir lieben Wahrheit, Freiheit, Recht
Und unsres Ordens Lehre;
Wir meiden, was gemein und schlecht,
Wir geben Gott die Ehre.

134. Anonym:
Restaurant »Zur Linde«,
Skalitzerstraße/
Ecke Admiralstraße,
Foto, vor 1884.
Versammlungsort
Berliner Arbeiter während
des Sozialistengesetzes

135. Anonym:
Gaststätte »Zum Schweinekopf«,
Südufer 1,
Foto, um 1890.
Sitzungslokal der Berliner Vertrauensleute der SPD.

136. Anonym:
Gaststätte
»Zum Schweinekopf«
mit Kegelbahn,
Foto, ca. 1890
Der Name
»Zum Schweinekopf«

geht auf eine Berliner Sage zurück. Danach wurde einer der brandenburgischen Kurfürsten in dieser Gegend von einem Wildschwein angegriffen und von einem herbeieilenden Köhler gerettet. Aus Dankbarkeit habe ihm der Kurfürst dann eine Schankgerechtigkeit verliehen. Auf diese Weise wurde aus einer Köhlerhütte die spätere Gaststätte.
Das Gebäude wurde um das Jahr 1910 abgebrochen.

Ein festes Band schlingt unser Bund
Wohl um den weiten Erdenrund.
Heil denen, die eintreten! usw.»/6/

Kriminalschutzmann Perschke, der in einem im Januar 1889 veranstalteten Prozeß «Lau und Genossen» als Zeuge auftrat, wurde mit einer Statistenrolle als Herold in der Haupthalle der Treptower Gerwerbeausstellung im Jahre 1896 belohnt./7/

Ein anderer Kriminalbeamter, dessen Porträt seit dem Jahre 1910 bis heute als Sinnbild des ertappten Spitzels die Bücher über die Geschichte der Berliner Arbeiterklasse illustrieren hilft, war Paul Dietrich II, alias Hausdiener Ernst Philipp. Als er Ende März 1907 vom Blitzlicht eines Arbeiterfotografen im Hinterzimmer des Verkehrslokals des Transportarbeiterverbandes getroffen wurde, weil er daran gehindert werden sollte, «... sein anmutiges Gewerbe im Umherziehen zu betreiben»/8/, rannte er panikartig davon und ließ Hut und Überzieher liegen. Ein Genosse der Zahlstelle des Verbandes entdeckte darin eine Spesenrechnung:

«1Mk (davon Stadtbahn)

Geschrieben eine Mark habe ich in dienstlichem Interesse verauslagt und zurückerstattet erhalten und zwar:
am 22. 3. 07 (Recherche szd. Gemeindevertreter
Britz) . . . . 0,40 Mk
25. 3. 07 (Streckendienst Stadtbahnstation Tiergarten). . . . . 0,20 Mk
am 25. 3. 07 abends Recherche Gemeindevertreter
Britz. . . . . 0,20 Mk

1,-- Mk
am 26.3.07 Observation Wiesenstr. 41/42 . . . . 0,20 Mk
am 28.3.07 Observation Wiesenstr. 41/42 . . . . 0,20 Mk
am 30.3.07 Observation Wiesenstr. 41/42 . . . . 0,20 Mk
am 2.4.07 (Stadtbahn Tiergarten) . . . . 0,20 Mk

zusammen 1,60 Mk
Berlin, den 28. März 1907
Dietrich II   Kr. Schutzmann 5250»/9/

Andere Kriminalbeamte traten während des Sozialistengesetzes aus Tarngründen sogar als kleine Ladenbesitzer auf. So betrieb der Spitzel Gebhardt ein Milch- und Vorkostgeschäft in der Görlitzer Str. 48, und der Buchbinder Adolf Brandt, Mitglied des Wahlkomitees des 3. Bezirks, der unter dem Namen Bieberstein seine Berichte an die Polizei lieferte, zog im Jahre 1892 nach Friedrichshagen, wo er eine Kneipe eröffnete. Seine Vergangenheit konnte aber aufgedeckt werden, er wurde von den Arbeitern boykottiert, und so machte er bald Pleite. Aus solchen und ähnlichen Posten, die bis zur Zahlung regulärer Monatsgehälter zwischen 50 und 300 Mark an Spitzel aus den Reihen der Arbeiter gingen, setzten sich die Ausgaben der Berliner Politischen Polizei zusammen. Hinzu kamen auswärtige Agenten, z. B. in London, Paris, Zürich, die auch bezahlt wurden, sowie Kosten für die Beschaffung bzw. Anfertigung von Broschüren, Zeitungen und Fotografien.

Die Gesamtsumme dieser Ausgaben betrug allein während der Jahre 1879–1892 nach Dieter Fricke 863 500,96 Mark. ZE/10/

Aus dem erhaltenen Aktenmaterial im Zentralen Staatsarchiv Merseburg geht außerdem hervor, daß sich die Politische Polizei bereits seit 1880 der Fotografie als modernstem Hilfsmittel bediente. Im Laufe der zwölf Jahre bis 1892 wurde am Berliner Alexanderplatz ein Archiv von 47 247 Fotos angelegt. Im Jahre 1890 setzte die Hamburger Polizei die Fotografie bereits als Mittel zur Identifizierung streikender Arbeiter ein, wie der Maurer Karop in einem Artikel in der Gewerkschaftszeitung der Maurer Deutschlands, im «Grundstein», berichtete./11/

Allerdings war auch die Arbeiterklasse nicht untätig auf diesem Gebiet, wie das gelungene Foto von Paul Dietrich II belegt. Den Bemerkungen von Eugen Ernst in seiner Broschüre «Polizeispitzeleien und Ausnahmegesetze 1878–1910», im Jahre 1911 im sozialdemokratischen Buchverlag «Vorwärts» erschienen, läßt sich entnehmen, daß in Berlin die Genossen Dobrolaw und Buhl für die Anfertigung derartiger Fotos verantwortlich waren. Der Einsatz der Fotografie für politische Zwecke erfolgte also auf beiden Seiten der Barrikade.

Die Porträtgalerie enttarnter Spitzel wurde in den Arbeiterkneipen und sonstigen Versammlungsräumen herumgereicht, gelegentlich sogar ausgehängt, um vor ihnen zu warnen./12/

Während der Zeit des Sozialistengesetzes standen nach Fricke fast zweitausend Berliner Gaststätten, Versammlungsräume und Kneipen unter ständiger Beobachtung der Politischen Polizei. Bei jeder offiziellen Versammlung war außerdem ein überwachender Beamter anwesend, dessen Willkür es anheimgestellt war, ob die Veranstaltung ungestört verlaufen konnte oder aufgelöst wurde.

Die wohl größte «Findigkeit» beim Auflösen von unliebsamen Versammlungen bewies ein leider unbekannt gebliebener Polizist in Schwerin. Als sich im Sommer 1889, dem großen Streikjahr im Deutschen Reich, dem die Gewerkschaftsbewegung entscheidende Impulse verdankte, die Schweriner Maurer in einem überheizten Lokal trafen, machten sie die Fenster auf. Dadurch aber fand ihre Versammlung, wie der Polizeibeamte festzustellen beliebte, nahezu unter freiem Himmel statt und mußte deshalb aufgelöst werden.

Als der örtliche Fachverein der Bauarbeiter am 29. August 1889 wiederum tagte und die Fenster aus revolutionärer Disziplin nunmehr geschlossen gehalten wurden, fand der Beamte erneut einen Vorwand. Diesmal waren es hygienische Gründe, denn der Aufenthalt in dem stickigen Saal war nun gesundheitsschädlich. /13/

Angesichts dieser Sonderbegabung des Schweriner Beamten kann man dem im Jahre 1905 in zweiter Auflage erschienenen Handbuch für den exekutiven Polizei- und Kriminalbeamten nur zustimmen, wenn es darin mit fast shakespearescher Weitsicht (Hamlet!) heißt: «Die Tragweite der Entschließungen des überwachenden Beamten geht tiefer in das politische Parteileben des Staates hinein, als man auf den ersten Blick anzunehmen geneigt ist.»/14/

Den täglichen Kleinkrieg gegen die Polizei gab es natürlich auch schon vor dem Sozialistengesetz. So hatte der Wirt eines Kellerlokals in Berlin N., in der Saarbrücker Straße, das Mißfallen der kontrollierenden Beamten durch seine eigenwillige Werbung für die «Freie Presse» erregt, die seit dem 1. Januar 1876 erscheinende erste sozialistische Tageszeitung Berlins.

Die Inschrift «Bairisch Bier 10 Pf., Landré-Weiße 20 Pfg., *Berliner Freie Presse gratis!*», von der Bernstein berichtet/15/, war in der Tat eine wohlkalkulierte politische Aktion, die an diesem Ort, in dieser Straße und zu diesem Zeitpunkt praktisch dem Hissen einer roten Fahne gleichkam.

Hier, auf dem ehemaligen Windmühlenberg vor dem Prenzlauer Tor, hatte sich ein großer Teil der Berliner Brauereiindustrie angesiedelt. Hier wurden das «Bairisch Bier» und die «Landré-Weiße» gebraut, von denen auf dem ‹Transparent› des Gastwirts Schulze in der Saarbrücker Straße die Rede war. Hier wurde seit dem Ende der 1870er Jahre in dem damals atemberaubenden Tempo von knapp dreißig Jahren ein völlig neuer Stadtbezirk aus dem Boden gestampft, in dem vorwiegend Arbeiter wohnten.

Die Mietskasernen dieses nördlichen Stadtviertels von der heutigen Wilhelm-Pieck-Straße bis zur Trasse der S-Bahn zwischen den Bahnhöfen Schönhauser-Allee, Prenzlauer Allee und Ernst-Thälmann-Park, die Häuser des künftigen Stadtbezirks Prenzlauer Berg, waren nicht nur Objekte eines raffinierten Baustellen- und Hypothekenschwindels, sondern auch Schauplatz einer außergewöhnlichen und gefährlichen Form des Bauens, die als «Über-der-Hand-mauern» bezeichnet wurde. Um das Geld für die Einrüstung des Rohbaus zu sparen, wurden die Maurer von den oft am Rande des täglichen Bankrotts dahinvegetierenden kleinen und kleinsten Bauunternehmen gezwungen, das Gebäude von *innen*, also mit dem Gesicht zur Straße hochzuziehen. «So stand der Berliner Maurer», wie Karl Oswald in einem 1984 in München erschienenen Sammelband schrieb, «*hinter* der Frontwand, mauerte aber trotzdem die Fügung der äußeren Fläche, welche er nicht sehen konnte.»/16/

Die miserablen Arbeitsbedingungen und die unregelmäßigen und oft betrügerischen Lohnzahlungen führten vielerorts zu Baustellenkrawallen, die 1889 im Generalstreik der Berliner Maurer mit fast zwanzigtausend Beteiligten ihren Höhepunkt erreichten.

137. Anonym:
*Rohbauabnahme einer
Berliner Mietskaserne,*
Foto, um 1900

Aber es waren nicht nur die zum Teil aus der Arbeiterklasse und dem korrumpierten Handwerk hervorgegangenen Kleinstunternehmer, die sich an den Berliner Bauarbeitern zu bereichern versuchten, auch die Poliere, als unmittelbare Vorgesetzte, verstanden es, ihr Schäfchen ins trockene zu bringen. Es sind seinerzeit nur wenige Fälle an die Öffentlichkeit gedrungen, aber sie waren spektakulär genug; und sie bildeten sicher nur die Spitze eines Eisbergs.

So schrieb die BZ am Mittag in ihrer Ausgabe vom 4. November 1907 unter der Überschrift «Was ein Maurerpolier verdient» folgendes: «Daß ein Berliner Maurerpolier hohen Lohn hat und von der Baufirma, die ihn beschäftigt, auch in der Zeit bezahlt wird, in der nicht gebaut wird, ist bekannt, auch wohl noch, daß viele dieser Poliere vermögende Leute sind; wie enorm aber die Einkünfte mancher dieser Handwerker sind, davon dringt nichts in die Öffentlichkeit. Man wird es also auf den ersten Blick nicht glauben wollen, daß zu Zeiten die *wöchentliche* Einnahme eines Poliers an *tausend Mark* beträgt! Freilich beziehen sie diese horrende Summe nicht aus ihrer beruflichen Tätigkeit, sondern *aus dem Bier- und Selterhandel*. Bei den großen öffentlichen und privaten Bauten, bei denen oft viele hunderte von Maurern angestellt sind (bei einer ‹normalen› Mietskaserne waren es ca. 28–30 Maurer, d. V.), hat sich sehr zum Mißvergnügen der umwohnenden Gastwirte die Gepflogenheit herausgebildet, daß der Polier von einem Bierverleger oder von der Brauerei direkt das Bier bezieht und es seinen Untergebenen abläßt. Es werden sehr große Quantitäten konsumiert, und der Umsatz ist sehr groß. Beschwerden der Gastwirte über diesen unkonzessionierten Handel nützen nichts, da angeblich der Polier das Bier zum Ankaufpreise absetzt. Das ist aber in Wahrheit nicht der Fall. Er verdient am Kasten bis zu einer Mark, aber natürlich schweigen er sowohl wie sein Lieferant darüber. Auch wenn er seine Leute bestimmt, in einem Lokal zu frühstücken oder Mittag zu essen, erhält er Provision, und er sowohl wie der Gastwirt stehen sich gut dabei. Es ist merkwürdig, daß die so trefflich organisierten Maurer, die so energisch gegen Bauherrn und Bauleiter aufzutreten wissen, dem Polier unbedingt Gefolgschaft leisten, aber es ist so, und der Polier, der einige hundert Maurer unter sich hat, wird stets ein schwerreicher Mann.» /17/

Nach einer anderen Rechnung, welche die Zeitschrift «Der Abstinente Arbeiter» in ihrer Januarausgabe des Jahres 1906 aufmachte, verdiente der Polier einer Baustelle in der Leipziger Straße am Kasten Bier mit dreißig Flaschen, den er von der Brauerei für 2,25 Mark bezog und für 3 Mark weiterverkaufte, 75 Pfennig, d. h. pro Flasche, die bei ihm 10 Pfennig kostete, verdiente er $2\frac{1}{2}$ Pfennig./18/ Den Gesamtverdienst aus dieser Art «Nebentätigkeit» bezifferte die Zeitschrift auf wöchentlich fünfzig Mark, was etwa dem doppelten Wochenlohn eines Maurers entsprach.

Ein Teil des Wochenlohnes wurde üblicherweise in Blechmarken ausgezahlt, die an Ort und Stelle bzw. in der benachbarten Kneipe umzusetzen waren. In extremen Fällen erfolgte die Lohnzahlung sogar gleich in der Kneipe, und der eingeplante und zwischen Polier und Budiker vereinbarte Verzehr von Bier und Schnaps wurde nolens volens mitabgezogen. Weil sich das die Ehefrauen einiger Bauarbeiter nicht bieten lassen wollten, kam es zu Verhandlungen vor dem Berliner Gewerbegericht. Bereits im Jahre 1889 hatte die sozialdemokratische Fraktion des Reichstages auf Initiative von August Bebel einen neunzehn Punkte umfassenden Fragespiegel zum Kantinen(un)wesen in der Arbeiterpresse veröffentlichen lassen./19/

Der hier geschilderte Bier- und Selterhandel auf den Berliner Baustellen, die anteilige Ausgabe von Blechmarken, die die Arbeiter zum Verzehr *verpflichteten*, stellen die Reste des sogenannten Trucksystems dar (aus dem Englischen: to truck, tauschen), welches sehr weit zurückgeht.

Ursprünglich wurden die Landarbeiter, z. B. die beim Dreschen tätigen Kräfte, nur mit einem Anteil des ausgedroschenen Getreides ‹bezahlt›, erhielten also keinerlei Bargeld. Daran versuchten die Unternehmer und Fabrikanten des ausgehenden 18. und beginnenden 19. Jahrhunderts anzuknüpfen. Sie redeten ihren Arbeitskräften ein, daß sie ihnen mit der Naturallöhnung

138–143. *Biermarken Berliner Gaststätten, verschiedene Metalle, o. J.*

helfen würden, Notzeiten besser zu überstehen, als wenn sie Geld von ihnen erhielten.

Auf einer Vorstandssitzung des Centralvereins für das Wohl der arbeitenden Klassen am 18. Oktober 1848 (!) in Berlin vertraten der Fabrikanten-Commissions-Rath Brix und ein Herr Hoffmann noch die Auffassung, «... daß die Waarenlöhnung nicht an und für sich, sondern nur in ihrer Ausartung zu verwerfen sei, da sie in ihrer ursprünglich reinen Gestalt nichts Nachtheiliges habe, vielmehr für die Arbeiter von großem Segen sein könne, wenn etwa in Zeiten der Noth der Fabrikherr (den der Düsseldorfer Regierungsrat C. Quentin als den natürlichen Schutzherrn und den geborenen Vormund der arbeitenden Klasse bezeichnet hatte, d. V.) Getreide, Kartoffeln, Brennmaterial u. dergl. im Großen ankaufe, diese Waaren an die Arbeiter vertheile und nach mäßigen Sätzen in Anrechnung bringe ...»/20/

Noch einen Grad obskurer waren die sogenannten Baubudiker, die ebenfalls an den Bauarbeitern zu verdienen versuchten. Sie richteten sich bei Baubeginn in Bretterbuden und -verschlägen auf oder in der Nähe von Baustellen ein und verschwanden zumeist wieder mit der Rohbauabnahme, wenn sie nicht schon vorher von einer Streife der Polizei wegen Winkelschanks und ähnlicher Vergehen gegen die Paragraphen 115–119 der Gewerbeordnung bestraft und des Platzes verwiesen wurden./21/

Einer dieser Baubudiker scheint ein gewisser Robert Schürbel, wohnhaft Berlin NO, Soldinerstraße 28, gewesen zu sein. Er stellte am 27. September 1909 den Antrag, auf dem unbebauten Eckgrundstück Lothringer Straße 1/Prenzlauer Allee 249 (heute Wilhelm-Pieck-Straße 1/Ecke Prenzlauer Allee 249) eine Eisbahn und eine Wärmehalle mit bescheidenem Restaurantbetrieb anlegen zu dürfen. Als Schürbel die Baugenehmigung erhielt, konnte er jedoch nicht einmal die amtlichen

Gebühren in Höhe von 10,- Mark bezahlen, und als sich die Summe auf 10,60 Mark erhöht hatte und am 7. Februar 1910 in seiner Wohnung gepfändet werden sollte, ließ er sich verleumden und schickte seine verheiratete Tochter Rosalie Piechotta vor, die in seiner Abwesenheit den Zwangsvollstreckungsbericht unterschrieb. Die Pfändung verlief jedoch ergebnislos. Um der Zahlung weiterhin zu entgehen, entwickelte Robert Sch. eine Verzögerungs- und Verwechslungstaktik im Umgang mit den Behörden, die an ein Katz-und-Maus-Spiel erinnert, wobei er sich mit der Rolle der Maus begnügen mußte.

Zeitweilig, und dann später ausschließlich, trat sein Bruder Paul, wohnhaft Magazinstraße 2, Seitenflügel 4 Treppen (begütert waren sie also alle beide nicht), der ursprünglich nur der Pächter der Eisbahn war, auch als Pächter der Wärmehalle und Eigentümer des Kneipeninventars auf. Dann wieder ermittelte die Behörde, daß Robert Sch. Eigentümer des Hauses Soldinerstraße 28 wäre. Nun versuchte sie, wegen Insolvenz des Robert Schürbel, sich an einen zahlungsfähigen Mieter des Hauses zu halten, an den Kinematographenbesitzer Arthur Schneider (Soldinerstraße 69 wohnhaft), um die Summe, die mittlerweile die Höhe von 11,75 Mark erreicht hatte, über den Umweg der Miete beizutreiben. Da sich Schneider offensichtlich weigerte, für Schürbel aufzukommen, wurde die Behörde erneut bei letzterem vorstellig, und so kam es, daß Robert Sch. nach fast einem Jahr, am 4. August 1910 doch noch zur Kasse gebeten werden konnte.

Da half kein Wenn und Aber, da half auch nicht der bereits einmal benutzte Trick mit der Tochter (diesmal war es seine Tochter Margarete, die ihn ‹vertrat›, als die Postzustellungsurkunde unterschrieben werden mußte); die Katze, d. h. die Königliche Polizei Haupt-Kasse kam doch noch zu ihrem Geld!

Nach einigem Hick-Hack mit der Baupolizei, das zum Teil nach Schikane aussieht – so mußte die Bretterbude abgerissen und bei jederzeit drohender Kündigung durch den Grundstückseigentümer mit neuer Baugenehmigung erneut aufgebaut werden –, konnten die Brüder Schürbel ihre Wärmehalle als *Baukantine* für die Arbeiter der benachbarten Großbaustelle des Beamten-Wohnungs-Vereins in der Lothringer Straße einrichten und mindestens in der Zeit vom Herbst 1911 bis zum Sommer 1912 nutzen./22/ Bei Schürbel scheint es sich jedoch um mehr als nur um einen Baubudiker gehandelt zu haben:

Wenn man das überlieferte Aktenmaterial genauer prüft – und deshalb die umständliche Schilderung dieses Vorgangs –, dann stößt man auf einen Widerspruch. Der als *Hauseigentümer* auftretende Sch. kann die vergleichsweise lächerliche Summe von ursprünglich zehn Mark für die Baugenehmigung zur Errichtung seiner Bretterbude am Prenzlauer Tor nicht zahlen und muß mehrmals gemahnt werden. Einiges deutet darauf hin, daß Schürbel in einen Baustellen- und Hypothekenschwindel verwickelt gewesen war, was allerdings hieb- und stichfest schwer nachzuweisen ist./23/

Eine ebenfalls weitgehend unerforschte und im Detail noch nicht dargestellte Gruppe der am Rande der Legalität wirksamen Berliner Budiker hatte ihr Betätigungsfeld in den Laubenkolonien, die schon immer – eine bis auf unsere Tage reichende Tradition – potentielles Bauland waren.

So war ein gewisser Lange um 1907 gleichzeitig Generalpächter der Laubenkolonie «Feldschlößchen» und alleiniger Gastwirt. Er besaß die einzige Wasserstelle der Kolonie, die in unmittelbarer Nähe der Kantine lag. Die Laubenpieper, meist Arbeiter mit ihren Familien, konnten nun frei entscheiden, ob sie für jeden Eimer Wasser $\frac{1}{2}$ Pfennig bezahlen oder ob sie den Becher Bier mit $\frac{2}{10}$ Liter Inhalt für den überteuerten Preis von 10 Pfennig kaufen und das Wasser zum Gießen ihrer Mohrrüben und Kartoffeln ‹unentgeltlich› von Lange bekommen wollten. Der Eigentümer des Grund und Bodens war Brauereibesitzer Bötzow, von dem Lange seinerseits das Bier beziehen mußte./24/

Auch hier gab es die unterschiedlichsten Abstufungen des ‹Freizeit›-Kantinenwesens für die Arbeiterklasse, die Skala reichte vom festen Haus bis zur einfachen Bretterbude, die schon von vornherein als Provisorium in einer Laubenkolonie ohne Namen geplant war.

144. Heinrich Zille:
*Eisbahn in der
Sophie-Charlotten-Straße,
Foto, ca. 1901/02.*
Die Eisbahn der Brüder
Schürbel könnte man sich
ähnlich vorstellen.

145. *Lageskizze einer
anonymen Laubenkolonie
zwischen Dunckerstraße
und Prenzlauer Allee mit
Einzeichnung der bereits* *bebauten Fläche sowie
eines provisorischen
Verkaufsstandes,
April 1904*

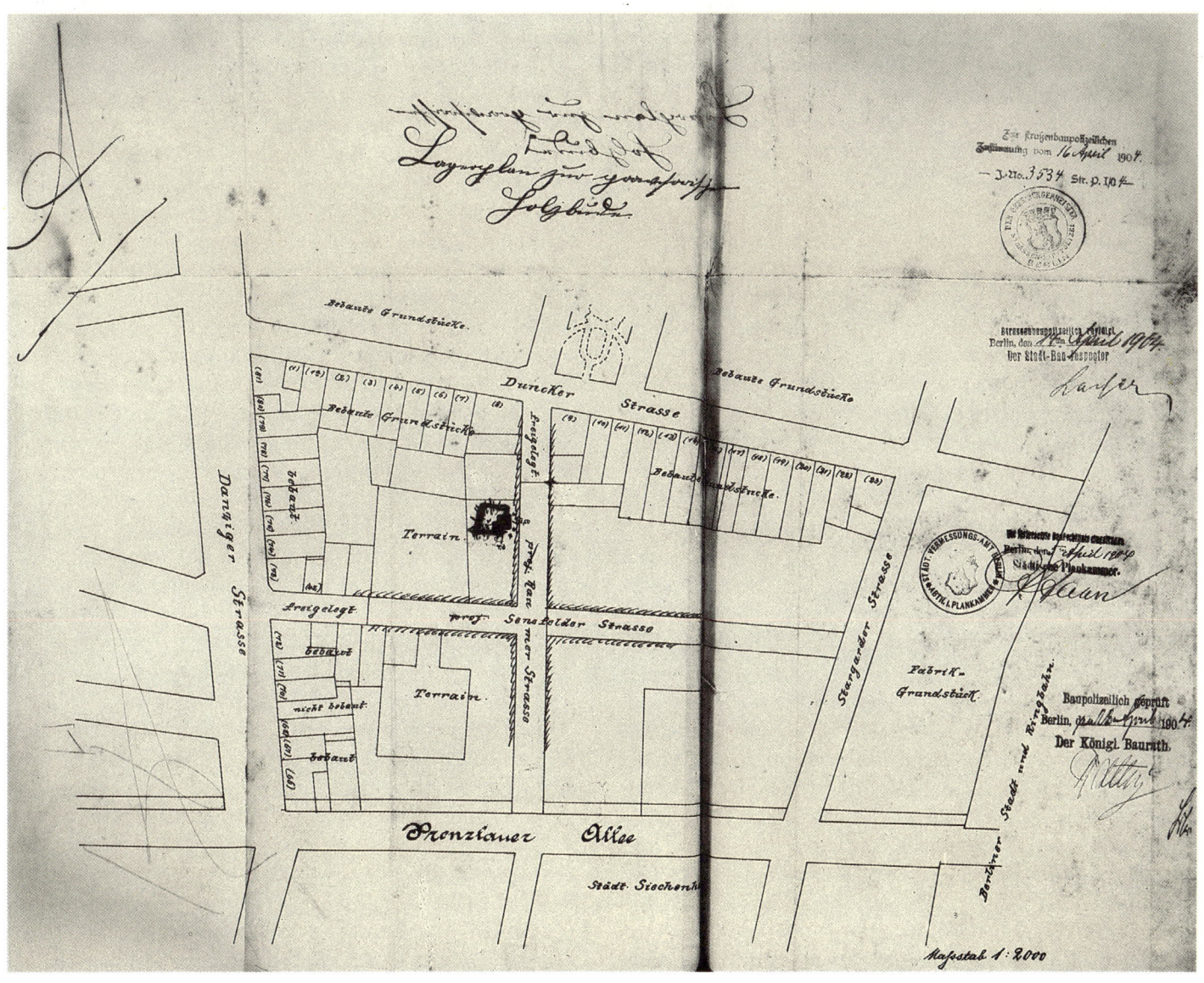

Solch eine anonyme Laubenkolonie existierte noch bis in die Jahre 1904/05 nördlich der Danziger Straße – heute Dimitroffstraße – gegenüber dem Siechenhaus, in der Nähe des Städtischen Obdachlosen-Asyls und des ehemaligen Gaswerks auf dem Gelände der heutigen Senefelderstraße, Raumerstraße, Hiddenseer- bis zur Stargarder Straße, welche durch die Dunckerstraße und Prenzlauer Allee begrenzt war (vgl. Abb.). Es war eine Laubenkolonie auf Zeit, die von den nachrückenden Mietskasernen verschlungen wurde. Das unmittelbar am Bahnhof Prenzlauer Allee gelegene Grundstück mit Gartenlokal des Schankwirts E. Th. Forper, heute Prenzlauer Allee 178, I. Aufgang/Ecke Kanzowstraße, die hier als Prenzlauer Allee 178, I. und II. Aufgang zählt, war von diesem Prozeß zunächst noch verschont. Forper wurde von anderen Problemen bedrängt, die sich für ihn als geschäftsschädigend darstellten. Die Fertigstellung der Personenhaltestelle des Bahnhofs war gerade erst erfolgt (Gebrauchsabnahme des Stationsgebäudes am 26.3.1893) und rief die ‹Konkurrenz› auf den Plan.

Am 5. Juli 1895 meldete das 88. Polizeirevier die illegale Aufstellung einer Selterbude vor dem Bahnhof Prenzlauer Allee (Grundstücksnummer 166) mit folgendem Text: «Der Handelsmann Richard Schwabe, Christburgerstraße 41 wohnhaft, hat auf dem Straßenlande vor dem Bahnhof Prenzlauer Allee 166 eine 3,20 m hohe, 3,65 m lange und 3 m breite, hölzerne Bude mit feuerfester Eindeckung zum Selterwasser-Verkauf aufgestellt, ohne hierzu die polizeiliche Genehmigung zu haben. Unterschrift (unleserlich)»./25/

Die Formulierung «... ohne hierzu die polizeiliche Genehmigung zu haben ...» entsprach zwar der gegebenen Situation, aber nicht den Tatsachen. Schwabe hatte am 18. April und am 17. Mai d. J. unter Beifügung der hier abgebildeten Bauzeichnung ein «Gesuch um Aufstellung einer beweglichen Trinkhalle am Ringbahnhof Prenzlauer Allee» eingereicht, aber bis zum 5. Juli, dem Datum der Anzeige des Polizeileutnants, noch keinen Bescheid erhalten. Die Genehmigung zur Aufstellung seiner Trinkhalle wurde ihm nach nochmaliger Mahnung vom 22. Juli 1895, in der er seine materielle Notlage darzustellen versuchte – so hatte er u. a. 3 Monate Pacht im voraus bezahlen müssen – am 24.7. d. J. erteilt.

Damit schuf die Behörde einen Zustand, der den Gastwirt Forper mobilisierte und zu einer Eingabe beim Polizeipräsidium veranlaßte.

Forper schrieb mit Datum vom 7. August 1895, daß er sich erlaube, «... auf einen Uebelstand aufmerksam zu machen, welcher sich als für (ihn) direct geschäftsschädigend herausgestellt hat.

Mein Local resp. Grundstück, unmittelbar am Bahnhof ‹Prenzlauer Allee› gelegen, wurde vor cirka sechs Wochen durch die Errichtung einer unförmlichen Bude, welche wohl dem Zweck des Selterwasserausschankes sowie im Winter dem Ausschank von warmem Punsch und Grogk dienen soll, bis heute aber noch nicht eröffnet ist, vollständig den Blicken der Passanten der Prenzlauer Allee entzogen, mein Firmenschild vollständig und der Garten meines Lokals fast ganz verdeckt, sodaß ich mich in meinem Gewerbebetriebe verhindert sehe dadurch, daß den Passanten das Vorhandensein meines Lokals durch die hohe Bude unmerklich gemacht wird. Möchte daher einem hohen Königl. Polizei-Präsidium die ergebene Bitte unterbreiten, für die Beseitigung des Aufbaues Sorge zu tragen, oder wenigstens dafür einzutreten, daß derselbe auf der *anderen* Seite des Bahnhofgrundstücks errichtet wird um so mein Lokal den Blicken des Publikums freizugeben. Indem ich der Hoffnung Ausdruck gebe, daß meine Bitte um Regelung dieser Angelegenheit Berücksichtigung findet, zeichne

  ergebenst E. Th. Forper Schankwirth
  Prenzlauer Allee 165.»/26/

Nachdem sich auch noch der Oberbürgermeister der Stadt Berlin, vertreten durch die Örtliche Straßenpolizei-Verwaltung, mit der Forperschen Eingabe beschäftigt hatte, ging ein Beamter des 88. Polizeireviers am 1. Oktober d. J. an Ort und Stelle und fertigte die nachfolgende Skizze sowie Beschreibung an: «Obige Skizze ist nach Besichtigung an Ort und Stelle angefertigt und stellt ungefähr die Größenverhältnisse bzw. Lage der Trinkhalle dar. Aus der Skizze ergibt sich die

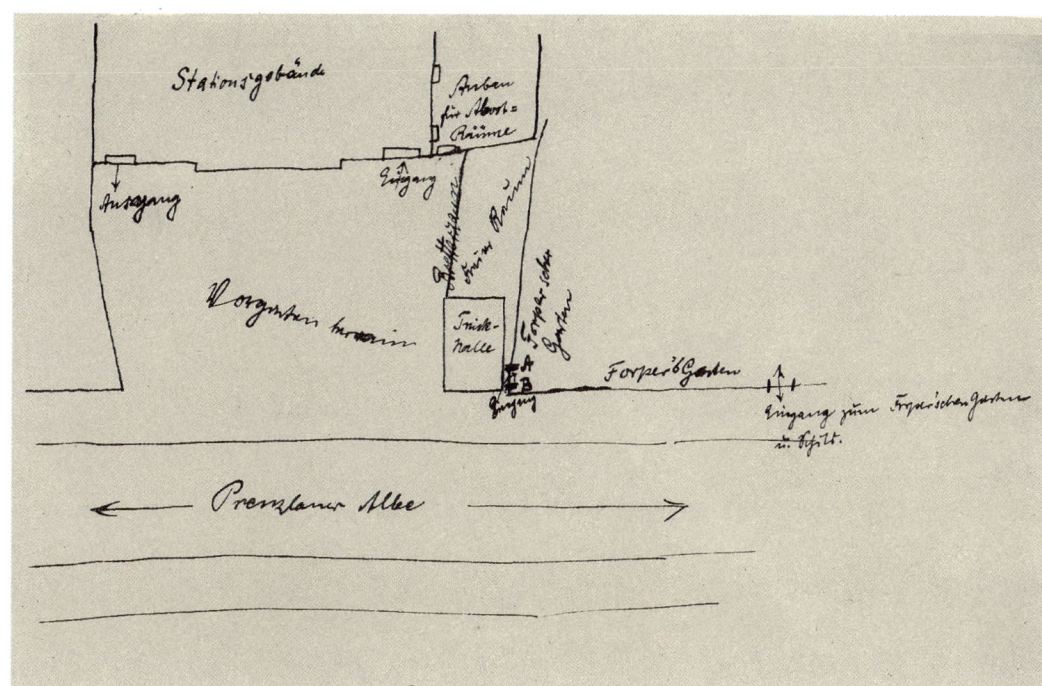

146. *Lageskizze des Forper'schen Gartenlokals am heutigen S-Bahnhof Prenzlauer Allee, 1895*

Unrichtigkeit der Forper'schen Behauptung, das Forper'sche Grundstück werde vollständig den Blicken der die Prenzlauer Allee Passierenden durch die Trinkhalle entzogen. Es liegt vielmehr die längere Seite des Forper'schen Gartens, wie die Skizze zeigt, an der Prenzlauer Allee, an welcher auch ein 2. Eingang (mit darüber befindlichem Schild) zu dem bezeichneten Garten sich befindet.

Die Forper'sche Beschwerde ist insofern gerechtfertigt, als der an der Ecke des Gartens befindliche, in der obigen Skizze mit A-B bezeichnete Eingang und das darüber befindliche Firmenschild allerdings durch die Trinkhalle vollständig verdeckt werden.

Dieser Übelstand läßt sich m. E. dadurch beseitigen, daß die Trinkhalle, zwischen welcher und dem Anbau des Stationsgebäudes sich ein freier, durch einen Bretterzaun abgesperrter und jetzt nur zum Aufenthalt eines Hundes benutzter Raum befindet, etwa um ¾ ihrer Länge näher an jenen Anbau herangerückt wird. Dann würde der mit A-B bezeichnete Eingang nebst Schild den den Stationsgebäudeausgang Verlassenden sofort in die Augen fallen.«/26/

Der Streit, der sich im Spätsommer und Herbst 1895 zwischen dem mehr oder weniger ambulanten Selterwasserbudenbesitzer Rudolf Schwabe und dem Schankwirt sowie Gartenlokalbesitzer E. Th. Forper abspielte, ist – an und für sich genommen – unerheblich. Was ihn aber interessant macht, ist die Tatsache, daß es sich hier, etwa sechzig Jahre nach den Ereignissen in der Würstschen Tabagie auf dem Windmühlenberg, wiederum um ein Ausflugslokal handelt. Lediglich der Schauplatz hat sich verlagert: vom Prenzlauer Tor zum Bahnhof Prenzlauer Allee. Wir besitzen damit ein historisches Zeitmaß für das Wachstum Berlins über seine nördlichen Grenzen hinaus, das für das 19. Jahrhundert und bis weit in das 20. Jahrhundert hinein Gültigkeit hatte.

147. Rudolf Schwabe:
Entwurfsskizze
für eine Trinkhalle
am heutigen S-Bahnhof
Prenzlauer Allee,
1895

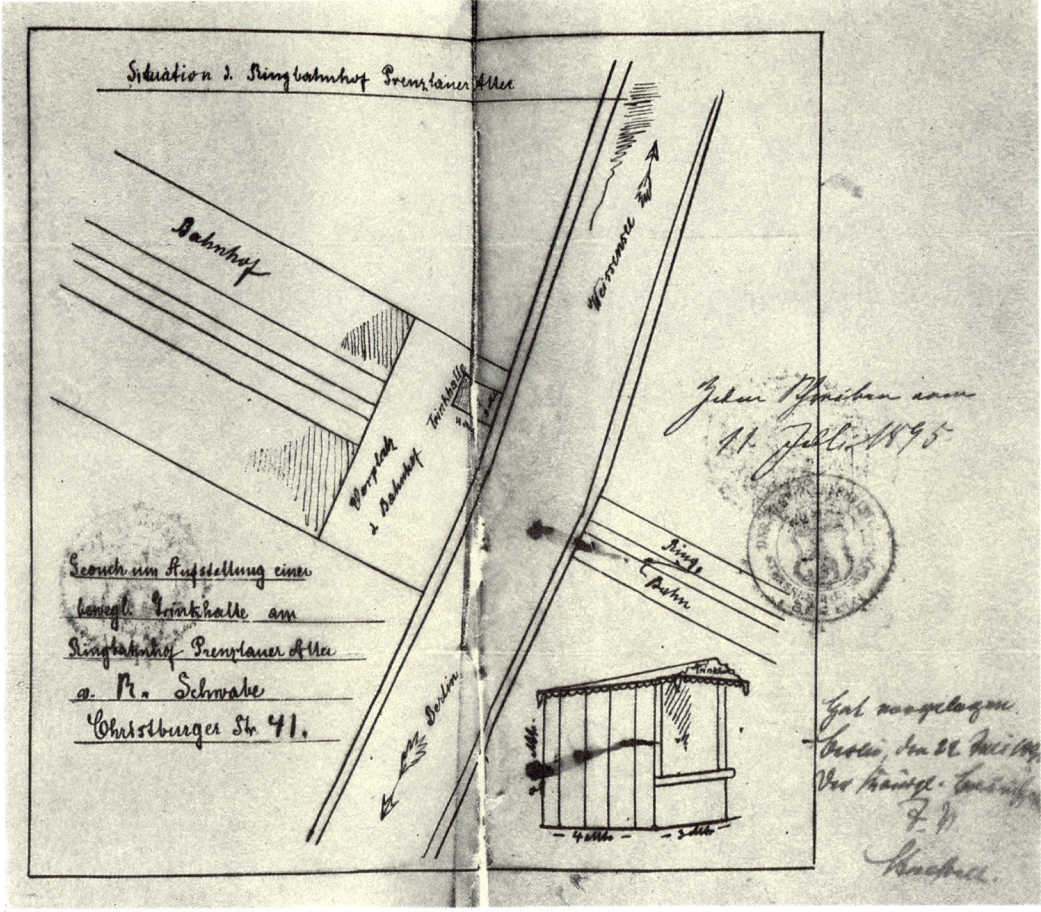

148. Anonym:
Stehbierhalle
in einem Gartenlokal
in Berlin-Treptow,
Foto, 1914.
Die Trinkhalle von Rudolf
Schwabe könnte man sich
ähnlich vorstellen.

1 Dieter Fricke, Bismarcks Prätorianer. Die Berliner politische Polizei im Kampf gegen die deutsche Arbeiterbewegung (1871–1898). Bln. 1962, S. 184. ff.
2 Näheres zu diesem Anarchistentreffpunkt in: Aus den Tiefen der Berliner Arbeiterbewegung von Albert Weidner. Reihe Großstadt-Dokumente. Bd. 9. Hrsg. von H. Ostwald Bln./Lpz., o. J. (1905), S. 9 ff.
3 Eduard Bernstein, Die Geschichte der Berliner Arbeiterbewegung. 2. Teil. Bln. 1907, S. 169.
4 Ebenda, S. 174.
5 Autorenkollektiv, Das Sozialistengesetz 1878–1890. Bln. 1980, S. 225.
6 Der Abstinente Arbeiter. Organ des Deutschen Arbeiter-Abstinenten-Bundes und des Sozialdemokratischen Abstinentenbundes der Schweiz. 9. Jg., Nr. 22 vom 28. Oktober 1911, S. 193.
7 Eugen Ernst, Polizeispitzeleien und Ausnahmegesetze 1878–1910. Ein Beitrag zur Geschichte der Bekämpfung der Sozialdemokratie. Bln. 1911, S. 139.
8 Ebenda, S. 87.
9 Ebenda, S. 139.
10 Wie Anm. 1, a. a. O., S. 317.
11 Der Grundstein, 3. Jg., Nr. 28 vom 12. Juli 1890, S. 4. Zu der 1889 gegründeten Fotoabteilung der Hamburger Polizei vgl. Gustav Roscher, Großstadtpolizei. Ein praktisches Handbuch der deutschen Polizei. Hamburg 1912, S. 64 f.
12 Wie Anm. 7, a. a. O., S. 151.
13 Der Grundstein. 2. Jg., Nr. 37 vom 14. September 1889, S. 3.
14 Handbuch für den exekutiven Polizei- und Kriminalbeamten. Bearb. von Dr. jur. Erich Wulffen. Dresden 1905. 5. veränd. und verbess. Aufl., Bd. 2, Kap. 8: Ueberwachung von Versammlungen, S. 479.

15 E. Bernstein, …, a.a.O., S. 29.
16 Karl Ostwald, Bauspekulation und Maureralltag. Exerzierfeld der Moderne … Hrsg. von J. Bober, T. Fichter, E. Gillen. München, 1984, S. 196.
17 BZ am Mittag vom 4. November 1907. Nach: Der Abstinente Arbeiter. 5. Jg., Nr. 22 vom 16. November 1907. Dort auch die Hervorhebung.
18 Der Abstinente Arbeiter. 4. Jg., Nr. 2 vom 15. Januar 1906, S. 10.
19 Z. B. Urteil des Berliner Gewerbegerichts vom 3. März 1896. – 134/96 K 5. Emil Unger, Entscheidungen des Gewerbegerichts zu Berlin. Bln. 1898. S. 42 (Nr. 30/II, Truckverbot). Vgl. auch die §§ 115–119 GO. Aufruf «An die deutschen Arbeiter», unterzeichnet Dresden–Plauen, den 19. Oktober 1889, A. Bebel. Der Grundstein. 2. Jg., Nr. 44 vom 2. November 1889, S. 8.
20 Protokoll der Sitzung des vereinigten Vorstandes und Ausschusses des Central-Vereins für das Wohl der arbeitenden Klassen. Bln., den 18. Oktober 1848. Mittheilungen des Centralvereins … 1. Jg. 1848/49. Bln. 1849, S. 270. – Die Formulierung von C. Quentin ebenda, S. 76.
21 Wie Anm. 14, Kap. 5: Bekämpfung des Winkelschanks. S. 445–455.
22 Bauakte Prenzlauer Allee 249. Vorgang Schürbel/Bl. 242–281. Rat des Stadtbezirks Prenzlauer Berg. Stadtbezirksbauamt. Die Bezeichnung «Baukantine» ebenda, Bl. 272.
23 Vgl. auch Anm. 16.
24 Der Abstinente Arbeiter. 5. Jg., vom 1. Juli 1907, S. 103 («Vorwärts» vom 22. Mai 1907).
25 Bauakte Prenzlauer Allee 164. Rat d. Stadtbezirks Prenzl. Berg, Stadtbezirksbauamt.
26 Ebenda, Bl. o. Z.

149. Heinrich Zille:
Leeres Bierzelt,
Foto, um 1900

150. Heinrich Zille:
Blick aus einem Bierzelt,
Foto, um 1900

151. Albert Schwartz:
Eingang zur Tivoli-Brauerei,
Foto, um 1890

152. Bartels:
Kaffee-Garten »Elysium«
in der Landsberger
Allee 40/41,
Foto, um 1890

153. Titelseite des ersten Arbeiter-Verkehrs-Almanachs, Berlin, 1890

154. Anonym: Gastwirtschaft in Berlin-Neukölln, Ziethenstraße 29, Foto, vor 1945. Tagungsort des Gründungskongresses der Kommunistischen Jugend-internationale vom 20.–26. November 1919

155. Anonym: Restaurant von Hermann Schulz, Reinickendorf-West, Scharnweberstraße 22, Foto, nach 1906. SPD-Verkehrslokal von 1906–1910

156. Anonym:
Restaurant von
Hermann Schulz
»Zum Liebenwalder
Krug N. 34«,
Reinickendorferstraße 34,
Foto, zwischen 1910
und 1923.
SPD-Verkehrslokal
wie Abb. 155, nach Umzug

157. Anonym:
*Volks-Kaffee- und Speisehaus,
Neue Schönhauserstraße 13,
Foto, um 1900*

158. Anonym:
Berliner Eckkneipe,
Foto, 1923

159. Anonym:
Treichel's Gulaschkanone,
Filiale 6,
Foto, 1920er Jahre

160. Anonym:
Berliner Eckkneipe,
Foto, 1920er Jahre

161. Anonym:
Berliner Kneipe,
Foto, um 1900

162. Anonym:
Berliner Kneipe,
Foto, um 1914 (?)

163. Anonym:
Berliner Kneipe,
Foto, 1920er Jahre

164. Im »Wirtshaus
Zum Strauß«,
Pappelallee 25, Foto, um 1910

165. Anonym:
Berliner Kneipe,
Foto, 1920er Jahre

166. Anonym:
Berliner Kneipe,
Seelowerstraße 24 (?),
Foto, 1920er Jahre

167. Anonym:
Berliner Kneipe,
Foto, um 1910

168. Anonym:
Berliner Kneipe,
Foto, um 1910

169. Anonym:
Berliner Eckkneipe,
Foto, 1920er Jahre

171.

GESCHLOSSENE GESELLSCHAFT

Schon im Jahre 1890 rechnete man im großbürgerlichen «Club von Berlin» mit einem neuen Krieg Deutschlands, und ein Dr. Esser-Dutreux, Grubenvorstand «Glückauf» Sondershausen, wettete im Jahre 1905 um mehrere Flaschen Sekt, «... daß Deutschland in zehn Jahren das reichste Land Europas sein werde»./1/ Da diese und andere Wetten ordnungsgemäß in das Wettbuch des Clubs eingetragen werden mußten, hat die Nachwelt davon Kenntnis erhalten, was hier im «Millionenclub» – so der Volksmund – von hochkarätigen Vertretern der deutschen Industrie und Finanzwelt sowie den Spitzen des Beamtentums zusammengeträumt wurde.

Die Geschichte des 1864 gegründeten Clubs, der im Jahre 1893 ein eigenes Haus in der Jägerstraße 2/3 (heute Otto-Nuschke-Straße) inmitten des entstehenden Bankenviertels bezog, nachdem er vorher nur gemietete Räume innehatte, spiegelt die Geschichte der Bourgeoisie im preußischen Staat und in der Weimarer Republik wider; schon die Reihenfolge der jeweiligen Vorsitzenden des Clubs ist aufschlußreich.

Der erste Vorsitzende, Lauchlan Mac-Lean, Vortragender Rat im Handelsministerium (Club-Vorsitz 1864–1877), kam aus einer Danziger Kaufmannsfamilie. Sein Vater wurde später Direktor einer Bank. Nach einer kurzen Tätigkeit im Staatsdienst in Magdeburg avancierte Mac-Lean jun. im Jahre 1843 zum Hilfsarbeiter (wir würden heute sagen: zum wissenschaftlichen Mitarbeiter) im Staatsrat und im Staatssekretariat in Berlin. Schon nach einem Jahr wurde er in das gerade gebildete Handelsamt, das spätere Handelsministerium versetzt, dem er auf verschiedenen Leitungsebenen, zuletzt als Wirklicher Geheimer Oberregierungsrat, bis zu seiner Pensionierung im Jahre 1877 angehörte.

Auf Mac-Lean jun. folgte Friedrich Hitzig, Sohn des Berliner Kriminalisten und Publizisten Eduard Hitzig, welcher 1824 die berühmte «Mittwochsgesellschaft» gegründet bzw. wiedergegründet hatte, der die bedeutendsten Schriftsteller Berlins angehörten. Friedrich Hitzig erhielt seine Ausbildung zum Architekten an der Schinkelschen Bauakademie und ließ sich nach ausgedehnten Reisen durch Frankreich, Italien, Griechenland, die Türkei und Ägypten als Privatarchitekt in Berlin nieder. Hier prägte er durch wesentliche Bauten das vornehme Villenviertel des Tiergartens, 1859 bis 1864 erbaute er die Neue Börse in Berlin. Kurz darauf, 1865 bis 1868, errichtete er die erste Berliner Markthalle am Schiffbauerdamm. 1869 bis 1877 folgte das Gebäude der Reichsbank in der Jägerstraße, welches, wie andere seiner Bauten, im zweiten Weltkrieg zerstört wurde. Hitzig hatte den Vorsitz des «Clubs von Berlin» von 1877 bis 1881.

Auf den *Staatsbeamten* und den *Staatsarchitekten*, Hitzig war u. a. Ritter des Ordens Pour le mérite und Präsident der Akademie der Künste, folgte der *Bankier* Wilhelm Conrad. Er «... war der Typus jener umsichtigen, weitblickenden Klasse von Geschäftsleuten, die das Berliner Bank- und Börsenwesen aus kleinen Anfängen zu weltumfassender Bedeutung emporgehoben haben»./2/ 1860 wurde er Geschäftsinhaber der von seinem Onkel, dem damaligen Präsidenten der Handelskammer, gegründeten Berliner Handelsgesellschaft. Im August 1871 siedelte sich Conrad, dessen Vorsitz von 1881 bis 1889 dauerte, mit seiner Familie als erster am Wannsee an; zögernd folgten ihm einige Clubmitglieder. Auf seine Initiative wurde die Wannseebahn gebaut, deren zwölf Kilometer lange Zubringerstrecke unter dem Vorwand des Versuchsbetriebs als erste in Berlin elektrifiziert wurde. Den Strom für den aus zehn Wagen bestehenden Zug lieferte die Firma Siemens & Halske von ihrem etwa zwei Kilometer vom Bahnhof Steglitz entfernt liegenden Kraftwerk; die gesamte Ausrüstung wurde von der gleichen Firma gestellt./3/

Auf Conrad folgte *Justizrat* Theodor Dirksen (1830 bis 1909), der den Vorsitz von 1889 bis 1901 innehatte. Die Zeit seiner Tätigkeit im «Club von Berlin» wird von Max Wolff, dem Historiker des Clubs, als Zeit des Kampfes zwischen der alten und der neuen Richtung des Unternehmertums charakterisiert. Die Auseinandersetzungen im Club, die sich als harmloser Streit um Weinsorten abzuspielen schienen und die manchmal im Ankleben von Zetteln im klubeigenen Fahrstuhl gipfelten, wiesen dennoch auf die sich ankündigenden Veränderungen im Wirtschaftsleben draußen vor den Türen des Clubs. So ist es kein Zufall, daß im Gefolge dieser Streitigkeiten Wilhelm von Siemens, der zweite Sohn von Werner von Siemens, zum Vorsitzenden gewählt wurde. Der Auf- und Ausbau der Aktiengesellschaft Siemens & Halske zum *weltumspannenden Monopolverband* ist im wesentlichen sein Werk.

Auf Werner von Siemens, der den Vorsitz von 1901 bis 1910 innehatte, folgte das Vorstandsmitglied und der spätere Vorsitzende des *Aufsichtsrats der Dresdner Bank*, «... der Führer des deutschen Bankwesens und Wirtschaftslebens ...»/4/, Waldemar Mueller. Als er noch einfacher Landrat war und sich daher Müller schrieb, wurde er in den 1880er Jahren von der Preußischen Regierung als Oberbürgermeister von Posen (heute Poznań, VR Polen) eingesetzt, um dort für Ruhe und Ordnung zu sorgen. So konnte Müller bzw. Mueller bereits frühzeitig seine «Vaterlandsliebe» unter Beweis stellen. Sein Clubvorsitz dauerte von 1910 bis 1919.

Auf ihn folgte Dr. Karl Gelpcke, Sohn eines der Mitbegründer des «Clubs von Berlin» und Direktor der Hamburger *Hypothekenbank*, im Clubvorsitz von 1919 bis mindestens 1926.

Während des ersten Weltkrieges «litt» der Betrieb des Clubs wegen der Einberufungen unter Personalmangel (die Mitglieder waren selbstverständlich in der überwiegenden Mehrzahl «unabkömmlich»), «... und so blieb nichts übrig, als allmählich weibliche Angestellte für den Club heranzuziehen ...»/5/, bis 1917 nur noch weibliches Personal vorhanden war. Über die Auswirkungen des Krieges auf die Mitglieder des Clubs klagte Max Wolff: «Der Club hatte unter der Lebensmittelnot, aber beinahe noch mehr unter den von den Organisationen der Zwangswirtschaft geschaffenen Schwierigkeiten unsagbar zu leiden. Oft war es kaum möglich, die notwendigen Speisen für die Mitglieder aufzubringen, die sich gerade, weil es in den anderen Restaurants so dürftig war, jetzt immer zahlreicher zum Frühstück einstellten und noch dazu meist keine Karten besaßen (hier sind die Lebensmittelkarten der Kriegs- und Nachkriegszeit gemeint, d. V.), die die Verheirateten im eigenen Haushalt nicht entbehren konnten ... (aber) ... In der Nähe von Berlin, auf dem Lande ansässige Mitglieder erbarmten sich ihrer hungernden Genossen in der Stadt und lieferten Gänse, Wild und Wildschweine.»/6/

Bei der Ausarbeitung der Statuten zur Erlangung der Rechte einer juristischen Person wurden die Satzungen anderer befreundeter Clubs zu Rate gezogen, wie z. B. die der Hamburger Harmonie von 1789, der Berliner Ressource (1794 gegründet) sowie des Clubs von Dresden. In den 1880er Jahren wurden mit der Hamburger Harmonie Kartellvereinbarungen getroffen, wonach Mitglieder des einen Clubs Gastrecht bei dem anderen besaßen.

Noch in der Mitte des 18. Jahrhunderts – es sei z. B. an die Königliche Instruktion für die Bezirkskommissare der Berliner Polizei vom 20. Februar 1742 erinnert – gab es so etwas wie eine öffentliche bürgerliche Geselligkeit, zumal in den späten Abend- und Nachtstunden, nicht. Wenn sie überhaupt existierte, dann höchstens in Form von «... Kleinverbänden, unter Verwandten, Bekannten, Freunden und sozial Gleichgestellten, und ihr Höhepunkt war die Tischgemeinschaft»./7/ Kurz darauf, im Jahre 1748, nach anderen Angaben 1749, wurde schließlich der vornehme, mit der Aura des Geheimnisses umgebene «Montags-Club» gegründet, in dem sich die Berliner Aufklärer unter dem Vorsitz des aus Zürich stammenden Theologen Johann Georg Schultheß trafen, wo Gotthold Ephraim Lessing und Moses Mendelssohn einander kennenlernten. Damit wurde eine Entwicklung der bürgerlichen Emanzipation eingeleitet, die zu Lesegesellschaften wie der Mittwochs-Gesellschaft von 1783 führte, die bis 1798 existierte. In dieser «... streng geheim tagende(n) (Gesellschaft trafen sich) ... überwiegend hohe Beamte, Prediger und Pädagogen ...»./8/

Nach anderen Angaben wurde die Mittwochs-Gesellschaft «... Ende 1796 als Antwort auf die Schwächung der Montags-Gesellschaft von dem ehemaligen Mönch Ignaz Aurelius Feßler gegründet»/9/, die unter diesem Namen bis 1802 existierte (danach Feßlersche Gesellschaft). Im Jahre 1824 wurde die Mittwochs-Gesellschaft von dem schon erwähnten Hitzig, von Joseph von Eichendorff und von Willibald Alexis als literarische Gesellschaft wiederbelebt, die hier – der besseren Übersicht wegen – unter der Bezeichnung «2. Mittwochs-Gesellschaft» erwähnt werden soll.

Nach einer abermaligen Neugründung im Jahre 1863 existierte die nunmehr 3. Mittwochs-Gesellschaft bis nach 1930/10/.

Aus diesen privaten Tischgesellschaften, die zum Teil auch als «Kränzchen» bezeichnet wurden, weil jede (gutbürgerliche) Familie im Kreise oder Kranze der Häuser in einem gewissen Turnus einmal an der Reihe war und die Bewirtung der Gäste zu übernehmen hatte, entwickelten sich gegen Ende des 18. Jahrhunderts die sogenannten «Ressourcen».

Diese «Hilfsquellen» bzw. «Erholungsorte», so die wörtliche Übersetzung aus dem Französischen, waren einerseits Vorstufen der bürgerlichen Berliner Salons des frühen 19. Jahrhunderts, die mit so klangvollen Namen wie Henriette Hertz, Rahel Varnhagen von Ense oder Bettina von Arnim verbunden sind./11/ Andererseits bildeten sie eigenständige Organisationsformen und ökonomische Strukturen heraus, die in einigen Fällen bis in das 20. Jahrhundert reichten.

Die Berliner Ressource von 1794 hatte ihr eigenes Haus in der Oranienburger Straße 18. Sie bestand bereits seit dem 10. Oktober 1784, vor allem durch die tätige Mithilfe von Kriegsrat Schönebeck und Kaufmann Devrient. «Der Verein trat mit 114 Mitgliedern ins Leben und rekrutierte sich aus dem höheren Bürger- und Beamtenstande. Er hatte sich das Ziel gesetzt, seinen Mitgliedern im Sommer und Winter Gelegenheit zur Geselligkeit zu geben. Für die Sommervergnügen hatte man bald ein geeignetes Lokal (d. h. hier Örtlichkeit, d. V.) gefunden und zwar in dem Garten ..., der dem Kriegsrat Therbusch gehörte. Am 29. Oktober 1792 wurde der Mietskontrakt abgeschlossen, und im Jahre 1800 ging das Grundstück in den Besitz der Ressource über.»/12/ Für die Wintersaison war man lange Jahre auf Provisorien angewiesen, bis der Verein so

172. Blau:
Berliner Polka-Kneipe,
Lithographie, um 1845.
Vergleiche auch Seite 98

viel Geld besaß, daß er im Jahre 1840 die Vorderfront des Grundstücks in der Oranienburger Straße 18 bebauen lassen konnte. Umfassende bauliche Erweiterungen und Veränderungen fanden dann noch einmal im Jahre 1878 statt. Das Grundstück, zu dem auch ein Garten gehörte, wird, nach einigen zeitbedingten Um- und Anbauten, heute noch genutzt, zur Zeit vom Psychologischen Institut der Humboldt-Universität./13/

Freiherr von Zedlitz nennt in seinem Conversationshandbuch für Berlin und Potsdam, 1834 erschienen, unter dem Stichwort *Ressourcen*, die er als «... geschlossene Gesellschaften (bezeichnet), zu denen nur durch ein Mitglied ein Fremder eingeführt werden kann ...», folgende Namen und Adressen:

Zur Börsenhalle, im Börsengebäude und Gertraudtenstraße 23
Brüderverein, Neue Friedrichstraße 22
Bürger-Ressource, Niederwallstraße 11
Concordia, Alexanderstraße 26 (mit eigenem Liebhaber- d. h. Privattheater)
Erholungsgesellschaft, Alte Leipziger Straße 1
Zur Freundschaft, Schillingsgasse 8
Gesellschaft der Freunde, Neue Friedrichstraße 35
Zur Harmonie oder *Musicalische Ressource*, Niederlagwallstraße 7
Jüdische Ressource, Burgstraße 13
Thalia, Blumenstraße 9 (mit eigenem Liebhabertheater)
Therbuschische Ressource,
    Sommerlokal: Oranienburger Straße 18
    Winterlokal: Köllnischer Fischmarkt 4
Urania, Neue Kommandantenstraße 26 (mit eigenem Liebhabertheater).»/14/

Die Mehrzahl dieser geselligen Vereine, Klubs und Ressourcen, deren Überhandnehmen Wolf Davidsohn in seinen 1798 erschienenen «Briefen über Berlin» bereits beklagte, ließ sich zu ihren Festlichkeiten, Jubiläen und anderen Anlässen im Laufe ihrer oft 150jährigen Geschichte spezielle Einladungen von prominenten Künstlern entwerfen und anfertigen. Aus der Überfülle dieses Materials seien hier einige Beispiele wie die Festkarte des «Montagsvereins» von 1836 u. a. herausgegriffen./15/

Der junge Heinrich Heine, der seit Ende Februar 1821 in Berlin zunächst im dritten Stock des Hauses Behrenstraße 71, unweit des berühmten Weinlokals Lutter & Wegener (Charlottenstraße 49/Ecke Französische Straße), in einer kleinen Studentenstube wohnte, hat die Atmosphäre in einem der obengenannten Salons – wahrscheinlich ist der Salon der Rahel Varnhagen gemeint – folgendermaßen beschrieben:

Sie saßen und tranken am Teetisch
Und sprachen von Liebe viel.
Die Herren, die waren ästhetisch,
Die Damen von zartem Gefühl.

«Die Liebe muß sein platonisch»,
Der dürre Hofrat sprach.
Die Hofrätin lächelt ironisch,
Und dennoch seufzet sie: «Ach!»

Der Domherr öffnet den Mund weit:
«Die Liebe sei nicht zu roh,
Sie schadet sonst der Gesundheit.»
Das Fräulein lispelt: «Wieso?»

Die Gräfin spricht wehmütig:
«Die Liebe ist eine Passion!»
Und präsentieret gütig
Die Tasse dem Herrn Baron.

Am Tische war noch ein Plätzchen,
Mein Liebchen, da hast du gefehlt.
Du hättest so hübsch, mein Schätzchen,
Von deiner Liebe erzählt./16/

Die Berliner Universität war gerade gegründet worden und konnte auf das erste erfolgreiche Jahrzehnt ihres Wirkens zurückblicken. Im Gegensatz zu anderen deutschen Universitäten, wie z. B. die von Göttingen, Heidelberg, Jena, Halle u. a., galt die Berliner Alma mater zu jener Zeit als «Arbeits-Universität», auf die man besser erst ging, wenn man sich zuvor die Hörner abgestoßen hatte. Ludwig Feuerbach sprach geradezu

173. August Böhme:
Das Vogelschießen
der Stahl- und Armbrust-
Schützen-Gesellschaft
im Jahre 1832,
Stahlstich (?), 1832

174. Franz Burchard Dörbeck:
Album academicum, Blatt 1,
Lithographie, um 1832 (?)

von einem «Arbeitshaus», gegen das die anderen Universitäten «wahre Kneipen» wären!/17/

Kulturkritisch auf die Umtriebe der Studenten seiner Zeit, d. h. ausgangs des 19. Jahrhunderts, gemünzt, schrieb Adolf Streckfuß in seinem Buch «500 Jahre Berliner Geschichte. Vom Fischerdorf zur Weltstadt» über die «goldenen Zeiten» aus den Anfängen der Berliner Universität: «Wenn auch einzelne Studirende den Verführungen der großen Stadt nicht zu widerstehen vermochten, und sich zügellosen Ausschweifungen hingaben und endlich in denselben untergingen, so war doch ihre Zahl eine verschwindend kleine. Gerade der Umstand, daß in der großen Stadt die Studirenden fast verschwanden, daß sie nicht im Stande waren, sich die Geltung zu verschaffen, die sie in kleinen Universitätsstädten besaßen, trug wesentlich dazu bei, dem Universitätsleben in Berlin die Ausschreitungen fern zu halten, durch welche es in andern Städten oft befleckt wurde.

Paukereien (d. h. das Fecht- und Mensurwesen, d. V.) und Saufereien kamen wohl auch vor, aber sie bildeten nicht die gewöhnliche Tagesordnung. Die Studirenden, welche fleißig sein wollten, konnten sich von den Trinkgelagen zurückziehen ohne aufzufallen, und sich doch nach vollendeter Arbeit in Zerstreuungen aller Art erholen; sie konnten selbst an den studentischen Verbindungen Theil nehmen, ohne diesen ihre ganze Zeit widmen zu müssen.»/18/

Allerdings scheinen diese hier geschilderten Verhältnisse doch wohl mehr Wunschvorstellung als Realität gewesen zu sein, wie genauere Archiv-Recherchen es herausstellen würden. Oder anders formuliert: Gegen Ende des 19. Jahrhunderts hatte das Kneip- und Mensurwesen der Berliner Studenten derart überhandgenommen und sich verselbständigt, daß das Studium fast als eine lästige Randerscheinung, als ein Verstoß gegen die Sitten des – strengsten Regeln unterworfenen – Freizeitverhaltens der Studenten erschien, welches sich speziell in den Kneipen abspielte. Dagegen nahmen sich die Rahmenbedingungen zu Beginn des Jahrhunderts tatsächlich wie ein paradiesischer Zustand der Unschuld aus.

Außerdem betrug die Gesamtzahl der immatrikulierten Studenten aller Fakultäten zuzüglich anderer vorlesungsberechtigter Hörer noch im Sommersemester 1835 nach Zedlitz nur 2136 Personen/19/, also hatte sie sich gegenüber den etwa tausend Studenten des Wintersemesters 1812 – eine Zahl, die Adelbert von Chamisso an einen Freund berichtete – in knapp fünfundzwanzig Jahren gerade erst verdoppelt/20/. Es gab also einfach noch zu wenig Studenten im romantischen und dann biedermeierlichen Berlin, als daß aus deren Zügellosigkeit ein gravierendes gesellschaftliches Problem hätte werden können.

Entgegen den offiziellen Behauptungen, Feststellungen und Wunschprojektionen weiß dennoch die frühe Chronique scandaleuse der Berliner Studenten von einigen Umständen und Prügeleien zu berichten, welche immerhin bis an die Ohren eines Hohen Akademischen Senats gedrungen sind. So wurde den «Herren Commilitonen» mittels Anschlag am Schwarzen Brett um 1830 der Besuch folgender drei Etablissements, die zugleich Tanztabagien waren, bei Strafe des Konzils bzw. des Relegats mehrmals verboten:

1. Der sogenannte Onkel in der Dorotheenstraße, ein Lokal, das durch seine Mittwochs-Bälle zu Beginn jeden neuen Monats bekannt bzw. berühmt-berüchtigt war. Der «Onkel» wurde im Jahre 1840 wegen «Sittenlosigkeit», an welcher die Studenten nicht unbeteiligt gewesen sein sollen, polizeilich geschlossen.

2. Die sogenannten Letzschen Anlagen vor dem Oranienburger Tor, auf deren Gelände sich spätestens im Jahre 1846 die Villa Billa – ein Lokal von ähnlichem Rufe – etablierte, obwohl das Entree anfangs 10 Silbergroschen kostete!

3. Der sogenannte Römersaal in der Münzstraße, der ebenfalls nach 1830 geschlossen wurde.

«Kein Verbot seiner Bücher ist wohl einem Schriftsteller je von größerem Nutzen gewesen, als das akademische Interdict den Besitzern jener drei Locale. Denn jetzt war es für einen jeden der Herren Commilitonen zu einem Ehrenpunkt geworden, die verbotenen Orte fleißig zu besuchen, da nur Finken (das waren Studenten, die keinerlei Verbindungen angehörten, an einigen Universitäten auch «Wilde» genannt, d. V.) und Kameele (Studenten, die sich aus allem heraushielten, d. V.) sich vor dem Gesetz des Senaths in Demuth beugten», wie Carl Röhrmann (d. i. C. W. Zimmermann) in seinem 1846 erschienenen Buch «Der sittliche Zustand von Berlin» zu berichten wußte./21/

In diesen drei Tanztabagien, zu denen noch das Wegenersche Lokal in der Französischen Straße und manche verschwiegene «Conditorei» kamen, verkehrten eine Reihe von «... exclusiven Frauenzimmer(n), welche, ohne die Eifersucht des Einen oder Andern zu erwecken, sich von einem Bruder Studio auf den andern vererbten»./22/ Die oft sehr kostbare und aufwendige Garderobe der jungen Frauen und Mädchen war nur in den seltensten Fällen ihr persönliches Eigentum. Gegen eine Grundgebühr plus hundert bis zweihundert Prozent Zinsen konnte man sich die benötigten Kleidungsstücke bis zum Strumpf bei darauf spezialisierten Frauen, wie z. B. der Witwe C., von der Friedrich Saß in seinem Buch «Berlin in seiner neuesten Zeit und Entwicklung 1846» berichtet, tageweise ausleihen. Die Gebühren betrugen:

«Für ein gutes Kleid von
Kattun oder Wolle . . . . 10 Silbergroschen
Für ein seidenes Kleid . . . . 20 Silbergroschen
Für ein kattunenes Kleid . . . . 10 Silbergroschen
Für einen gewöhnlichen
Mantel . . . . 10 Silbergroschen
Für einen guten Mantel . . . . 15 Silbergroschen
Für einen seidenen Hut . . . . 4 Silbergroschen
Für ein Paar Strümpfe . . . . 1 Silbergroschen
Für ein Hemde . . . . 5 Silbergroschen
Für einen Unterrock . . . . 2½ Silbergroschen
Für ein Paar Ohrringe . . . . 2½ Silbergroschen»
usw./23/

Neben der sogenannten kalten Pauline und ihrer Schwester Albertine, Zwillingsschwestern aus Schöneberg (dem späteren Millionendorf der Gründerjahre 1870/71), der sogenannten Juden-Line und der Droschken-Emilie war es vor allem die Studenten-Cläre, die in jeder Beziehung mit den Studenten mithalten konnte. Sie, die mit bürgerlichem Namen Clara B. hieß, konnte sich mit den Herren Studiosi nicht nur fachlich unterhalten, sondern sie trank selbst die härtesten Zecher unter den Tisch. Die Fama berichtet von ihr, daß sie – vielleicht in Form einer einmaligen Wette – zwanzig bis dreißig Seidel Bayrisch Bier, das sind zehn bis fünfzehn Liter in einer Stunde zu vertilgen vermochte./24/

In manche Lokale bzw. Tanztabagien kamen die überwiegend aus den «besseren» Kreisen stammenden Studenten, aus denen sich die späteren Stützen der Gesellschaft rekrutierten, von vornherein mit der Absicht, sich dort zu prügeln. Wie Carl Röhrmann in seinem oben genannten Buch erwähnt, wurden diese Prügeleien schon morgens in der Universität in den Vorlesungspausen oder in den Vorlesungen selbst verabredet. So gab es einen bekannten Tanzboden in der Königstraße unweit der Königsmauer, wo wöchentlich zweimal sogenannte *Tanzstunden* abgehalten wurden, also unter dem Vorwand, *Tanzunterricht* zu erteilen, *getanzt* werden konnte.

Die «bessere» Gesellschaft, deren Mitglieder im oft noch sehr jugendlichen Alter regulären Tanzunterricht im Institut des Königlichen Tänzers Thürnagel in der Mohrenstraße nahe dem Gendarmenmarkt (heute Platz der Akademie) nahmen/25/, vergnügte sich in der Wintersaison auf Juristen-, Architekten-, Studenten- und Vaterlandsbällen sowie auf den Bällen der Polytechnischen Gesellschaft und der zahlreichen Vereine.

Der Beginn solcher Veranstaltungen, die in Arnims Hotel, Unter den Linden, im Englischen Haus in der Mohrenstraße, in Meder's Salon, Unter den Linden, und in Kroll's Etablissement sowie in den Etablissements der Vereine stattfanden, lag gewöhnlich bei neunzehn Uhr. Nach einem Souper gegen dreiundzwanzig Uhr folgte der sogenannte Cotillon, bei dem die Zusammenstellung der Paare durch das Los entschieden wurde. Um zwei Uhr morgens war gewöhnlich das Fest zu Ende.

Eine Stufe tiefer auf der gesellschaftlichen Skala waren die Bälle im sogenannten Mehlhaus am Kupfergraben, auf dem Gelände der heutigen Museumsinsel der Staatlichen Museen zu Berlin.

175. Franz Burchard Dörbeck:
Album academicum, Blatt 2,
Lithographie, um 1832 (?)

Wer um 1830 über entsprechende Geldmittel und räumliche Möglichkeiten verfügte, konnte sich seine privaten Tanzvergnügen, auch außerhalb der Saison, beispielsweise von Charles Merz ausrichten lassen. Monsieur Merz, der in der «Rue de Jerusalem 56» wohnte, bezeichnete sich auf seiner lithographierten Geschäftskarte selbstbewußt als «Compositeur, Traiteur des Operas favoris pour Piano seul, maître de Chant et de Piano» sowie als «Pianiste pour l'Accompagnement de la Danse». Die Kosten für eine «Soiree» beliefen sich auf einen Dukaten./26/

Die Tanzvergnügen der Unterschichten waren den Studenten Nebensache, denn die akademischen Teilnehmer kamen, um sich zu prügeln. Ein Blick auf den Stadtplan lehrt, daß sich diese Prügeleien und Provokationen genau *an der Nahtstelle beider Kulturen* abspielten! Die Balgereien zwischen den Studenten und den von ihnen so genannten Philistern endeten mitunter sehr blutig. Sie fanden nicht nur auf dem Tanzboden selbst statt, sondern sie wurden auf dem Hof, auf der Straße und bis in das traditionelle Prostituiertenviertel an der Königsmauer fortgesetzt./27/

In die Rosenthaler Vorstadt im Norden der Stadt, die seit 1752 im Uhrzeigersinn von West nach Ost systematisch besiedelt wurde und wo in den sogenannten Familienhäusern die Ärmsten der Armen in der Gartenstraße/Ecke Elsasser Straße (heute der westliche Teil der Wilhelm-Pieck-Straße) seit den 1820er Jahren bis um 1880 auf engstem Raume zusammenlebten, wagte sich nur selten einer der Studenten. Eine rühmliche Ausnahme bildete der 24jährige Pädagogikstudent Grunholzer, der sich dort auf Initiative der Bettina von Arnim im Jahre 1843 studienhalber zeitweilig aufhielt. Die Bewohner dieser Gegend zwischen dem Oranienburger Tor, dem Hamburger und dem Rosenthaler Tor erschienen – wenn sie überhaupt, wie durch den zuständigen Armenarzt Dr. Thümmel im Jahre 1827, wahrgenommen wurden – fremd, unverständlich, *abgeschlossen und exotisch* wie «... Südsee-Insulaner ...», zu denen man besser Missionare schicken müsse, um sie zum Christentum zu bekehren!/28/ Zehn Jahre später beklagte sich der für dieses Stadtviertel verantwortliche Vorsteher der Armenkommission Nr. 56 I und II, Krahmer, in einem Bericht an die Städtische Armendirektion vom 2. Januar 1837 über die ständig sinkende Moralität «... unter den geringen Klassen ...»/29/, in deren Folge der Kirchenbesuch an den beiden Weihnachtsfeiertagen des Vorjahres auf 4 Personen zurückgegangen sei, und er fuhr fort: «Dagegen aber sind die Tabagien, Tanzböden und Schnapsläden desto mehr besucht, und hier wird der größte Unfug getrieben, die Sittlichkeit ganz verdorben und so manches unreife junge Mädchen zur frühen Hure gemacht. Unsere unterste Klasse ist ein grundsatz-, gesinnungs- und richtungsloser Pöbel, der keine Richtung hat, weil er dem Regiment der Begierden und Leidenschaften folgt, die sowohl den einzelnen und alle beherrschen, darum ist sein Irrwahn und Tollsinn gefährlich zerstörend.

Ein schauderhaftes Beispiel steht mir noch immer vor Augen, welches von der Gesunkenheit des Pöbels zeugt, nämlich nach der Hinrichtung des Hobusok zog der Pöbel vom Galgen (zu welchem die Menschen dieser Gegend übrigens in jener Zeit in ständigem Sichtkontakt zu leben gezwungen waren, d. V.) weg nach den Kneipen und Tabagien und tollte und tanzte bis in die späte Nacht hinein, und dies wird unter den Augen der Polizei ebenso geduldet als das Besuchen der Tanzkneipen und besonders des Apollosaals durch kaum oder nicht konfirmierte Mädchen. Ich habe mich hierüber schon bei einer anderen Gelegenheit ausgesprochen und glaube nicht, daß es am unrechten Ort ist, wenn ich nochmals wiederhole, daß der Apollosaal und ähnliche Kneipen der wahre Ruin für die Moralität sind, weil hier die Unschuld der jungen Mädchen bald verlorengeht, da die männlichen Besucher dieser Orte größtenteils Soldaten und Handwerksburschen sind (es sei an das Publikum der Würst'schen Tabagie vor dem Prenzlauer Tor erinnert, d. V.), welche, im kraftvollen, männlichen Alter, nur darauf ausgehen, zur Befriedigung ihrer Wollust dergleichen unreife, mit der Welt noch wenig bekannte junge Mädchen zu angeln und zu verführen ... Aus eben diesen Gründen (denen Krahmer das Fehlen einer Sittenpolizei hinzufügt, d. V.) sieht man bei den untern Klassen soviel schlechte Ehen, das

176. Geschäftskarte des Charles Merz, Jerusalemer Straße 56, Lithographie, 1830er Jahre

177. Franz Burchard Dörbeck:
Kannegießerei mit Exkursionen,
Lithographie, um 1830

Volk läuft sozusagen wie das Vieh zusammen, größtenteils zur Stillung der Wollust, und wenn der Kitzel vorüber ist, so läuft der schlechte Ehemann davon und läßt Frau und Kinder der Commune zur Last zurück. Sollte man denn diesen leichtsinnigen unglücklichen Ehen nicht einen Riegel vorschieben können?»/30/

Zu den Nutznießern der materiellen Notlage der hier erwähnten jungen Frauen und Mädchen, die durch den Verkauf ihres Körpers zum Lebensunterhalt ihrer Familien beitragen mußten und schon deshalb alles andere als «weltfremd» zu sein gezwungen waren, zählten auch so renommierte Bürger wie der aus Österreich stammende Konditor Georg Kranzler, Unter den Linden 37. Wenn schon nicht die «Linden» ins «Voigtland» oder in den «Apollosaal» kamen – und warum sollten sie es auch? –, dann hatte eben der «Apollosaal» ins Café Unter den Linden zu kommen! Kranzler, der nach 1825 zu den führenden Caféhausbesitzern Berlins aufstieg, konnte im Jahre 1836 durch Schweigegelder in Höhe von zusammengerechnet 280 Talern gerade noch einen Prozeß wegen Verführung Minderjähriger und Notzucht in insgesamt acht Fällen von sich abwenden; ein Mädchen war gerade erst zwölf Jahre alt gewesen. Unerwartete Schützenhilfe bekam er durch eine interne Stellungnahme des Stadtgerichts, das der Armendirektion gegenüber – und nur in deren, im Berliner Stadtarchiv/31/ bewahrten Akten hat sich der skandalöse Vorgang erhalten – die Niederschlagung des Falles anordnete./32/

Etwas später, zwischen 1840 und 1850, als sich die respektablen Berliner Bürgerfamilien beispielsweise gegen 21 Uhr abends im Colosseum in der Kommandantenstraße, Nähe der Alexandrinenstraße (nicht zu verwechseln mit dem Krüger'schen Kolosseum der 30er Jahre des vorigen Jahrhunderts in der Alten Jakobstraße) bei einem Glase Bier und mitgebrachten Butterbroten erwartungsvoll auf die Nachtvorstellung des Ehepaars Franke – ein harmloser Vorläufer der späteren Kabaretts – einrichteten, amüsierten sich die Herren Studenten im Volkstheater von Mutter und Vater Gräbert, wie sie schulterklopfend genannt wurden, am Weinbergsweg. Herr Gräbert hatte vorher ein Lokal in der Waldemarstraße besessen, das sich auch schon durch theatralische Vorstellungen und Balletts auszeichnete. Das Publikum des späteren Volkstheaters ging sehr mit dem Geschehen auf der Bühne mit und kommentierte es leidenschaftlich und lauthals. Die Studenten nutzten diese naive Freude am Spiel, die ungebrochene Identifikation mit den handelnden Personen, um auf Kosten eben dieses Publikums und der Darsteller, deren Vorstadt-Niveau sie sich selbstredend überlegen fühlten, Allotria zu treiben.

Bei besonders krassen Vorfällen pflegte Herr Gräbert, der in sich die Person des Intendanten, des Impresarios, des Regisseurs und des Eigentümers mit der des Gastwirts vereinte, vor den Vorhang zu treten. Und genau das war es, was die Studenten erreichen wollten. «Einmal aber – es war wohl im Jahre 54 – nahm ein derartiges Einschreiten Vater Gräberts einen unvorhergesehenen, drolligen Verlauf. Die jungen Leute, die sich wohl untereinander dazu verabredet hatten, stellten sich bei den humorvollen Ausdrücken des alten Gräbert plötzlich höchst beleidigt, sprangen in ihrem Zorn auf die Bühne und fesselten den alten Herrn, der sich vergebens in ohnmächtiger Wut der überlegenen Gewalt wehrte. Dann zogen sie in die nahe Küche, raubten dort Quirle, Messer und Gabeln und Löffel, welche sie sich gleich Orden und Auszeichnungen in die Knopflöcher steckten. Dem Vater Gräbert wurde eine bunte Schürze vorgebunden und dann der Musik der Befehl gegeben, eine Polonäse zu spielen. In feierlichem Aufzuge wurde hierauf der Besitzer des Theaters durch sein eigenes Lokal geführt», wie sich Agathe Nalli-Rutenberg zu erinnern wußte./33/

In jene Zeit (Februar 1855) fällt auch die Gründung der Akademischen Liedertafel, eine Vereinigung sangesfreudiger Studenten der Berliner Universität, die sich im Laufe der Jahre aus bescheidenen Anfängen zu einem geachteten Chor der Haupt- und Residenzstadt entwickelt hatte. Nachdem die Akademische Liedertafel am Abend des 15. März 1870 in der Privatwohnung des damaligen Kultusministers von Mühler und dessen Gattin Adelheid gewissermaßen vorgesungen hatte (am darauffolgenden Tag hatte sie ihren eigentlichen, feierlichen Auftritt bei Hofe), wurden dem Verein die offiziellen Festlichkeiten der Universität innerhalb und außerhalb ihrer Räume übertragen.

Eine dieser Gelegenheiten war die Beteiligung am festlichen Kommers zum 70. Geburtstag der Professoren Helmholtz und Virchow kurz nach Beginn des Wintersemesters 1891/92 am 7. November im großen Saal der Brauerei Friedrichshain, von den Berlinern auch scherzhaft als «Bierkirche» bezeichnet.

Mark Twain, den eine Europareise just zu diesem Zeitpunkt nach Berlin geführt hatte, nutzte die Gelegenheit, die Deutschen richtig kennenzulernen, und nahm daran teil. Aus seiner ironischen Feder brachte die «Cincinnati Commercial Gazette» vom 3. April 1892 den folgenden Augenzeugenbericht; wir zitieren auszugsweise nach der zeitgenössischen Übersetzung eines Vorstandsmitgliedes der Akademischen Liedertafel: «Die Schlußfeier für die beiden Gelehrten war ein Kommers, ihnen zu Ehren von den Studenten gegeben. Sein Schauplatz war eine ungeheure Halle, sehr lang und sehr hoch, mit Bannergruppen und studentischen Wahrzeichen prächtig geschmückt und glänzend erleuchtet; hoch oben erhoben sich fünf Galerien, von Damen gefüllt – ich schätze 400 bis 500. Unten in der geräumigen Halle waren von einem Ende bis zum andern unzählige Tafeln reihenweise aufgestellt, jede 24 Personen fassend, dazwischen schmale Gänge. Auf einer Seite war in der Mitte eine hohe und besonders geschmackvoll ausgestattete Bühne aufgeschlagen, 20 bis 30 Fuß lang, mit einer langen Tafel darauf, an der die Leiter des Festes Platz nahmen, ‹six chiefs of the chair› in den reichen mittelalterlichen Trachten von ebensoviel Studentenverbindungen. Hinter diesen jungen Leuten war eine Musikbande verborgen. Gerade gegenüber dieser Bühne stand ein halbes Dutzend Tische, die durch Decken ausgezeichnet waren, während die übrigen ungedeckt blieben. Die Mitteltafel war für die beiden Helden des Abends und 20 andere besonders hervorragende Professoren der Berliner Universität vorbehalten und die andern gedeckten Tische für etwa 100 weniger ausgezeichnete Professoren bestimmt ... Am Ende jeder Tafel stand ein Student in dem Wichs (‹uniform›) seiner Verbindung. Diese auffallende Tracht ist von glänzend-farbiger Seide und Samt, bald mit einem hohen Federhut, bald mit einer breiten schottischen Mütze, von einer großen Feder umwunden, bald mit einem kleinen gestickten seidenen Käppchen, ganz oben auf dem Scheitel, gleich einer umgekippten Untertasse; die Hosen sind bald weiß, bald von andrer Farbe; die Stiefel gehen stets hoch über die Kniee, und stets werden auch weiße Stulphandschuhe getragen. Das Schwert ist ein Rappier, mit einem korbähnlichen Schutz für die Hand in verschiedenen Farben. Jede Verbindung hat ihren eigenen Wichs, und alle sind von reichem Stoff in glänzenden Farben und äußerst malerisch; denn sie sind Überbleibsel der verschwundenen Trachten des Mittelalters und sie führen uns in die Zeiten zurück, wo es eine Pracht war, die Männer zu schauen.

Vor jedem von uns stand ein mächtiges Glas Bier und mehr, so viel man haben wollte. Es gab auch Heftchen mit den Worten der Lieder, die gesungen werden sollten.

Die Feier begann. Die Musik spielte einen kriegerischen Marsch; dann war eine Pause. Die Studenten auf der Bühne sprangen auf; der mittelste, ein Jüngling mit würdevollem Gesichtsausdruck, von hohem Wuchs und schön gebaut, alles in allem ein getreues Ebenbild seiner Ahnen vor zwei oder drei Jahrhunderten (a reproduction as far as the outside, the animal man, goes, I mean, wie Mark Twain nötig findet, hinzuzusetzen) hielt eine Rede auf den Kaiser, der ganze Saal stand auf, die Gläser wurden erhoben, auf einen Zug ausgetrunken und auf das Kommando ‹Eins, Zwei, Drei› mit einem Schlage auf den Tisch gestoßen – der Effekt war die beste Nachahmung des Donners, die ich je gehört habe ...»/34/

Das Programm hatte man vorher selbstverständlich in der Vereinskneipe, im sogenannten «Essighaus» in der Linienstraße 142/43, einstudiert und geprobt. Diese Gaststätte war die 52. Stammkneipe der Vereinsgeschichte und zugleich eines der unscheinbarsten und baufälligsten Lokale überhaupt, in denen die Akademische Liedertafel jemals Quartier bezogen hatte. Es war eigentlich zu klein für die vielseitigen studentischen Aktivitäten. Überall eckte man an, selbst beim Skat, und die Wogen der Gemütlichkeit sollen manches Mal ihr feuchtes Echo in allen Räumen des Hauses gefunden haben. Das dafür benötigte Bier wurde streng nach Vorschrift getrunken, und wer dagegen willentlich oder ohne eigenes Zutun verstieß, kam in den B. V., den Bier-Verschiß./35/

Um seinen Worten Nachdruck zu verleihen und für die nötige Ruhe zu sorgen, klopfte der Präside mit seinem Pösel, einer Art Hammer zum Herausschlagen des Zapfens aus dem Bierfaß, auf den Tisch und gebot: Silentium!

Dieser Pösel war anfangs aus Holz und trug die Vereinsfarben sowie das Vereinszeichen. Im Jahre 1888 wurde er durch einen aus Metall ersetzt und erst im Sommer 1895 durch einen studentischen Schläger verdrängt. Er gehörte ebenso zum ehrenvollen Inventar des Vereins wie die sogenannte Mutterkanne, die notwendigen Noten, Fotos von Abschlußsemestern und Andenken aller Art.

Dazu kamen noch sieben patriotische Bronzebüsten und Bilder von Kaiser Wilhelm I., Friedrich III. und Wilhelm II., die der Akademischen Liedertafel von 1886 bis 1896 von ihren A. H. A. H. (d. h. Alten Herren, d. V.) gestiftet wurden, die diese möglicherweise auch schon geschenkt bekommen hatten.

Leider hat sich keine Bierzeitung der Akademischen Liedertafel erhalten, jenes «... denkbar zuverlässigste Spiegelbild ernster und lustiger Stimmung für jeden Wellenschlag des Vereinslebens»,/36/ dafür aber eine selbstgezeichnete Postkarte zum 50jährigen Stiftungsfest aus dem Jahre 1906.

Die Studenten benutzten damals ein für alle verbindliches Studentenlieder- und Kommersbuch, dessen Texte, einem kirchlichen Gesangbuch ähnlich, durchnumeriert waren. Das Kommersbuch war nicht nur mit einem stabilen und abwaschbaren Einband versehen, es hatte auch auf Deckel und Rücken jeweils 4 Ziernägel. Auf diese Weise konnte es so manche Bierpfütze überstehen. Es gehörte zur Grundausstattung eines jeden Studenten und begleitete ihn überall hin. Manchen Kommilitonen diente es offenbar auch als eine Art Poesiealbum, in das man Erinnerungen einklebte, denkwürdige Ereignisse wie eine «Biertaufe» festhielt oder sich Widmungen hineinschreiben ließ.

Der Leipziger Pädagogikstudent C. B., dessen Kommersbuch sich im Besitz des Museums für Volkskunde der Berliner Staatlichen Museen befindet, liefert dafür einen anschaulichen Beweis. Seit seiner Gymnasiastenzeit weist fast jede Seite seines Liederbuches irgendeine Randzeichnung eigener Hand auf. Auf und zwischen den Seiten kleben Fotos, Zigarrenetiketten sowie Postkarten und Sammelmarken studentischer Vereine; neben einem durch die Seite gebrannten Loch findet sich die Randnotiz: «Hier wurde soeben ein Brand verhütet! gelöscht haben ...» Es folgen die Unterschriften seiner Begleiter auf der Kneiptour. Auch Sprüche wie die folgenden sind da von bierseligen Jünglingen hineingekritzelt:

Diogenes wär nicht ins Faß gekrochen,
wenn's nicht so fein nach Bier gerochen.
(24. V. (19)10).

Oder:

Liebe, trinke, rauche,
bis zum letzten Hauche.
(13. Mai 1912).

Die «Krönung» ist jedoch der quer über Schillers Ode an die Freude geschmierte Spruch: z. f. E. (d. h. Zur freundlichen Erinnerung, d. V.) Sauf! Bis der Bauch platzt!/37/

---

1 Max J. Wolff, Club von Berlin 1864–1924. Bln. 1926, S. 93 ff. Das zitierte Wettbuch selbst umfaßte den Zeitraum von 1885–1913.
2 Ebenda, S. 38.
3 Vgl. dazu: W. Bork, Der elektrische Betrieb auf der Wannseebahn, mit 4 Abb. Illustrierte Hausbibliothek, Jg. 1., Bln/Lpz., o. J., S. 229 ff.
4 Wie Anm. 1., a. a. O., S. 46.
5 Ebenda, S. 106.
6 Ebenda, S. 108/109.
7 H. Freudenthal, Vereine in Hamburg. Ein Beitrag zur Geschichte und Volkskunde der Geselligkeit. Hamburg 1968, S. 59.
8 Wolfgang Dreßen, Berliner Freiheit. Exerzierfeld der Moderne.

Industriekultur in Berlin. Bd. 1. Hrsg. von J. Boberg, T. Fichter und E. Gillen. München 1984, S. 31.
9 Henriette Herz in Erinnerungen, Briefen und Selbstzeugnissen. Hrsg. von Rainer Schmitz. Lpz./Weimar 1984, S. 463, Anm. 50.
10 Ebenda.
11 Zu einzelnen Berliner Salons vgl. z. B. Henriette Herz in Erinnerungen, Briefen und Selbstzeugnissen. Hrsg. von Rainer Schmitz. Lpz./Weimar 1984.
12 Brandenburgia. XIV. Jg. 1905/06 (Vortrag von Saxenberg über die Geschichte der Ressource). Bln. 1906, S. 392 f.
13 Ebenda.
14 Zedlitz ..., a. a. O., S. 684. Die erwähnten Liebhabertheater waren die einzigen drei Privattheater für den *bürgerlichen* Gebrauch im Berlin der damaligen Zeit. Zu den anderen, volkstümlichen Theatern vgl. die Ausführungen zu den Puppentheateraufführungen im Lokal zur «Ledernen Flinte», Jerusalemer Str. 23, im Kapitel «Auf den Spuren von Heinrich Zille» in diesem Buch.
15 Walter von zur Westen, Berlins Graphische Gelegenheitskunst. Bln. 1912, Bd. 2, S. 113, Abb. 59. – Dieser seltene Privatdruck erschien in einer Auflage von nur 350 Exemplaren. Das Exemplar Nr. 77 befindet sich in der Bibliothek des Kupferstichkabinetts der Staatl. Museen zu Berlin.
16 Heinrich Heine. Werke und Briefe in zehn Bänden. Bd. 1. Bln. 1980, S. 93. (Buch der Lieder; Lyrisches Intermezzo – entstanden 1822/23 – Gedicht 50).
17 Max Mechnow, Berliner Studenten 1820–1914. Berlin (West) 1975, S. 29.
18 Adolf Streckfuß, 500 Jahre Berliner Geschichte. Vom Fischerdorf zur Weltstadt. Bln., o. J., S. 835 f.
19 Diese 2136 Personen verteilten sich auf die folgenden Fakultäten:

Theolog. Fakultät:	509
Jurist. Fakultät:	493
Mediz. Fakultät:	358
Philosoph. Fakultät:	291
	1651 immatrikulierte Studenten
hinzu kamen:	485 Gasthörer
insgesamt:	2136

Nach Zedlitz ..., a. a. O., S. 798.
20 Im Wintersemester 1812, also erst zwei Jahre nach Gründung der Berliner Friedrich-Wilhelm-Universität, notierte A. v. Chamisso: «... von den Studenten habe ich mehr erwartet, ich sehe nur lauter flache Dummköpfe, und bin noch an keinen rechten gekommen; wir sollen hier bei 1000 sein.» A. von Chamissos Werke in sechs Bdn., Bln. 1856, Bd. 5, S. 370 (Brief Nr. 141).
21 Carl Röhrmann, Der sittliche Zustand von Berlin. Lpz. 1846 (Reprint, Lpz. 1981), S. 105/06.
22 Ebenda, S. 105.
23 Friedrich Saß, Berlin in seiner neuesten Entwicklung 1846. Neu hrsg. von Detlef Heikamp. Berlin (West) 1983, S. 77.
24 Carl Röhrmann, Der sittliche Zustand ..., a. a. O., S. 206.
25 A. Nalli-Rutenberg ..., a. a. O., S. 75 f.
26 Walter von zur Westen, Berlins ..., a. a. O., Bd. 1, S. 143 bzw. Abb. 165. Dort Abb. und Beschreibung der Geschäftskarte von Ch. Merz.
27 Wie Anm. 24, ebenda.
28 Joh. Friedr. Geist/Klaus Kürvers, Das Berliner Mietshaus 1740–1862. Bd. 1. München 1980, S. 379.
29 Ebenda, S. 384.
30 Ebenda.
31 Genaue Bezeichnung: Büro für stadtgeschichtliche Dokumentation und technische Dienste.
32 Wie Anm. 30, S. 310/11.
33 A. Nalli-Rutenberg. ..., a. a. O., S. 106/07. Die Datierung (18)54 scheint auf einer Erinnerungslücke von Nalli-Rutenberg zu beruhen, denn nach anderen Angaben (Detlef Heikamp, Hrsg. von: Friedrich Saß, Berlin in seiner neuesten Zeit und Entwicklung. 1846; Neudruck Berlin (West) 1983, Register S. 235) soll Louis Gräbert bereits 1851 verstorben sein.
34 Geschichte der Akademischen Liedertafel zu Berlin. II. Teil 1886–1905 von Otto Hagen. Bln. 1906, S. 73 f.
35 Paul Reiner, Die Stellung der deutschen studentischen Korporationen zur Alkoholfrage. Heidelberg 1908.
36 Wie Anm. 34., a. a. O., S. 42. Danach war die älteste erhaltene, im Jahre 1887 noch vorhandene Bierzeitung der A. L. T. vom 6. Juli 1864.
37 Staatl. Museen zu Berlin. Museum für Volkskunde. Inv. Nr. 2/80.

178. Boehmer:
Einladungskarte zum Souper anläßlich des 2. Stiftungsfestes des Vereins der Freimütigen, Lithographie (?), 1847

179. Anonym (J. E.):
Einladungskarte zum
Stiftungsfest des Vereins
der Berliner Presse,
Lithographie, 1874

180. Anonym:
Speisenfolge zum
9jährigen Stiftungsfest
des Vereins »Hector«,
Lithographie (?), 1885

181. Anonym:
Das Restaurant im Gebäude
des Deutschen Reichstages,
Foto, 1924

182. Anonym:
Das »Alte Ballhaus«
in der Joachimstraße,
Foto, 1932 (Detail)

183. Anonym:
Tanztee in Nelsons
Künstlerspielen,
Foto, 1919

184. Anonym:
Haus Vaterland
am Potsdamer Platz,
Foto, 1932

185. Anonym:
Der »Rheinlandsaal«
im Haus Vaterland
am Potsdamer Platz,
Foto, um 1930

186. Anonym:
Ballhaus »Resi«,
Blumenstraße,
Foto, 1927.
Die ersten Tisch-
telefone in einer
Berliner Gaststätte.

187. Carl Böttger: Moderne Haustiere, Bleistiftzeichnung im eigenen Kommersbuch, um 1913

188. W. Erbe: Gruß vom 50. Stiftungsfest der Akademischen Liedertafel, Postkarte, 1906

189. Anonym: Innenansicht des »Akademischen Kellers« in der Marienstraße mit dem Inhaber Emil Päsicke und seiner Frau (?), Foto, 1930

190. Anonym: Emil Päsicke (mit Frau ?) vor seiner Gaststätte »Akademischer Keller« in der Marienstraße, Foto, 1930

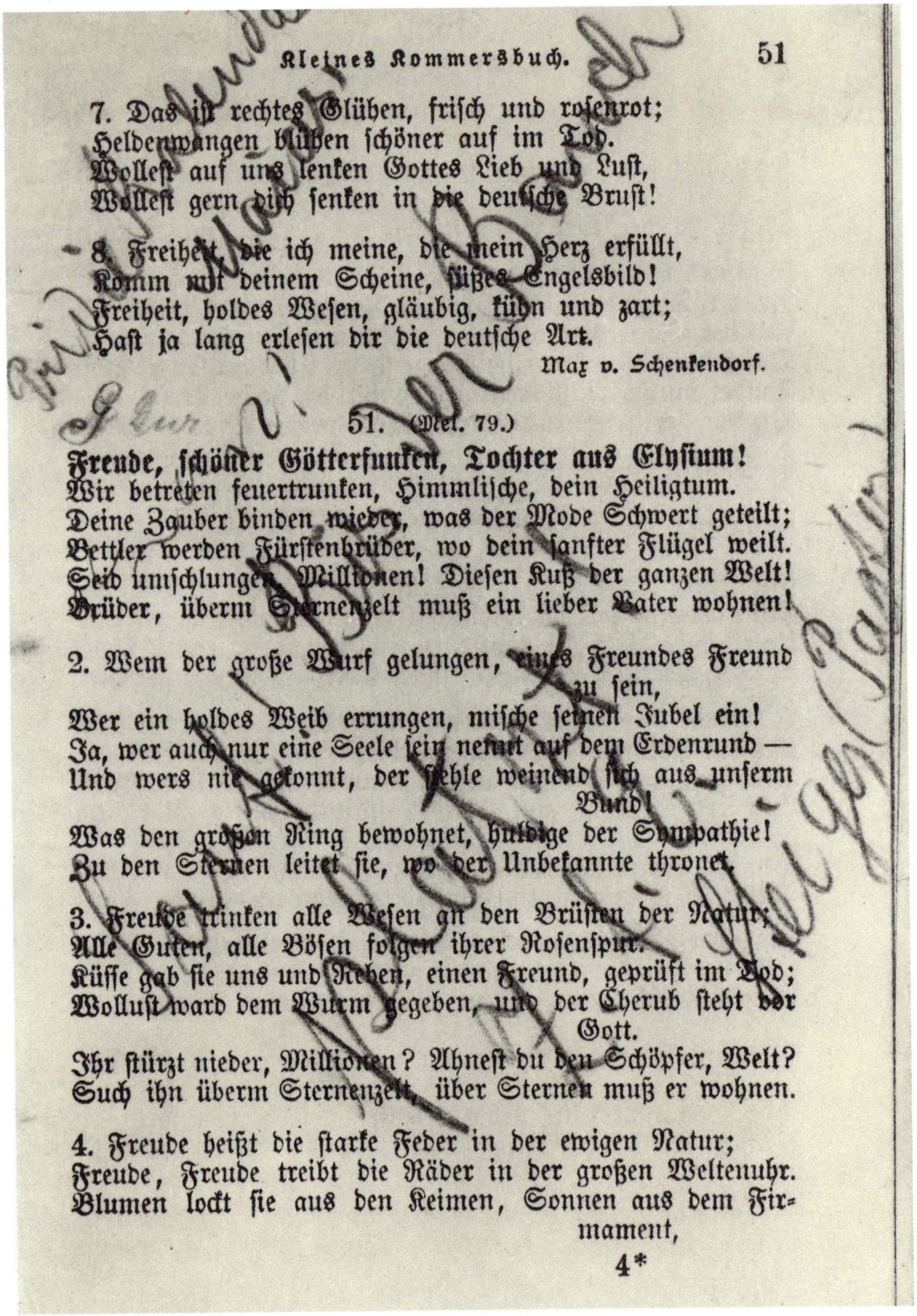

191. *Kommersbuchseite des Studenten Carl Böttger, um 1913*

Kleines Kommersbuch. 51

7. Das ist rechtes Glühen, frisch und rosenrot;
Heldenwangen blühen schöner auf im Tod.
Wollest auf uns lenken Gottes Lieb und Lust,
Wollest gern dich senken in die deutsche Brust!

8. Freiheit, die ich meine, die mein Herz erfüllt,
Komm mit deinem Scheine, süßes Engelsbild!
Freiheit, holdes Wesen, gläubig, kühn und zart;
Hast ja lang erlesen dir die deutsche Art.
Max v. Schenkendorf.

51. (Mel. 79.)

Freude, schöner Götterfunken, Tochter aus Elysium!
Wir betreten feuertrunken, Himmlische, dein Heiligtum.
Deine Zauber binden wieder, was der Mode Schwert geteilt;
Bettler werden Fürstenbrüder, wo dein sanfter Flügel weilt.
Seid umschlungen, Millionen! Diesen Kuß der ganzen Welt!
Brüder, überm Sternenzelt muß ein lieber Vater wohnen!

2. Wem der große Wurf gelungen, eines Freundes Freund zu sein,
Wer ein holdes Weib errungen, mische seinen Jubel ein!
Ja, wer auch nur eine Seele sein nennt auf dem Erdenrund —
Und wers nie gekonnt, der stehle weinend sich aus unserm Bund!
Was den großen Ring bewohnet, huldige der Sympathie!
Zu den Sternen leitet sie, wo der Unbekannte thronet.

3. Freude trinken alle Wesen an den Brüsten der Natur;
Alle Guten, alle Bösen folgen ihrer Rosenspur.
Küsse gab sie uns und Reben, einen Freund, geprüft im Tod;
Wollust ward dem Wurm gegeben, und der Cherub steht vor Gott.
Ihr stürzt nieder, Millionen? Ahnest du den Schöpfer, Welt?
Such ihn überm Sternenzelt, über Sternen muß er wohnen.

4. Freude heißt die starke Feder in der ewigen Natur;
Freude, Freude treibt die Räder in der großen Weltenuhr.
Blumen lockt sie aus den Keimen, Sonnen aus dem Firmament,

4*

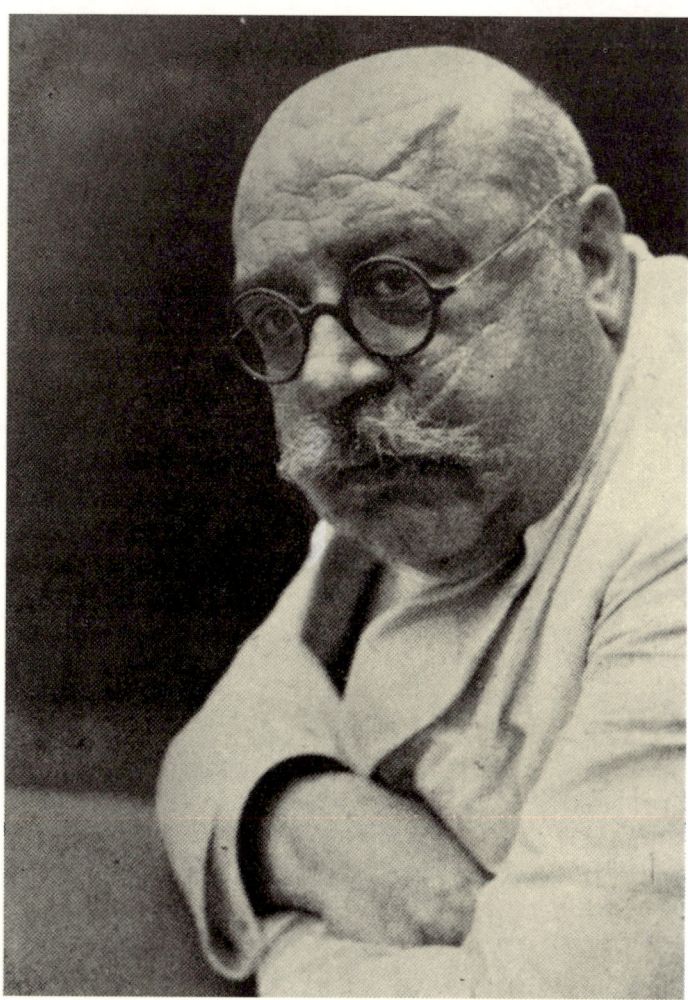

192. Anonym:
Porträt Felix Brucks
als Alter Herr der Landsmannschaft Suevia, Jena,
Foto, Mitte der 1930er Jahre.

Brucks war bis zu seinem Tode im Jahre 1938 langjähriger Direktor der Strafanstalt Berlin-Tegel

53.
Alles kann der Deutsche wagen,
Forderts Ehre, Recht und Pflicht;
Alles kann der Deutsche tragen,
Nur den Durst erträgt er nicht.

Gasthaus zum St. Hubertus
am Bahnhof Werbellinsee, Großer Saal, 1905/06
(auch in Berlin)

54.
Wie der Baum und seine Äste,
So der Wirt und seine Gäste.

Im Ratskeller zu Britz bei Berlin, 1905/06

55.
Hab' einen Pfennig lieb' wie vier,
Fehlt's Dir an Wein, so trinke Bier.

Auf einem Bieruntersatz in Neuruppin, 1905/06

56.
Küssen, das ist keine Sünd'
Bei einem schönen Kind.
Lacht Dir ein Rosenmund,
Küss' ihn zu jeder Stund'.

Auf einem Bierkrug in Neuruppin, 1905/06

57.
Nach des Tages Schweiß
Kühlen Trunk ich preis'.

In einem Lokal in Neuruppin, 1905/06

58.
Nach des Tages schweren Werken
Soll ein tiefer Trunk uns stärken.

In einem Lokal in Neuruppin, 1905/06

59.
Vom frischen Faß ein kühler Trunk
macht Augen klar und Herzen jung.

In der Gaststätte «Zum Bachsee»
in Weitlage-Neue Hütte bei Eberswalde, 1905/06

60.
Des Lebens Sonnenschein
Ist Trinken und Fröhlichsein allein.

In der Gaststätte «Zum Bachsee»
in Weitlage-Neue Hütte bei Eberswalde, 1905/06

61.
Ruheplatz für Arbeitsscheue.

Über einem Kneipentisch
in Hohen Schönhausen, 1905/06

62.
Eine neue Klause – wie zu Hause.

Über einem Kneipentisch
in Hohen Schönhausen, 1905/06

63.
Hier finden tüchtige (auch: zahlungskräftige)
Biertrinker lohnende Beschäftigung.

Über einem Kneipentisch
in Hohen Schönhausen, 1905/06
(auch in Berliner Lokalen).

64.
Wer seine Menschen- und Bürgerpflicht
Am Tage treulich hat verricht't,
Dem sei auch in der Abendstund
Von Gott und Menschen ein Trunk vergunnt.

In einem Lokal in Hohen Schönhausen, 1905/06

65.
Beim Bierskat mogelt mancher sehr;
Manchmal geht's aber auch verquer.

In einem Lokal in der Roßstraße, 1905/06

66.
Deutsche Frauen, deutscher Trunk,
Deutsche Liebe zur Huldigung.

In einem Lokal in der Roßstraße, 1905/06

67.
Am besten ist nach Müh' und Sorgen,
Der Mensch beim Glase Bier geborgen.

In einem Lokal in der Roßstraße, 1905/06

68.
Viel besser schmeckt ein kühler Trunk,
Kredenzt ein Weib ihn, frisch und jung.

In einem Lokal in der Roßstraße, 1905/06

69.
Mensch, denk' an den Heimweg,
Die Kräfte des Weins
Heben den Geist mehr als des Gebeins;
Störend ist solch Disharmonie,
Zu Hause – da wartet sie!

Wandbild heimwärts schwankender Zecher
in einem Lokal
in der Adalbertstraße, 1905/06

70.
Wahr im Wort, treu im Gemüt,
Hoch preisen wir das alte Lied.

In einem Lokal in der Adalbertstraße, 1905/06

71.
Der edle Brauch wird nicht gebrochen,
Nischt geht über gute Pferdeknochen.

In einer Droschkenkutscher-Kneipe
in der Bärwaldstraße, 1905/06

72.
Der Kranke trinkt, daß er gesunde,
Nur einen Löffel jede Stunde,
Wenn Du in wackrer Rund' bist,
Trink' tapfer Du, weil Du gesund bist.

Im Krug zum grünen Kranze,
Spandauer Brücke, 1905/06

73.
Gerstensaft und Traubenblut
Stählt den Körper, stählt den Mut.

Im Krug zum grünen Kranze,
Spandauer Brücke, 1905/06

74.
Hast du Kummer, Liebesschmerz;
Drück' ein Seidel Dir an's Herz.

Im Krug zum grünen Kranze,
Spandauer Brücke, 1905/06

75.
Des Rodensteiners Testament heißt:
Trinke Freund, bis an dein End'!

Im Krug zum grünen Kranze,
Spandauer Brücke, 1905/06

76.
Gesegnet sei dein Eingang, wenn du Durst hast,
Gesegnet sei dein Ausgang, wenn du bezahlt hast.

Im Ratskeller Schöneberg, vor 1906

77.
Hast du kein Geld, sei unbesorgt,
Morgen wird bei mir geborgt.

In einem Lokal
in der Schönleinstraße, 1905/06

193.

194.

VOM WASCHHAUS INS CAFÉ GRÖSSENWAHN

Das erste Berliner Kaffeehaus, ohne dessen Existenz manche Künstler, Literaten, Journalisten und andere Leute nicht leben zu können glauben, soll sich im Jahre 1711 aus bescheidenen, typisch märkischen Anfängen aus dem ehemaligen Waschhaus des Königlichen Schlosses auf dem Gelände des Lustgartens entwickelt haben. Es wurde, bei freier Lieferung des benötigten Brennmaterials aus den Königlichen Forsten, von seinem ersten Betreiber und Besitzer bzw. Pächter (?) einem «Neger Oliver», wohl auch deshalb als Café Royal bezeichnet./1/

Beim Baubeginn für den barocken Dom, der im Jahre 1750 bereits eingeweiht werden konnte, mußte das Café Royal jedoch in das Gebäude der Akademie Unter den Linden umziehen. Dort bestand es bis zum Jahre 1765.

Weil ihn der Lärm der Besucher, meist Berufsoffiziere, störte, verfügte Akademiedirektor Lesuer die Einstellung des Betriebes. Eher aber ist wohl anzunehmen, daß Lesuer damit der Akademie größere Seriosität und internationale Reputation verschaffen wollte.

Ihm war sicherlich noch in peinlicher und schmachvoller Erinnerung, daß der sogenannte Soldatenkönig Friedrich Wilhelm I. den Historiker und Professor der Berliner Ritterakademie, Jakob Paul Freiherr von Gundling (1673 geboren und am 11. April 1731 aus königlicher «Kurtzweil» in einem Weinfaß begraben), einen anerkannten Gelehrten, zum Hofnarren gemacht und diesen Hofnarren dann als Nachfolger von Leibniz zum Direktor der Akademie ernannt hatte!

Das Datum 1711, mitgeteilt in der heimatgeschichtlichen Zeitschrift «Brandenburgia» des Jahrgangs 1911/1912, widerspricht jedoch der Erwähnung von «Theé- und Caffé-Häuser(n)» im Erneuerten Edict wegen der Sonntags-Feyer vom 18. Januar 1703 sowie in dessen abermaliger Erneuerung vom 28. Oktober 1711, wo derartige Einrichtungen, die man sich anfangs als eine Art Kombination von Tee- und Kaffeehandlung mit Ausschank vorstellen muß, bereits als für Berlin bestehend genannt werden. Eine dritte Quelle etwa, der Hotelier und Geschichts-Amateur Georg Eiben, datiert das erste Berliner Kaffeehaus sogar erst auf das Jahr 1721./2/

Offensichtlich – die voneinander abweichende Datierung verdeutlicht das Problem – gehen die Berliner Kaffeehäuser auf königliche, d. h. staatliche *und* private Gründungen zurück, die man frühestens gegen Ende des 17. Jahrhunderts vermuten kann.

Um die Mitte des 18. Jahrhunderts war das Kaffeetrinken in deutschen Privathaushalten – und die Berliner haben da keine Ausnahme gemacht – bereits zu einer so massenhaften Erscheinung des bürgerlichen Lebens geworden, daß die Kulturkritiker und Zweckpessimisten aller Schattierungen auf den Plan gerufen wurden und sogar ein neuer Zweig der Wahrsagerei, die Deutung der Zukunft aus dem Kaffeegrund, entstand. Zumeist ältere, d. h. lebenserfahrene Frauen, auch Tassenweiber genannt (Not lehrt beten bzw. in diesem Fall wahrsagen), zogen von Haus zu Haus und führten die «bessere» Gesellschaft an der Nase herum.

Erst nachdem sie sich selbst mehrere Tassen Kaffee, damals waren es noch Schälchen ohne Henkel, hatten schmecken lassen, erklärten sie sich fähig, willens und in der Lage, die Rätsel des Hauses zu lösen./3/

Hier finden sich die Anfänge einer Tradition, die bis in das 20. Jahrhundert reicht. So warb im Jahre 1906 die «Kartenkünstlerin» Frau Geyer aus Berlin N., Invalidenstraße 38/Ecke Chausseestraße, wohnhaft im 4. Stock des Seitenflügels auf dem Hinterhof, mit einem Handzettel für ihre hellseherischen Fähigkeiten. Frau Geyer hatte sich zeitgemäß spezialisiert und sagte außerdem noch das Schicksal ihrer Kunden aus «Ei und Blei» gewissenhaft voraus. Sie hatte tägliche Sprechzeiten von morgens 9 Uhr bis 22 Uhr abends./4/

Selbst in den unseligen Zeiten des zweiten Weltkrieges und danach, als viele Frauen und Mütter um das Schicksal ihrer Männer und Söhne bangten, hatten die Tassenweiber und andere Scharlatane noch ihre Konjunktur.

Wenn diesen «Alfanzereyen» nur die «gemeinen» Leute aufgesessen wären, dann hätte man es auf sich beruhen lassen können, «... weil man bey dem Pöbel nichts besseres, als Proben der äußersten Dummheit und des einfältigsten Aberglaubens»/5/ voreingenommen erwartete. Weil aber auch vornehme Leute darauf hereinfielen, hielt man es für nötig, sich darüber aufzuregen und warnende Traktate zu verfassen, wie z. B. ein anonymer Autor mit den Kürzeln «C. G. B.» unter dem Titel «Die Wahrsagerin aus dem Kaffeeschälchen, mit Anmerkungen begleitet ...», Leipzig 1742. Selbst der geachtete Berliner Polyhistor Dr. Johann Georg Krünitz, dem diese Zitate und Literaturangaben zu danken sind, widmete den Tassenfrauen aus aufklärerischem Impetus vier Druckseiten in seiner Ökonomischen Enzyklopädie, deren 32. Band mit dem darin enthaltenen ausführlichen Stichwort «Kaffee» 1789 erschien.

Ernster zu nehmen waren dagegen die düster gefärbten «Gedanken von der seit geraumer Zeit in Deutschland ausgebrochenen Kaffeeseuche» eines ebenfalls anonymen Verfassers aus dem Jahre 1758, und auch die Königlich Kurfürstliche Landwirtschaftsgesellschaft zu Celle sah sich veranlaßt, am 26. Mai 1777 eine fünf Fragen umfassende Preisaufgabe über die politisch-moralischen Auswirkungen des Kaffees zu stellen.

Die ersten beiden Fragen lauteten:

1. Was hat der jetzige häufige Gebrauch des Kaffees für merkliche und sichtbare Veränderungen im ökonomischen Zustande der Menschen bisher gewirkt? Und

2. welche Folgen sind ferner in diesem Betracht noch mit Gewißheit oder wenigstens wahrscheinlich zu erwarten?/6/

Drei Jahre später erschien in Leipzig die ausführliche Antwort auf die drängenden Zeitfragen aus Celle in einer Sammlung landwirtschaftlicher Aufsätze, deren Verfasser der Wolfenbütteler Theologe Reß war.

Kulturgeschichtlich gesehen, drängte der Kaffee nach 1650 in den einzelnen europäischen Ländern (in unterschiedlichen Etappen und damit dem jeweiligen Stand der gesellschaftlichen Entwicklung folgend) in nur fünfzig Jahren den Bier- und Branntweinkonsum radikal zurück, half große Teile der Bevölkerung «ernüchtern» und begleitete den Aufstieg des Bürgertums. Hier finden sich übrigens auffallende historische Parallelen zu den proletarischen Mäßigkeits- und Abstinenzbestrebungen des 19. und 20. Jahrhunderts, die darauf deuten, daß aufsteigende Klassen in ihrer «heroischen Phase» das Prinzip der Ernüchterung und Enthaltsamkeit auf ihre Fahnen schreiben.

Der Kaffee, der «Wein des Islam», wurde zu *dem* Getränk der bürgerlichen Neuzeit, wie Wolfgang Schivelbusch in seinem 1980 erschienenen Buch «Das Paradies, der Geschmack und die Vernunft. Eine Geschichte der Genußmittel» feststellte./7/

O tempora! o mores! möchte man nach der Lektüre der Argumente aus Wolfenbüttel ausrufen, sieht der Theologe Reß doch mit dem neumodischen Kaffeegenuß einen Verfall der Sitten und Gebräuche, eine Zerrüttung der Familie und des Staates einhergehen.

Es ist die unnötige Neu- und Erstanschaffung von teurem ausländischem Porzellan, welches die biederen Fayencen der Altvordern verdrängt und gleich im Dutzend für den Eigenbedarf und für Gäste gekauft werden muß, weil es die Mode so will. Kinder, Dienstboten und unberechenbare Zufälle zerbrechen manches Stück, dessen Verlust nicht etwa nur den Ersatz dieses einen Exemplars nach sich zieht, nein, da muß sofort wieder ein neues Dutzend gekauft werden. Die «Kaffeeseuche» diktiert eine unnatürliche Vermehrung des Hausrates und bringt die Familien an den Rand des Ruins. Brenner, Mühlen, Töpfe, Kannen müssen her und gelten als unentbehrlich. Kaffeeschälchen, Kaffeelöffel, Kaffeeteller, Kaffeebretter, Kaffeebüchsen, Kaffeesiebe, Kaffeelampen (eine Art Chauffage), Kaffeetücher bzw. -servietten und Zuckerzangen zwingen zu rigorosen Einschränkungen auf anderen Gebieten des täglichen Lebens. Und last not least: Jährlich fließen etwa 5,7 Millionen Taler ins Ausland. Am heftigsten klagt Reß jedoch über die Einführung der Nachmittagsbesuche, über die sogenannten Kaffeevisiten.

Häusliche Besuche waren früher, in Deutschland noch um 1720, ein ausschließliches Privileg der Männer. Sie wurden von ihnen aus geschäftlichen, freundschaftlichen oder verwandtschaftlichen Gründen zumeist abends und ohne große gegenseitige Unkosten gemacht. Jetzt aber werden die Besuche auf breitere Schichten, sogar auf die Frauen ausgedehnt, finden häufiger, manchmal nahezu täglich statt, und sie werden auf den sonst der Arbeit vorbehaltenen Nachmittag vorverlegt. Das vordem übliche Besuchsschema: Hochzeit, Kindtaufe, Geburtstag, Kirchgang und Begräbnis wird erweitert und zieht rasch wechselnde Kleidermoden nach sich. Geringere fühlen sich, dem Zug der Zeit folgend, verpflichtet, Höherstehende zum Kaffee zu bitten, und überall sinkt die Arbeitsproduktivität.

«Es versteht sich nicht allein von selbst, daß weder Herr noch Frau im Hauswesen etwas vornehmen können, wenn sie am Kaffeetische Besuch haben oder geben, sondern auch die Magd, welche die Visitenstube reinigen, auch wohl heitzen, den Kaffee bereiten, in anständiger Kleidung aufsetzen, wegnehmen, auf die Fremden warten und zu fernen Diensten bereit seyn muß, kann diesen Nachmittag sonst keine Hausarbeit verrichten. Rechnet man bey der Herrschaft die Zeit zum An- und Auskleiden, zum Herausgehen und Wegsetzen der Geräthe, und allenfalls auch die zur kritischen Beurtheilung der vorgefallenen Gespräche mit, so hat auch sie sich den ganzen Nachmittag den häuslichen Geschäften entzogen ... Wie leicht ist es über dies, sich der Arbeitsamkeit (zu) entwöhnen! Wer viele Nachmittage müßig in Gesellschaften zubringt, wo Großthun und Zärtlichkeit mehr als häusliche Aemsigkeit das Gespräch ist, sollte der oder die nicht nach und nach den Geschmack an häuslichen Arbeiten verlieren, und sie für sauer, schmutzig, ungesund, unanständig erklären?»/8/

Nimmt es bei derartigen Zuständen nicht wunder, daß die Domestiken ohne energische Gegenmaßnahmen bald die Herrschaft über Küche, Keller, Stall und Garten, ja selbst über den Staat an sich reißen und zu eigenem Vorteil schalten und walten würden, zumal sie ihre ideologische Schulung aus den in ihrer Gegenwart im Besuchszimmer geführten Gesprächen erhalten? Da kann man doch gleich den Zopf abschneiden und Revolution machen!

Die Endzeitstimmung des einen ist die Aufbruchsstimmung des anderen, zumal in Zeiten des Umbruchs, der Absage, der Ansage, des Neubeginns, die dann

195. Anonym:
Café Josty,
Lithographie, 1845

von der nostalgisch gestimmten Nachwelt günstigenfalls als «Vorabend» apostrophiert wird.

In derselben Stadt, in der relativ liberal gesinnten Messestadt Leipzig, in welcher Reß sein Pamphlet gegen den Kaffee veröffentlicht hatte, saß zur gleichen Zeit der 19jährige Theologiestudent Jean Paul Friedrich Richter im Mai 1781 im Körnerschen Kaffeehaus und beschloß, ein berühmter Schriftsteller zu werden. Zunächst aber wurde er der erste Bohemien.

Er hatte alle Voraussetzungen dazu: Er fand seine Professoren unmöglich und durchschaute ihr eitles Spiel, er war bettelarm, er hatte Schulden, die er durch neue Schulden abtragen wollte, aber doch nur vermehrte, seine Mutter war Witwe, sie stürzte sich seinetwegen ebenfalls in Schulden; außerdem hatte er es satt, sich und seiner Umwelt etwas vorzumachen. Er trennte sich von seinem Zopf und ließ sich das krause Blondhaar frei um den Kopf wehen, er verzichtete auf den obligatorischen Puder, was heute dem Verzicht auf jegliche kosmetische Pflege gleichzusetzen wäre. Er öffnete den Kragen seines einzigen Hemdes und trug sich à la Hamlet, so daß man den bloßen Hals und die Brust sehen konnte. Er kleidete sich so, wie er dachte, und er dachte so, wie er sich kleidete, und kam dadurch zwangsläufig in Opposition zu seiner Umwelt, die er als in Opposition zu sich betrachtete, «... denn ich erkrieche mir von keiner Ameise ein Amt, hänge von keiner ab, sondern lebe in meinem eignen Loche und von meiner eignen Arbeit»/9/. Und er wäre auch nackt gegangen, wenn es ihm *vernünftig* erschienen wäre./10/

Jean Paul aber mußte erfahren, daß unbewegliche Systeme keine gedanklichen Experimente dulden, geschweige denn deren öffentlichen Test durch eine Subkultur tolerieren. Oder positiv formuliert: Starre Systeme genügen sich selbst und geben sich der trügerischen Hoffnung hin, ständig aus sich selbst die Kraft schöpfen zu können, die der Gang der Geschichte erfordert. Sie dulden keine andere Öffentlichkeit als sich selbst.

Jean Paul kam weit über fünfzig Jahre zu früh. Erst um die Mitte des nächsten Jahrhunderts, im Jahre 1850, sprachen Karl Marx und Friedrich Engels in einer Rezension aus der Neuen Rheinischen Zeitung von jenem «... Lebenskreis, den man in Paris la bohème nennt». /11/ Und es dauerte fast noch einmal so lange, bis sich die an die Kaffeehauskultur und bestimmte Formen des geselligen Umgangs in den Gaststätten und Kneipen gebundene Bohème auch in Berlin etabliert hatte.

Das allererste europäische Cafè wurde im Jahre 1647 in Venedig, der Heimatstadt Goldonis, eröffnet./12/ Die venezianischen Kaffeehäuser aus der Mitte des 17. Jahrhunderts wurden von Zuckerbäckern und Caffetiers aus dem Engadin betrieben, deren Nachfahren reichlich 150 Jahre später für die Herausbildung der Berliner Kaffeehauskultur, die sich lange Jahre im wesentlichen auf Konditoreien beschränkte, eine wichtige Rolle spielen sollten.

Auf Venedig folgten Oxford (1650), London (1652), Marseille (1671), wo man bereits rauchen durfte, sowie Paris (1672). Die Gründung in Paris geht auf eine zuvor auf dem Jahrmarkt von St. Germain betriebene Kaffeebude zurück, die der Armenier Pascal eingerichtet hatte. Pascal hatte jedoch kein Glück mit seinem Kaffeehaus, denn es mußte zwei Jahre später, im Jahr 1674, seine Pforten wieder schließen.

In Paris wurden um das Jahr 1666 gedruckte Zettel verteilt, auf denen die Kräfte des öffentlich verkauften Kaffees gepriesen wurden und die somit als eine der frühesten Formen der Kaffeewerbung in Europa anzusehen sind. Unter dem Titel «Les tres excellentes Vertus de la Meure appellée Coffé» (Die überaus vortrefflichen Heilkräfte ... des Kaffees) wurde der Kaffee aus den Sandwüsten Arabiens als neues Wundermittel angepriesen.

Hier in Paris finden sich auch in dem 1689 gegründeten «Café Procope» zwei zukunftsweisende Neuerungen, die fortan bestimmend für einen Teil der Versorgungsleistungen und auch für die Inneneinrichtung aller späteren Cafés gewesen sind. Es sind dies das Angebot an Speiseeis und die Ausstattung des Kaffeehauses mit zahlreichen Spiegeln und Marmortischen. Das Speiseeis kam von dem aus Florenz stammenden Procopo Cultelli, der als dessen Erfinder gilt. Cultelli

196.

nutzte die Entdeckung italienischer Chemiker und Amateure, daß in Wasser gelöster Salpeter bzw. Schnee-Kochsalzmischungen ebenso wie Eis kühlen, und verwandelte gegen 1660 flüssige Limonade in Eis. Durch Zusätze von Kaffee, Schokolade, Vanille, Zimt erzeugte er heute noch bekannte und beliebte Geschmacksrichtungen.

Den Marmor für die Tische und die Spiegel für die Gäste übernahm Cultelli von seinem Vorgänger, der im selben Gebäude, in den selben Räumen, ein Bordell mit Badebetrieb für höhere Ansprüche unterhalten hatte.

Auf Paris folgten Hamburg (1677), Bremen (um 1700, nach manchen Angaben bereits 1670) sowie Wien (1683 bzw. 1684).

Lange Jahre galt Wien als die Heimstatt des ersten europäischen bzw. christlichen Kaffeehauses. Dieser Irrtum, der sich noch in der älteren Sekundärliteratur findet, geht auf die lokalpatriotische «Skizze von Wien» von Johann Pezzl zurück, die im Jahre 1786 veröffentlicht wurde. Pezzl schreibt darin u. a.:

«Der Polak Kolschitzky (d. h.: eigentlich: Kulczycki, d. V.), welcher als Dolmetscher der Österreich-Orientalischen Handelskompagnie in der Türkei gedient und die türkische Sprache und den Kaffee gleich gut hatte kennen gelernt, diente den bedrängten Wienern während der Belagerung 1683 mit sehr gutem Erfolge als Spion und Briefträger. Nachdem die Türken verjagt waren, trug ihm der Kaiser für seine Treue, nach damaliger Gewohnheit, die Freiheit an, sich eine Gnade auszubitten. Kolschitzky bat sich zur Gnade die Erlaubnis aus, ein öffentliches Kaffeehaus errichten zu dürfen. So entstand das erste öffentliche Kaffeehaus von ganz Europa in Wien im Jahre 1683, obschon der erste Kaffee im Jahre 1644 aus der Levante nach Marseille gekommen war und in Privathäusern getrunken wurde.

Die Nachfolger im Kolschitzkyschen Gewerbe haben sich gegenwärtig in Wien und dessen Vorstädten bis auf siebzig vermehrt und scheinen sich auf diese Zahl nicht beschränken zu wollen ...

Die Bestimmung dieser Häuser hat sich seit ihrer ersten Entstehung unendlich weit ausgedehnt. Man trinkt nicht bloß Kaffee darin, man nimmt Tee, Schokolade, Punsch, Limonade, Mandelmilch, Brautsuppe (eigentlich Chaudeau, d. h.: Schaumsoße aus Wein, Zucker, Zitronensaft und Eidotter, d. V.), Rosoglio (italienischer Orangenlikör, d. V.), Gefrorenes usw., lauter Dinge, die man vor ein paar Jahrhunderten in Deutschland noch nicht dem Namen nach kannte.

Man studiert, man spielt, man plaudert, schläft, negoziert (d.h.: wickelt Geschäfte ab, d. V.), kannegießert (d. h.: politisiert, d. V.), schachert, wirbt, entwirft Intrigen, Komplotte, Lustpartien, liest Zeitungen und Journale usw. in den heutigen Kaffeehäusern; in einigen fängt man auch an Tabak zu rauchen ... Das gewöhnliche Spiel in diesen Häusern ist das Billard, deren immer zwei bis drei vorhanden sind und wovon jedes, wenn es fleißig benützt wird, des Tags zwölf Gulden einbringen kann ...

Auch in Wien ist der Durst nach Kaffee bis unter die Tagelöhner und Marktweiber gekommen. Darum stehen in allen Vorstädten bis gegen Mittag hölzerne Ständchen, wo man für die Liebhaber aus dem Pöbel die Schale samt einem Kipfel für 1 Kreuzer ausschenkt. Allein dies ist nicht wahrer Kaffee, sondern geröstete Gerste mit etwas Sirup versüßt, und jenes geringe Volk trinkt dieses Dekokt (d. h.: Absud, Gebräu, d. V.), weil es sich für 1 Kreuzer kein anderes so wohlschmeckendes und magenerwärmendes Frühstück verschaffen kann. Eine solche Kaffeehütte bringt, wenn sie gut besucht wird, des Tags 33 Kreuzer reinen Gewinst ein.»/13/

Auf Wien folgten Nürnberg (1684), Regensburg (1686) und Leipzig (1694); das Kaffeehaus «Zum (arabischen) Kaffeebaum» existiert noch heute; die genauen Daten für Berlin, d. h. besonders auch die für die Trennung von Kaffeehandlung und Ausschank, werden von späterer Forschung zu ermitteln sein.

Auf jeden Fall finden sich «Caffé-Bohnen» bereits als fester Bestandteil des von Seiner Königlichen Majestät in Preußen neurevidierten und erläuterten, neunzig Druckseiten umfassenden Accise – (d. h. Steuer-) Tarifs für Berlin und übrige Kurmärkische Städte etc. vom 1. Mai 1739 erwähnt. Die Einfuhrgebühren für ein Pfund Kaffee betrugen vier Groschen, von denen man bei an-

197. Nach W. Busch:
Im Café Bauer,
Holzstich, 1883

zutreffenden Verunreinigungen drei Prozent Rabatt gutgeschrieben bekommen konnte.

Dieser Berliner Tarif entsprach der gleichzeitigen Versteuerung von etwas weniger als tausend Stück Holländischen bzw. Hamburger Gänsekielen zum Schreiben, in der damaligen Qualität etwa unseren Billig-Kugelschreibern zu vergleichen. Ein Gaukler oder Marionettenspieler indes mußte beim Passieren der Stadtmauern die dreifache Gebühr, nämlich zwölf Groschen, als Tagessatz entrichten./14/

Nur sehr spärlich fließen die Quellen über die Berliner Kaffeehäuser des 18. Jahrhunderts, deren Zahl gegen Ende der Regierungszeit Friedrich II. *innerhalb* der Stadt etwa ein Dutzend betragen haben soll/15/. Abgesehen davon, daß sich die Trennung von Kaffeehandlung und Ausschank wohl recht langsam vollzogen haben dürfte, kommt hinzu, daß für diese Zeit eine Unterscheidung zwischen Gasthäusern, in denen auch Kaffee ausgeschenkt wurde, sowie Kaffeehaus, Konditorei und Kaffeegarten gemacht werden müßte. Außerdem vermischt sich gerade in den Kaffeegärten das Kaffeehaus mit dem Ausflugslokal. So verzeichnet Friedrich Nicolai in seiner 1786 erschienenen «Beschreibung Berlins ...» folgende öffentlichen Kaffeegärten unter den jeweiligen Straßennamen:

– der Koch'sche Kaffeegarten in dem Flathogäßchen, «... ein bloßer Gang, welcher zu den Gärten führt, die hier zwischen Monbijou und der Wassergasse liegen ...»/16/
– der Bruno'sche Kaffeegarten und
– der Weiß'ische Kaffeegarten; beide in der Holzmarktstraße;
– der Katsch'ische Kaffeegarten (ehemals Schafgotsch'ische Garten) in der Stallschreibergasse; hier befand sich auch eine Königliche, d. h. staatliche Kaffeebrennerei;
– der Jouanne'sche Kaffeegarten in der Neue(n) Kommandantenstraße (vormals: Justin'scher Kaffeegarten);
– der Kaffeegarten der Habermaaß'ischen Meierei vor dem Brandenburger Tor an der Spree gegenüber dem Schiffbauerdamm; sowie

– der Richard'sche Kaffeegarten;
– der Michaeli'sche Kaffeegarten;
– der Tackermann'sche Kaffeegarten und
– der Taroni'sche (!) Kaffeegarten; sämtliche vor dem Potsdamer Tor, auf dem Wege zum und durch den Tiergarten.

Diese Kaffeegärten gehen, wie spätere Kaffeegärten auch, zumeist auf einfache Landhäuser und die dazugehörigen Gartenparzellen zurück. In einzelnen Bauphasen, der Entwicklung und räumlichen Ausdehnung Berlins folgend, wurden sie bei günstiger Lage zunächst durch die Anlage größerer Bier- und Vergnügungslokale verdrängt, oder sie mußten gleich der Grundstücksspekulation weichen. So kommt es, daß man in der Bauakte mancher Mietskaserne einen Kaffeegarten oder ein bescheidenes Ausflugslokal als Vorgängerbau entdeckt./17/ Die weitere Entwicklung des Berliner Kaffeehauses vollzog sich jedoch in der Innenstadt, am Schloßplatz, am Gendarmenmarkt, in der Straße Unter den Linden und deren näherer Umgebung.

Bis in die 70er Jahre des vorigen Jahrhunderts, als die Gründung des Café Bauer erfolgte, ist das Berliner Kaffeehaus eine Konditorei, so wie es Friedrich Saß 1846 auf die Formel brachte: «Paris hat seine Cafés, Berlin hat seine Konditoreien.»/18/

Unser Gewährsmann Freiherr von Zedlitz berichtete über den Aufstieg der Berliner Konditoreien zu einer eigenständigen und attraktiven Institution in seinem 1834 publizierten Conversationshandbuch für Berlin und Potsdam folgendes: «Sie hatten sich am Anfang dieses Jahrhunderts bis auf 76 vermehrt, und jetzt sind deren gegen 100 vorhanden. Die vorzüglichsten derselben excelliren fast alle durch eine oder die andere Eigenthümlichkeit ihrer Lieferungen, oder durch ein sehr geschmackvolles Lokale und ein zahlreiches und ausgesuchtes Lesekabinet. So findet man am Schloßplatz das weitbekannte Etablissement der Herren Josty et Comp., unter der Stechbahn Nr. 1. Es wurde im Jahre 1796 unter der jetzt noch bestehenden Firma Joh. Josty et Comp. gegründet. Dem ehrenwerthen verstorbenen Herrn Joh. Josty verdanken Berlin sowohl wie viele andere Städte der Monarchie eine bedeutende Vervollkommnung der Zuckerbäckerei und einen seltsamen, durch eine lange Reihe von Jahren schon anhaltenden ausgezeichneten Ruhm; und Beifall finden nicht allein in seinem Lokal und auf den Tafeln der Reichen seine Chokolade, seine Fleischpastetchen, seine Bonbons, Liquers u. s. w., sondern sie werden auch weit und breit versendet. In dem neuerdings erweiterten und verbesserten Lokale findet man eine reiche Auswahl der beliebtesten Zeitschriften. Ebenfalls auf dem Schloßplatz (Nr. 14), in der Nähe der langen Brücke, finden wir das gleichfalls vortrefflich, mit allen in das Fach der Zukkerbäckerei einschlagenden Artikeln versehene Lokal des Herrn J. E. Moser. Bis zum Jahre 1829 war Herr G. Lange Besitzer dieser Conditorei, und Herr Moser verlegte, als er das Geschäft übernahm, das Lokal desselben aus der Oberwallstraße in sein eigenes oben näher bezeichnetes Haus auf dem Schloßplatz, wo im Monat December auch die Belle-Etage zur Ausstellung und zum Verkauf der verschiedensten Marzipan-Waaren aus eigener Fabrik, so wie der mannigfachsten und saubersten Weihnachts- und Neujahrsgeschenke, theils an inländischen, theils an ausländischen Gegenständen, die hier in einem reichen Lager ausgebreitet liegen, vorzufinden sind. Mit der Conditorei und Marzipanfabrik verbindet Herr Moser ein vortreffliches Magazin in- und ausländischer, ostindischer und brasilianischer Früchte in Zucker, Essige und Liquere, auch der Mixpicles, einen sehr bekannten Londoner und Bordeauxer feinen Sallat. Auch findet man in dieser sehr beliebten Conditorei eine große Anzahl Tagesblätter. An der Schloßfreiheit Nr. 3 ist das sehr freundliche und durch die Güte seiner Waaren sehr rühmlich bekannte Lokal des Herrn Hof-Conditor Conradi. In der Königsstraße Nr. 61, nahe der Post, befindet sich in vortrefflichster Lage die mit einem Lesezimmer verbundene, sehr besuchte Conditorei des Herrn A. Courtin. Auf dem Gensdarmenplatz (Charlottenstraße Nr. 36) bei Herren Stehely et Comp. ist die besuchteste Aller unserer Conditoreien, und neben der anerkannten Güte ihrer Waaren ist ihr Lese-Kabinet das reichste aller Anstalten dieser Art. Unter den Linden befinden sich mehrere Conditoreien erster Klasse, wie die des Herrn Kranzler (Nr. 22) und die der Herren Hof-Conditoren Grunow und Teichmann. Die des Herrn Kranzler ist ganz besonders ausgezeichnet und beliebt durch die vortreffliche Bereitung und reiche Auswahl an Eis der verschiedensten Sorten. An der Ecke der Behren- und Charlottenstraße (Nr. 21) ist das besuchte, und mit einem guten Lesekabinet versehene Etablissement des Herrn A. Giovanoli (gegr. 1818, mehrfach verlegt, später Jägerstraße 18, d. V.). In der Leipzigerstraße Nr. 42 findet man die vortreffliche Conditorei des Herrn Th. Rousset, die seit dem Jahre 1824 besteht; auch sie verbindet mit ihrem freundlichen Lokal ein ausgewähltes Leseinstitut. Ferner gehören derselben Straße das neue schöne Etablissement des Herrn Eulner, in der Nähe des Döhnhofplatzes, das des Herrn Polborn, Leipziger Straße Nr. 85, u. s. w. an. Wegen besonders schmackhaft bereiteter Kuchen steht die Conditorei des Herrn Schauß, Jägerstraße Nr. 31, in gerechtem Ruf (hauptsächlich von Damen der besseren Gesellschaft besucht, d. V.). Des sehr brillanten und mit vielen Kosten errichteten Lokals halber vergessen wir nicht der früher Fuchsschen, später Wernerschen Conditorei Unter den Linden Nr. 8 zu erwähnen.»/19/

Gegen Mitte der 40er Jahre des vorigen Jahrhunderts hatten sich innerhalb der Berliner First-class-Konditoreien ziemlich strenge Hierarchien und feste, voneinander geschiedene Publikumskreise und -schichten herausgebildet.

Während bei d'Heureuse in der Breite(n) Straße ein gemischtes bürgerliches Publikum verkehrte, bildeten die Gäste des Etablissements von Courtin in der Nähe der Post die unterste Stufe der «guten» bürgerlichen Gesellschaft. Hier verkehrten Kaufleute, Spekulanten und Börsenjobber – Industrieritter, wie man damals noch sagte, um das Abenteuerliche ihres Handelns und Handels zu bezeichnen – sowie Reisende, die auf die abgehende Post warteten.

Bei Josty, erst seit 1864 an die Schloßfreiheit verlegt, saßen zumeist pensionierte Militärs der Befreiungskriege und trauerten vergangenen Zeiten und Heldentaten nach.

Hohes und mittleres Beamtentum mit Geheimrats-

und Hofratstiteln saß bei Spargnapani (Unter den Linden 50) und verzehrte seine Rente.

Bei Kranzler, zunächst der «… Walhalla der Berliner Gardeleutnants …, wo sie, nachdem sie rechts und links kommandiert haben, zur Belohnung für ihre Tapferkeit Eis und Baisers essen dürfen», wie Friedrich Saß im Jahre 1846 ironisch feststellte/20/, verkehrten auch diplomatische Chargen und adlige Müßiggänger. Die Playboys dieser Zeit, die sich dort herumlümmelten, Dandys, wie man sagte, bildeten eine Art Humusschicht für das spätere Publikum des Café Kranzler, das sich zwischen 1850 und 1860 schnell zu einem Wahrzeichen der emporstrebenden Haupt- und Residenzstadt Berlin entwickelte; dort verkehrte zuletzt alles, was in Berlin Rang und Namen hatte oder darauf Anspruch erhob. Die Kranzler-Ecke war zu einer auch im Ausland wohlbekannten Stelle Berlins geworden, «… wo der Glanz und die Mode herrscht und wo selbst das Pferd eines gemeinen Kärrners von Demut über seine plebejische Herkunft erfüllt wird, wenn die aristokratischen Karossen an ihm vorüberlaufen»./21/

Bei Stehely, seit dem Ende der 30er Jahre bis zur Geschäftsauflösung 1876 in der Charlottenstraße 53 ansässig, gingen die bürgerlich-progressiven Literaten und angehenden Philosophen ein und aus. Hier, im sogenannten Roten Zimmer, traf man unter vielen anderen den alten E. T. A. Hoffmann und den jungen Heinrich Heine, hier diskutierten Bruno Bauer und Max Stirner, dessen Buch «Der Einzige und sein Eigentum» die hitzigen Vormärzdebatten auf die anarchistische Spitze trieb. Aber auch Männer der Wissenschaft verkehrten hier, z. B. der Berliner Ägyptologe Richard Lepsius. Von ihm berichtet die Legende, daß er, als er einst im Schatten der Cheopspyramide, dem Ziel seiner Wünsche, lagerte, von einem Unbekannten mit den freundlichen Worten begrüßt wurde: «Habe ich nicht das Vergnügen gehabt, Sie bei Stehely zu sehen?»/22/

Mit einem jährlichen Etat von 30 000 Goldmark allein für achthundert verschiedene Zeitungen aus allen fünf Erdteilen etablierte sich nach 1870 gegenüber dem Café Kranzler ein völlig neuer Kaffeehaustyp in Berlin: das Wiener Café des verkrachten Cafétiers Matthias Bauer, den der Berliner Hotellöwe Sebastian Hensel an die Ufer der Spree geholt hatte.

«Wie die Petroleumlampe das Wachslicht und die Öllampe, wie die Tänstickers den Schwefelfaden und das Stippfeuerzeug verdrängt haben, so die Wiener Kaffees und Bierpaläste die damalige Berliner Konditorei. Die Wiener Kaffees habe ich in Berlin eingeführt. Als ich den Kaiserhof einrichtete, war ich in Wien betreffs Ankauf des Mobiliars eines großen nach der Wiener Weltausstellung (1873, d. V.) verkrachten Hotels. Hier fand ich im Kaffee Donau, gleichfalls verkracht, den Cafétier Bauer. Der Mann gefiel mir, und ich zog ihn nach Berlin, wo er im Kaiserhof das erste Wiener Kaffee mit dem glänzendsten Erfolge eröffnete. Die Konditoreien, wie Jostys (?), Spargapanis, Stehelis, in denen auch in den 30er und 40er Jahren die Menschen sich trafen und Zeitungen lasen, waren weggefegt …»/23/

Das Management des Café Bauer achtete selbst auf scheinbare Kleinigkeiten. So bekam der Zeitungsjunge die strikte Anweisung, auf die Hutfirma oder das Lieferantenzeichen im Paletot jedes Ankömmlings zu achten, um so dem richtigen Gast die richtige Zeitung zu bringen. Nun brauchten auch die Künstler nicht mehr ins Café Greco nach Rom zu fahren, wie noch zu Beginn des Jahrhunderts, oder nach Paris oder nach Wien. Sie verließen ihre Weinstuben und Weinkeller, ihre Stammtische und Stammkneipen und zogen ins Café Bauer und, als sich dort wegen der unmittelbaren Nähe der unterschiedlichsten Varietes, Vergnügungslokale und Agenturen, eine Artistenbörse festsetzte, ins neu gegründete Café Schiller. Hier tagten die modernen Literaten des Naturalismus unter dem Vorsitz des Publizisten Maximilian Harden.

Zur gleichen Zeit bildete sich im Café Kaiserhof eine Gegenbewegung unter dem damals noch völlig unbekannten Gerhart Hauptmann. Und weil die einen Literaten auf die anderen schlecht zu sprechen waren (Karl Kraus: «Nichts ist schlimmer, als wenn Literaten Literaten Literaten nennen»), erfand Maximilian Harden den Begriff «Café Größenwahn» für jenen abtrünnigen Kreis im Café Kaiserhof.

Als Richard Dehmel noch als Versicherungsbeamter

198. Hugo Spindler:
Außenansicht von
F. W. Gumperts Konditorei,
Königstraße 22/24,
Holzstich, Ende 19. Jh.

sein Geld verdiente und Frank Wedekind noch Reklamechef bei Maggi war, verkehrten sie und andere «durstige Verehrer der Strindbergschen Muse» (Adolf Paul) unter dem Vorsitz dieses skandalumwitterten Schriftstellers und Dichters um das Jahr 1882 im «Schwarzen Ferkel», einer kleinen Probierstube an der Ecke Unter den Linden und Neue Wilhelmstraße. Dieses Lokal ist später, immer noch von seinem Ruhm zehrend, den ihr die vielfarbige Bohème verliehen hatte, zu der auch der Maler Edvard Munch, der Dichter Peter Hille, die Schriftsteller Knut Hamsun, Otto Erich Hartleben u. a. gehörten, mit dem ihm von Strindberg geschenkten Namen in die Dorotheenstraße 31 umgezogen./24/

In den 90er Jahren des vorigen Jahrhunderts verkehrten Schriftsteller, Schauspieler, Maler, kurz, die Berliner Bohème, zu der immer auch ausländische Kollegen gehörten, im Café des Westens, Kurfürstendamm/Ecke Joachimsthaler Straße, auf das der alte Name «Café Größenwahn» übertragen wurde.

«Neben dem satten Bürger, der hier seine Geschäftssorgen bei einer Zigarre zu vergessen trachtete, fühlte sich hier vor allem der Verneiner der Bürgerlichkeit, der Bohèmien, heimisch, und die entgegengesetzten Elemente vertrugen sich nicht schlecht, da man stillschweigend Burgfrieden hielt. Hier entstand manch ein hochfliegender Plan zur endgültigen ‹Rettung› der Kunst und der Gesellschaft, hier wurden ‹Richtungen› proklamiert und verworfen, Kunsttempel aufgeführt und zerstört, Arbeitsgemeinschaften geschlossen und gelöst.»/25/

Der erste Weltkrieg setzte auch diesem Treiben ein Ende. In den Wirren der Nachkriegszeit und der Inflation zerstob der Kreis der alten Gäste, und ein Teil der Künstler und Literaten siedelte ins nahegelegene Romanische Café über. Das alte Café des Westens wurde von Kranzler übernommen und in den Wandmalereien des Berliner Karikaturisten Walter Trier und des Zeichners Edmund Edel in seiner verblichenen Größe nostalgisch beschworen. Die weibliche Bedienung wurde in Biedermeierkleider gesteckt, die Innenausstattung «rekonstruiert», und der «Zeitungsmarder» von Walter

Trier erinnerte an den «Journaltiger» von Theodor Hosemann; aber eine Gaststätte, ein Kaffeehaus, ist kein Museum, und die Bohème läßt sich nicht ausstellen.

1 Brandenburgia. XX. Jg. 1911/12, S. 333 (unter Bezug auf Vossische Ztg. vom 15. Juni 1911).
2 Georg Eiben, Geschichte des Gaststättenwesens ... Lpz. 1907, S. 30/31. Rauers, ... Bd. 2, S. 1327, schreibt ebenfalls 1721 mit Olivier als Gründer. Die Jahreszahl 1721 – immer wieder abgeschrieben – findet sich selbst in der Jubiläumsschrift der Kaffee-Ersatz-Firma Heinrich Franck «100 Jahre Franck 1828–1928» von Dr. Alfred Marquard, Ludwigsburg/Bln. 1928, S. 16.
3 Krünitz, ... 32. Bd., S. 274 f.
4 Brandenburgia. XV. Jg. 1906/07, S. 354.
5 Wie Anm. 3, S. 275.
6 Wie Anm. 3, die ausführliche Wiedergabe der Reßschen Argumentation daselbst S. 195–210.
7 Wolfgang Schivelbusch, Das Paradies, der Geschmack und die Vernunft. Eine Geschichte der Genußmittel. München/Wien. 1980, S. 50 f.
8 Wie Anm. 3, S. 201.
9 Jean Paul's sämmtliche Werke. Bd. 68. Brief an den Pfarrer Vogel; Hof, den 22. Juli 1783; literarischer Nachlaß, Bd. 3, Bln. 1838, S. 233.
10 Ebenda.
11 MEW, Bd. 7, Bln. 1960, S. 272.
12 Friedrich Rauers, Kulturgeschichte der Gaststätte. Bd. 2, Bln. 1941, S. 1271 ff.
13 J. Pezzl, Skizze von Wien. Neudruck der Ausg. von 1786 ff., Graz, 1923. Hrsg. von Gustav Gugitz und Anton Schlossar, S. 325/27.
14 Sr. Königl. Majest. in Preussen neu-revidirt und erläuterter Accise-Tarif für Berlin und übrige Churmärckische Städte ... vom 1. Mai 1739 ... Corpus Constititiorum Marchicarum ... von 1737–1740 ... Hrsg. von Chr. Otto Mylius. Bln./Halle 1744. Anh. XLII. 1 Pfd. Tee war mit 10 Gr. zu versteuern.
15 Karl Lange, Die Geschichte der Kaffeehäuser. J. Stehles Handbuch «Der Hotel-, Restaurations- und Kaffeehausbetrieb.», Bd. 1. Nordhausen, o. J., S. 65 f.
16 Friedrich Nicolais Beschreibung Berlins 1786. Hrsg. und eingeleit. v. Karlheinz Gerlach. Miniaturen zur Geschichte, Kultur und Denkmalpflege Berlins. Nr. 11, Bln. 1983. In der Reihenfolge der Erwähnung: ebenda, S. 43, 51, 73, 87, 98.
17 Für den Anfang d. 19. Jh. bis in die 30er Jahre vgl. Zedlitz, unter dem Stichwort: Umgebungen von Berlin. Für die Kaffeehäuser in der Hasenheide vgl. Brandenburgia. XI. Jg. 1902/03, S. 444.
18 Friedrich Saß, Berlin in seiner neuesten Entwicklung. 1846 ... Neudruck, S. 40.
19 Zedlitz, a.a.O., S. 139 f.
20 Friedrich Saß, a.a.O., S. 56.
21 Potthoff/Koschenhaschen: Kulturgeschichte der Deutschen Gaststätte. Bln., o. J., S. 474.
22 Zitat nach einem Berlin-Führer von R. Springer aus dem Jahre 1860.
23 Autobiografie Sebastian Hensels – Zit. nach: Potthoff/Koschenhaschen, a.a.O., S. 478 f. Rauers, a.a.O., Bd. 2, S. 1246, schreibt, allerdings ohne Quelle, nur von 600 Zeitungen.
24 Vgl. Rauers, a.a.O., Bd. 2, S. 1084 ff.
25 Potthoff/Koschenhaschen, a.a.O., S. 481. Zum Begriff des Bohèmiens vgl. Erich Mühsam, der ebenfalls im Café des Westens verkehrte: «Wenn meine Erklärung richtig ist, so ist ein Bohemien ein Mensch, der, aus der großen Verzweiflung heraus, mit der Masse der Mitmenschen innerlich nie Fühlung gewinnen zu können – und die Verzweiflung ist die eigentliche Künstlernot –, drauf losgeht ins Leben, mit dem Zufall experimentiert, mit dem Augenblick Fangball spielt und der allzeit gegenwärtigen Ewigkeit sich verschwistert ...» (Erich Mühsam. Streitschriften, literarischer Nachlaß. Hrsg. von Christlieb Hirte. Bln. 1984, S. 39).

199. Anonym:
Die Konditorei Telschow
am Potsdamer Platz,
Foto, um 1900

200. Anonym:
Café Josty am Potsdamer Platz, Ecke Potsdamer- und Bellevue-Straße, Foto, 1929

201. Anonym:
Café »Unter den Linden«, ehemals »Café Bauer«, Unter den Linden/ Ecke Friedrichstraße, Foto, 1929

202. Anonym:
*Tanzbar »Kaffeeplantage«
am Kurfürstendamm,
Foto, 1932*

203. Anonym:
*»Café König« in der Straße
Unter den Linden,
Foto, 1931*

204. Anonym:
Das »Romanische Café« an der Gedächtniskirche,
Foto, 1928

205. Anonym:
Die Gaststätte »Zum Schwarzen Ferkel«,
Dorotheenstraße (?),
Foto, 1929

206. Anonym:
Innenansicht
des »Romanischen Cafés«
an der Gedächtniskirche,
Foto, 1930

207. Edmund Edel:
Der Künstlerstammtisch im Café des Westens (Scheerbarth, H. H. Evers, Erich Mühsam, John Höxter), Wandbild im neuen Café Kranzler am Kurfürstendamm, Mitte der 1930er Jahre

208. Walter Trier:
Die Stammgäste des alten Cafés des Westens, Wandmalerei im neuen Café Kranzler am Kurfürstendamm, Mitte der 1930er Jahre

209. Walter Trier: Eintragung in das Gästebuch einer Künstlerkneipe, Berlin, 1929

Künstlerische Inspiration in Boese's Klause

210. John Höxter:
Porträt-Karikaturen von
Frank Wedekind,
Paul Lindau, des
Zeitungsträgers Richard
und Baron von Schennis
(von links nach rechts),
Federzeichnung,
1920er Jahre

211. Walter Trier:
Der Zeitungsmarder,
Wandmalerei im neuen Café
Kranzler am Kurfürsten-
damm,
Mitte der 1930er Jahre

212. Heinrich Abeking:
Künstlerische Inspiration
in Boeses Klause (einem
Berliner Künstlerlokal),
Tusche (?),
1920er Jahre

213. Anonym:
In einem Berliner
Kaffeehaus,
Foto, 1933

214. *Originalrechnung mit Unterschrift von Georg Kranzler, 1847*

215. Baron von Knaller
(d. i. Hermann von Helmhof):
Fashionable Eisesser
(auf der Terrasse vor dem
Café Kranzler),
lithographierte Feder-
zeichnung, 1842

216. Postkarte mit der Ansicht des Cafés Kranzler, Foto, um 1910

217. Anonym: Restaurant Kranzler Unter den Linden, Foto, 1939

218. Anonym:
Café Kranzler am Kurfürstendamm,
Foto, Mitte der 1930er Jahre

78.
Das Wasser gibt den Ochsen Kraft,
Dem Menschen Bier und Rebensaft.

Im Ausschank
der Vereinsbrauerei Rixdorf, 1905/06

79.
Die Kehl kost't viel.

Im Ausschank
der Vereinsbrauerei Rixdorf, 1905/06

80.
Willst vom Trinken Du haben Spaß,
Trink' vorsichtig Maß für Maß.

Im Ausschank
der Vereinsbrauerei Rixdorf, 1905/06

81.
Wer Speisen liebt und Trank verschmäht,
Zahlt zehn Pfennig mehr, als auf der Karte steht.

In einer Stehbierhalle
in der Friedrichstraße, 1905/06

82.
Die Uhr und ein wackerer Zechkumpan
Fängt nach 12 um 1 wieder an.

In einer Stehbierhalle
in der Friedrichstraße, 1905/06

83.
Ein Mann ein Wort, ein Wort ein Mann
Ist besser als ein Schwur getan.

Im Berliner Spatenbräu, 1905/06

84.
Werter Freund, mich will bedünken,
Einen kannst du wohl noch trinken.

In einer Bier- und Weinstube
am Kottbuser Damm, 1905/06

85.
Eng die Stube, weit das Glas,
Süffig das Bier, wie wohl tut das.

In einer Bier- und Weinstube
am Kottbuser Damm, 1905/06

86.
Willst du ein kluger Zecher sein,
Steck' morgens schon den Hausschlüssel ein.

In einer Bier- und Weinstube
am Kottbuser Damm, 1905/06

87.
Voll ist das Faß, füllt Glas auf Glas,
Trinkt's fröhlich leer, wir ha'n noch mehr.

In einer Alt-Berliner Kneipe
in der Parochialstraße, 1905/06

88.
Kinder trinkt, die Brauerei braucht leere Fässer.

In einer Berliner Kneipe, 1905/06

89.
Wer nicht liebt, trinkt und singt,
Es nie zu wahrer Freude bringt.

In einer Kneipe
in der Parochialstraße, 1905/06

90.
Genieß, solang du frisch und jung,
Einst labt dich die Erinnerung.

In einer Kneipe am Bahnhof Börse
in der Nähe von Zirkus Busch, 1905/06

91.
Wo man Bier trinkt, kannst du ruhig lachen,
Böse Menschen trinken schärf're Sachen.

In einer Kneipe am Bahnhof Börse
in der Nähe von Zirkus Busch, 1905/06

92.
Hätt' Adam Bairisch Bier besessen,
Hätt' er den Apfel nicht gegessen.

In einer Stehbierhalle
in der Kommandantenstraße, 1905/06

93.
Wer diesen Humpen oftmals leert,
Der sei als Zecher hochgeehrt.

Auf einem Humpen im Schaufenster
einer Berliner Kneipe, 1905/06

94.
Wer sich nicht will herunterwagen,
Wird wohl Schulden im Grünkramkeller haben.

Über dem Eingang zu einer Kellerkneipe,
Alexanderstraße 69, 1903

95.
Hier kann sich niemand aus dem Fenster stürzen.

In einer Kellerkneipe, Alexanderstraße 69, 1903

96.
Ein Kind ohne Kopf bleibt ein Krüppel
zeitlebens!

In einer Kellerkneipe, Alexanderstraße 69, 1903

97.
Dem Glücklichen schlägt keine Stunde
Und dem Unglücklichen – gehört keine Uhr.

In einer Kellerkneipe, Alexanderstraße 69, 1903

98.
Was für ein Landsmann ist der Walfisch?
Ein Berliner; denn er hat eine große
Schnauze und ist immer im Thran.

In einer Kellerkneipe, Alexanderstraße 69, 1903

99.
Endgiltig ist der Henker abgetan
weil ihn fortan ersetzt die Straßenbahn.
Denn es genügt, daß so ein Delinquent
Nur über die Berliner Straßen rennt.
Und ehe, daß ers richtig kann gewahren,
Hat die Elektrische ihn totgefahren.

In einer Kellerkneipe, Alexanderstraße 69, 1903

100.
Wein und Weiber sind auf Erden
Aller Weisen Hochgenuß;
Denn sie lassen seelig werden,
Ohne daß man sterben muß.

In einer Kellerkneipe, Alexanderstraße 69, 1903

101.
Wer Weiber kennt
Und sich nach drängt,
Ist wert, daß er wird aufgehängt.

In einer Kellerkneipe, Alexanderstraße 69, 1903

102.
Wer nicht liebt Wein, Weib, Gesang,
Der bleibt ein Narr sein Lebelang.
Ich liebte Wein, ich liebte Sang,
Ich lernte auch die Weiber lieben,
Doch wünschte ich,
Ich wär ein Narr geblieben.

In einer Kellerkneipe, Alexanderstraße 69, 1903

103.
Morgen Freibier!

In einer Kellerkneipe, Alexanderstraße 69, 1903

219.

220.

DIE BRAUEREI AUF DEM WINDMÜHLENBERG

Am Freitag, dem 17. Oktober 1834, traf sich der Ackerbürger Christian Friedrich Bötzow in Begleitung seines Partners und privaten Rechtsbeistandes Carl Friedrich Gerber, Kanzleisekretär am Berliner Stadtgericht, mit dem konkurrierenden Gutsbesitzer Griebenow auf dem Gelände des Mühlenberges vor dem Prenzlauer Tor. Nach langwierigen und zähen Streitigkeiten wollte man zu einem Vergleich kommen. Mit diesem Treffen, das mit einem Sieg Bötzows ausging, sollte ein Schlußstrich unter eine alte Rechnung gesetzt werden.

In Anwesenheit des Rentbeamten Krack, der das Königliche Rentamt Berlin – die örtliche Finanz- und Steuerverwaltung des Staates – vertrat, erklärte Bötzow noch einmal sein Anliegen und seine Bereitschaft zum Verhandeln: «Ich beabsichtige, auf dem mir zugehörigen, vormals Dames'schen und Passow'schen Ackerstücke, No. 18–20 der Neubertschen Karte de 1773 (die Mühlengrundstücke hatten Bötzow und Gerber bereits im Jahre 1826 vom Fiskus gekauft, d. V.), ein Wirtschaftsgehöfte zu erbauen und ein Gehöfte nebst Garten anzulegen und zu diesem Behuf beantrage ich die hütfreie Ausweisung der zu jenen Zwecken nöthigen Fläche, wogegen ich den, in Separato (d. h. gesondert, d. V.) zu ermittelnden Hütungswerth durch eine jährliche Rente zu entschädigen bereit bin.

Der (öffentliche, d. V.) Fußsteig, welcher zum Mühlenberge führt, kann bei Ausführung des Baues in der bisherigen Richtung nicht überall beibehalten, muß vielmehr verlegt werden. Und ich beabsichtige, ihn von der Ecke der Baustelle aus, in gerader Richtung auf das, auf dem Mühlenberge befindliche Wohnhaus (die Tabagie des Pächters Theodor Würst, d. V.) zuzuführen; auch den Chausseegraben, da wo der Fußsteig von der Chaussee abführt, mit einer Brücke zu versehen, endlich auch dem Fußsteige eine Breite von 6 Fuß (etwas über 2 Meter breiter als vorher, d. V.) zu geben.»/1/

Nachdem ein zweiter Beamter einen Situationsplan des zu bebauenden und damit aus der Hütung herauszulösenden Grundstücks nebst dessen unmittelbarer Umgebung und dem neuen Verlauf des Fußweges angefertigt hatte, erklärte auch Carl Friedrich Gerber sein Einverständnis zu den vorgeschlagenen Maßnahmen.

Um sich als Miteigentümer zu legitimieren, legte Gerber einen vom 9. Dezember 1826 datierten Hypothekenschein seines Besitzanteils am Mühlenberg vor, der bereits mit Kaufvertrag vom 20. Februar d. J. an ihn und Bötzow übergegangen war. Drei Jahre später wurde das schon in anderen Zusammenhängen erwähnte Exerzierhaus des Kaiser-Alexander-Grenadier-Regiments direkt am Prenzlauer Tor erbaut. Wegen dieses Exerzierhauses, genauer: wegen der Fluchtlinie dieses Gebäudes hatte Bötzow einen ermüdenden Kampf mit unterschiedlichen Instanzen gerade hinter sich. Er stand unter Zeitdruck, denn er mußte nicht nur befürchten, daß ihm die angefahrenen Baumaterialien verrotteten und die bereits ausgeschachtete Baugrube verregnete, sondern wollte vor allem vermeiden, daß sich durch die Verzögerung der Baugenehmigung auch die geplante Inbetriebnahme seiner Schnapsbrennerei hinausschieben würde. Im Streit um die Baufluchtlinien ging es darum, daß das Exerzierhaus seinerzeit eine andere als die Prenzlauer Chaussee erhalten hatte – was auf der hier reproduzierten Postkarte deutlich zu sehen ist – und daß Bötzow durch seinen geplanten Neubau an die Grenzen des Verständnisses der zuständigen Stellen geriet.

Der Staat verlangte von ihm, sich nach der Fluchtlinie des Exerzierhauses zu richten, während Bötzow sein Wohnhaus nach der Fluchtlinie der natürlich gewachsenen Straße ausrichten wollte. Letztlich siegte die bürgerliche Vernunft über das Prestigedenken des Staates, und Bötzow erhielt die Genehmigung, sich nach der Straße richten zu können.

Die am 17. Oktober 1834 zur Debatte stehende Hütungsgerechtigkeit erstreckte sich auf 1100 Schafe, welche dem Gutsbesitzer Griebenow, besser: seiner Ehefrau, einer geborenen Zernickow, gehörten. Einen Tag bevor man sich zum Vergleich auf dem Windmühlenberg traf, hatte Frau Griebenow noch folgenden Protestbrief an das Polizeipräsidium geschrieben:

«Ich bin mit 1100 Stück Schafen zur Hütung auf den Berliner Weinbergsstücken berechtigt und habe erfahren, daß der Ackerbürger Boetzow auf seinem Weinbergstück vor dem Prenzlauer Thor einen Bau beabsichtigt. Da dies ein Eingriff in meine Hütungsgerechtigkeit sein würde und der Boetzow sich noch nicht mit mir abgefunden hat, protestire ich gegen jeden Bau auf diesem Weinbergstücke und trage dahin an,

dem Boetzow aus diesem Grund den Bau-Erlaubnißschein

zu versagen.

Ebenso beabsichtigt der Gastwirth Birkholz, auf seinem Weinbergstück vor dem Königsthor einen Bau und muß ich aus demselben Grunde gegen diesen protestiren und gehorsamst bitten,

auch diesen Bau-Erlaubnißschein zu

versagen.

Berlin den 16t. October 1834

.die verehelichte Gutsbesitzer

Griebenow geborene Zernickow.»/2/

Protest hatte auch ihr Mann eingelegt, der Gutsbesitzer und ehemalige Büchsenmacher im Yorkschen Freiwilligen Jägerkorps von 1806, Herrmann Griebenow.

In seinem Schreiben an die Hohe Königliche Behörde vom 14. Oktober 1834, dem er in der Adresse das bedeutungsschwere Wort «Militaria» hinzusetzte, berief er sich nicht nur auf das Gewohnheitsrecht, die über sechzig Jahre alten Fußgängerwege zum Nutzen des Publikums und der in unmittelbarer Nähe exerzierenden und zu anderen Übungen ausrückenden Soldaten zu belassen. Er nannte auch die wahre Ursache seiner Zerwürfnisse mit Bötzow, denn damals, vor acht Jahren, bei der öffentlichen Versteigerung der Mühlen und des Ackers, hatte er dem höherbietenden Bötzow weichen müssen. Diese Niederlage konnte Griebenow nicht verzeihen, obwohl er scheinheilig in seinem Brief beteuerte, daß er damals nur deshalb vom Kauf des Mühlenberges Abstand genommen habe, weil «... die Bedingung gestellt wurde, daß die Fuß- und Fahrwege

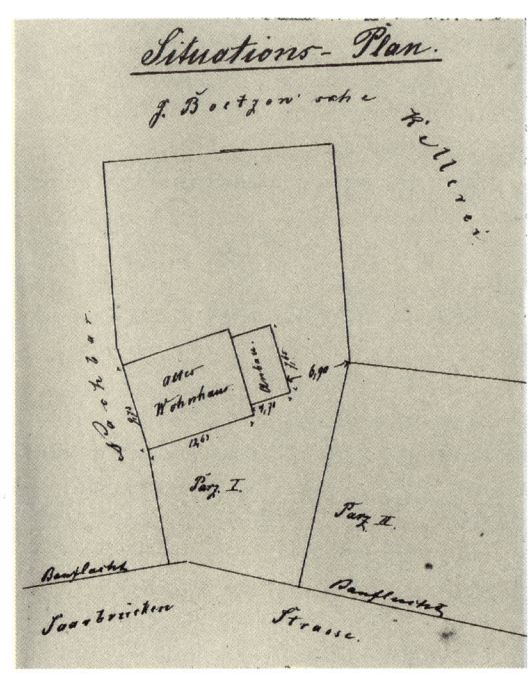

221. Eckert & Pflug, Kunstanstalt Leipzig: Gesamtansicht der Julius Bötzow-Brauerei auf dem ehemaligen Windmühlenberg, Prenzlauer Allee 242/47 Ecke Saarbrückerstraße, Lithographie (?), o. J.

222. Lageskizze der ehemaligen Würstschen Tabagie, Saarbrückerstraße 5, Zeichnung, 1. April 1878

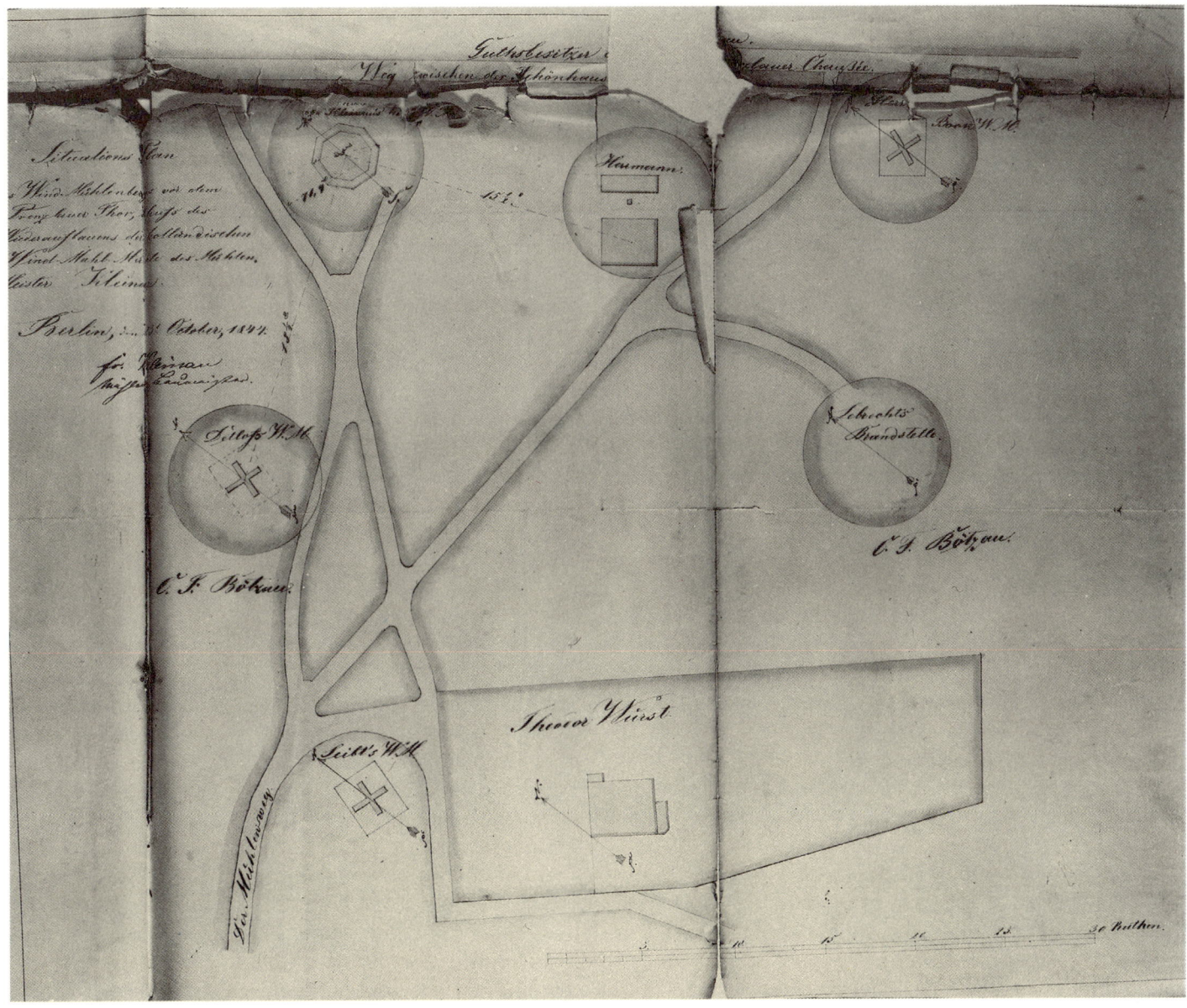

223. Situationsplan des Windmühlenberges vor dem Prenzlauer Tor, kolorierte Federzeichnung, 1844

nicht verändert werden dürften.»/3/ Und deshalb könne man von dem Bötzow jetzt auch billigerweise verlangen, «... die Wege und Fußsteige in ... allen Lagen und Grenzen zu belassen; wobei ich noch bemerke, daß der Mühlenbescheider (d. h. der leitende Mühlknappe, d. V.) Franz in seiner amtlichen Vernehmung ausgesagt hat, daß die quaest. (d. h. fraglichen, d. V.) Wege und Fußsteige bereits über 60 Jahre bestanden haben»./4/

Bei dem Treffen an Ort und Stelle forderte Griebenow die Ablösung seiner Hütungsrechte durch Grund und Boden. Bötzow lehnte diese Forderung wegen Unerheblichkeit der Gesamtfläche ab und behielt sich rechtliche Schritte vor. Einigkeit wurde lediglich darüber erzielt, bei der Berechnung des Hütungswertes von der Bonität des Bodens nach der Bodenwert-Tabelle von Mencelius auszugehen. Ihren Abschluß fand die ganze Angelegenheit darin, daß Griebenow schließlich durch Geld entschädigt wurde, das Königliche Rentamt sich mit der Verlegung der öffentlichen Wege einverstanden erklärte und Bötzow mit seinem Bau beginnen konnte.

Ein reichliches Vierteljahr später, am Montag, dem 13. April 1835, ließ das Polizeipräsidium die folgende Bekanntmachung in den Annoncenteil der Haude und Spenerschen Zeitung auf Kosten des Gutsbesitzers Bötzow (1 Taler 2 Silbergroschen plus Belegexemplar für 2 Sgr.) einrücken:

«Der Gutsbesitzer Herr Boetzow hieselbst beabsichtet, auf seinem neben dem Exerzier-Hause vor dem Prenzlauer Thore gelegenen Grundstücke, in einem neu zu erbauenden Brennerei-Gebäude, einen Dampfkessel von $3\frac{1}{2}$ Pferden Kraft, zum Betriebe der Brennerei, aufzustellen. Nach Vorschrift des §. 3. der Allerhöchsten Cabinets-Ordre vom 1. Januar 1831 und des §. 14. der Instruction des Königl. Ministerii des Innern und der Polizei und für Handel- und Gewerbe-Angelegenheiten vom 13. October desselben Jahres (Gesetzsammlung für 1831, S. 243, u. folg.), werden alle Diejenigen, welche durch die beabsichtigte Anlage sich beeinträchtigt glauben, aufgefordert, ihre desfallsigen Einwendungen binnen 4 Wochen präclusivischer Frist, und spätestens bis zum 30. April d. J., bei dem unterzeichneten Polizei-Präsidio anzumelden und zu bescheinigen. Später eingehende Einsprüche können nicht berücksichtigt werden.

Berlin, den 17. März 1835

Königl. Polizei-Präsidium. Gerlach.»/5/

Der fragliche Dampfkessel jedoch, bei dessen Installation und späterem Betrieb es immer wieder Verzögerungen und Beanstandungen geben sollte, war schon längere Zeit fertig. Er stammte aus der Werkstatt des Mechanikus C. Spatzier und war sieben Fuß lang, maß drei Fuß im Durchmesser und hatte ein Feuerrohr von zwölf Zoll Durchmesser. Das mit dem Siegel «C. S.» (d. h. C. Spatzier) und der Unterschrift des Meisters versehene Zertifikat vom 17. Dezember 1834 hat sich in den Bauakten erhalten./6/ Fünfzehn Jahre später taucht dieser bisher unbekannte Mechaniker, der den Bötzowschen Dampfkessel einige Jahre vor der offiziellen Gründung der Firma Borsig (22. 7. 1837) herstellte, in der Mitgliederliste des Centralvereins für das Wohl der arbeitenden Klassen, einer Unternehmerorganisation, als «C. Spatzier, Maschinenbauer» auf, gemeinsam mit den Apothekern Bolle und Bullrich, dem Fabrikbesitzer C. Heckmann, dem Bankier Liebermann, dem Generaldirektor der Königlichen Museen Dr. von Olfers sowie dem Leutnant a. D., Schriftsteller und Redakteur der Vossischen Zeitung Ludwig Rellstab u. a./7/

Mit der Installation eines Dampfkessels entschied sich Christian Friedrich Bötzow für die modernsten Produktionsmethoden seiner Zeit und stellte sich an die Spitze des technischen Fortschritts. Es gab im Jahre 1830 in Berlin immerhin erst 23 Dampfmaschinen, wobei die erste Dampfmaschine in der Königlichen Porzellanmanufaktur nach dem Entwurf des englischen Technikers Bialdon zwar im Jahre 1793 bereits einsatzfähig war, aber erst 1800 aufgestellt wurde, weil maschinenfeindliche Kräfte den Einsatz zu verhindern suchten. Sie war noch 1814 die einzige in Berlin./8/

Nachdem sich der Betrieb der neuen Brennerei vor den Toren der Stadt einigermaßen eingespielt hatte, zog sich Christian Friedrich Bötzow von diesem Unternehmen zurück und übergab die Geschäfte an Julius

Friedrich Albert Bötzow, nicht zu verwechseln mit Julius Albert Hermann Bötzow, dem späteren Brauereigründer. Zu welchem Zeitpunkt die Übergabe der Brennerei geschah, läßt sich gegenwärtig nicht belegen. Der vom 26. Januar 1837 datierte Brief Julius Bötzows an das Polizeipräsidium, in dem es wieder um den Spatziersche Dampfkessel ging, deutet auf einen späteren Termin. In diesem Brief nannte er sich einen «jungen Anfänger»/9/.

Ein Vergleich der vergilbten Handschriften des Christian Friedrich Bötzow mit der des Julius Bötzow läßt jedoch darauf schließen, daß Julius Bötzow die Geschäfte der Brennerei seit etwa November 1835 übernommen haben muß. Das würde bedeuten, daß der «Ackerbürger» Christian Friedrich Bötzow den Bau des Wohnhauses und der Schnapsbrennerei vor dem Prenzlauer Tor inklusive der notwendigen Wirtschaftsgebäude, die dort aus den pragmatischen Gründen des Steuervorteils errichtet worden waren, von vornherein für seinen Sohn (?) Julius betrieben hatte und daß er selbst bis zu seinem Tode in der Alten Schönhauser Straße Nr. 23 wohnen blieb.

Das Verwirrspiel um die Bötzows, die manchmal in den Akten nur mit ihrem Familiennamen unterzeichneten, wird noch größer, wenn man die Angabe aus der Festschrift zum 75. Firmenjubiläum der (späteren) Bötzow-Brauerei heranzieht, nach welcher ein Franz Bötzow «... ein Onkel des späteren Brauerei-Gründers Julius (Albert Hermann, d. V.) Bötzow ...» in ebendieser Alten Schönhauser Straße 23–24 von 1846 bzw. 1847 bis zum Jahre 1853 eine Weißbierbrauerei betrieben haben soll./10/

Leider läßt sich diese Angabe der nicht immer zuverlässigen Firmenschrift heute nur noch indirekt und mit großem Aufwand gegenprüfen, denn der ältere Teil der Bauakte dieses Grundstücks hat sich nicht erhalten./11/ Im Hof der alten Brauerei sollen um 1876 die ersten beiden weiblichen Ärzte Berlins, Dr. Franziska Tiburtius und Dr. Lehmus, praktiziert haben. Genaueres, z. B. über Art und Umfang der Räumlichkeiten, ist nicht zu ermitteln.

Im Gegensatz zu den meisten Berlinern, deren Väter oder Großväter aus verschiedenen Gründen und unterschiedlichen Regionen nach Berlin kamen (ein Einwanderungs- und Assimilierungsprozeß, der mit unverminderter Kraft bis in die Gegenwart anhält), waren die Bötzows von Anfang an in Berlin ansässig.

So wird im Jahre 1284 ein Nicolaus von Bötzow (d. h. hier: *aus* Bötzow, dem heutigen Oranienburg) erwähnt, der wenige Jahre später Ratsherr und Bürgermeister in Berlin wurde. Seit dem Ende des 16. Jahrhunderts werden die Bötzows in den Kirchenbüchern der Marienkirche regelmäßig geführt. Zu einem reichen Grundbesitzergeschlecht aufgestiegen, stellten die Bötzows oft einen der beiden «Wröherren» der Stadt (von niederdeutsch wröhen, wrogen, wrögen, d. h. anklagen, tadeln, rügen); sie bildeten eine Art bürgerlicher Konfliktkommission, die über die Streitigkeiten der Berliner Ackerbürger, über die Bewirtschaftung der Felder, über Wald- und Weidefrevel gemeinsam mit Vertretern der Stadt zu beraten und zu entscheiden hatte. Der letzte Wröherr Berlins soll der schon erwähnte Christian Friedrich Bötzow gewesen sein./12/ Zum Zeitpunkt seines Todes am 8. Dezember 1855 verfügte die Familie der Bötzows über einen Grundbesitz von etwa 1500 Morgen Land und war mit Abstand der größte Grundbesitzer in Berlin.

Der Mechanismus dieses über Jahrhunderte währenden stillen Aufstiegs und die jeweilige Familienpolitik, die stets zugunsten der männlichen Linie betrieben wurde, lassen sich nur ahnen. So vergrößerten die Bötzows ihren Grundbesitz durch «dynastische Heiraten» oder zielgerichtete Ankäufe, wie am Beispiel des Mühlenberges dargestellt. Und auch bei anderen, wesentlich detaillierteren und manchmal anscheinend «nebensächlichen» Aktivitäten kann man sich des Eindrucks nicht erwehren, daß alles nach einem im Geheimen wirkenden, auf langfristige Effekte berechneten Plan verlief. Insgesamt jedoch verliert sich die Geschichte dieser für Berlin so wichtigen und bedeutsamen Familie im Dunkel der Archive und muß deshalb späterer Forschung vorbehalten werden.

Nachdem der Spatziersche Dampfkessel fast dreißig Jahre lang im Dienste der Bötzows auf dem Grundstück

224–226. Paul Schahl: Die ehemalige Würstsche Tabagie, das Ausschanklokal von Julius Bötzow, und Blick gegen die Greifswalder Straße, 3 Fotos, 1865

«vor dem Prenzlauer Thore, neben dem Exerzierhause» gearbeitet hatte, wurde er von Julius Friedrich Albert Bötzow im Herbst 1860 durch einen leistungsfähigeren ersetzt. Außerdem ließ dieser Bötzow das an der Prenzlauer Chaussee gelegene Wohnhaus durch einen einstöckigen Anbau erweitern und schloß dadurch die Straßenfront.

Als Julius Friedrich Albert Bötzow im März 1873 starb, ging das Grundstück Prenzlauer Allee 248 (Nr. 230 der alten Zählung) zunächst an die folgende Erbengemeinschaft über:

— die verwitwete Gutsbesitzer Bötzow, Emilie Auguste Mathilde, geborene Heller

— die verwitwete Stadtrat Ahrends, Anna Elisabeth Wilhelmine Auguste, geborene Bötzow
— den Brauereibesitzer Julius Albert Hermann Bötzow sowie
— den Gutsbesitzer Albert Franz Herrmann Bötzow. /13/

Auf typisch Bötzowsche Art, d. h. in aller Stille (was durch finanzielle Ablösung geschehen sein wird), ging dieses Grundstück dann an Albert Franz Herrmann Bötzow über, der am 5. November 1875 einen Antrag zu einer geringfügigen Erweiterung des Hauses als alleiniger Besitzer unterzeichnete. Fünf Jahre später richtete er sich wie ein Gutsbesitzer großen Stils ein: Er ließ

Ausschanklokal der Brauerei Julius Bötzow, 18-65.

sich eine prunkvolle Voliere für Enten, Hühner und Tauben sowie eine überdachte Kegelbahn von dreißig Meter Länge bauen, deren Rohbauabnahme nach einer fast fünfmonatigen Bauzeit am 3. November 1880 erfolgte./14/

Aus der Beschwerde eines Anwohners, Dr. Wilhelm Michaelis, wohnhaft in der schräg gegenüberliegenden Prenzlauer Allee Nr. 2, vom 28. August 1882 an das Polizeipräsidium, erfährt man auch die Quelle des Reichtums von Albert Franz Herrmann Bötzow: Nach wie vor existierte die 1834 gegründete Schnapsbrennerei, nach wie vor belästigte der Rauch des Schornsteins der nunmehrigen Spiritusfabrik die nähere Umgebung: «Der Unterzeichnete erlaubt sich, das Königl. Polizeipräsidium auf einen schweren Uebelstand aufmerksam zu machen, welchem er mit allen Bewohnern der Häuser Prenzlauer Allee 1–4 und der Friedenstraße 104–106 (der heutigen Straße Am Prenzlauer Berg, d. V.) und anderer ausgesetzt ist.

Aus der Zeit, wo um die Mälzerei an der Straßburgerstraße und um die Brennerei des Gutsbesitzers Bötzow Häuser noch nicht erbaut waren, bestehen dort Schornsteine und technische Betriebe, welche den Anforderungen an solche Einrichtungen, wenn sie inmitten bewohnter Gegenden, geschweige denn einer Stadt mit hohen Häusern liegen durchaus nicht entsprechen.

Dicke schwere Rauchwolken entströmen in einer Höhe, welche ca. 10 Meter geringer ist als die der umliegenden Wohnhäuser fortwährend diesen Essen und machen die Luft schon in der ersten Etage gedachter Häuser irrespirabel (d.h. nicht atembar, d. V.). Ganz besonders ist es der Schornstein und die mangelhafte Feuerung der Bötzowschen Brennerei, worunter die Anwohner schwer zu leiden haben. Von Rauchverzehrung ist da gar keine Rede! ...»/15/

Nachdem die Bötzowsche Brennerei drei Wochen unter polizeilicher Beobachtung gestanden hatte, gab ein vor Ort entsandter Polizeileutnant zu Protokoll: «Es ist nicht zu verkennen, daß die Bewohner d. Pr.(enzlauer) Allee und der Friedenstraße durch den Rauch, welcher den Schornsteinen der Brauerei von Julius Bötzow, Saarbrückerstraße 1–4, hauptsächlich aber der Brennerei von dem Gutsbesitzer Herrmann Bötzow Pr. Allee 248 entströmt, sehr zu leiden haben. Obgleich die letztgenannte Anlage über 200 Schritt von den Häusern der qu. Straße entfernt ist, so schlägt doch der Rauch hauptsächlich bei schlechtem Wetter und ungünstigem Winde auf die genannten Häuser u. füllt die Wohnungen mit Rauch an.

Die Gesundheit der Bewohner ist dadurch gefährdet und ist eine Abhilfe dieses Übelstandes nöthig ...»/16/

Bötzow fügte sich der baupolizeilichen Auflage, stellte aber die erwähnten Übelstände und Rauchbelästigungen lediglich durch das gesetzlich gebotene Mindestmaß, den Einbau einer neuen Feuerungsanlage, ab. Der Schornstein wurde nicht erhöht.

Weitere Um- und Ausbauten, wie z. B. der Neubau eines mit kleinen Wohnungen versehenen Seitengebäudes und die Errichtung eines Treibhauses kamen hinzu. Das Treibhaus, auf dem rückwärtigen Teil des Grundstücks gelegen, dort, wo sich heute das Betriebsgelände des VEB Bako (VEB Backkombinat, ehemals Aschinger) auf der Parzelle Saarbrücker Straße 35 befindet, mußte dann einem größeren Gewächshaus weichen.

1895 besaß der Gutsbesitzer und Spiritusfabrikant Herrmann Bötzow noch ausgedehnte und unbebaute Ländereien im gesamten Berliner Osten und Nordosten, die nach wie vor landwirtschaftlich genutzt wurden. Hier ging er auf Rebhuhnjagd wie einst seine Ahnen, mit dem winzigen Unterschied, daß er «... der letzte Mohikaner, der einzige Übriggebliebene (war), welcher im Stadtkreis Berlin noch Jagdgerechtigkeit ausüben (durfte)», wie das Berliner Tageblatt vom 23. August 1895 unter Bezug auf die Zeitschrift «Sport im Bild» meldete. Außerdem durfte er die Jagd mindestens einen Tag früher als im gesamten preußischen Staate eröffnen, um, wie böse Zungen behaupteten, Siechens Bierhaus mit frischen Rebhühnern beliefern zu können, die dort einige Tage früher als anderswo auf der Speisekarte standen./17/

Um die gleiche Zeit, am 20. Mai des Jahres 1896, fanden sich in der benachbarten Brauerei seines Bruders, des Königlichen Hoflieferanten Julius Albert Hermann Bötzow etwa siebzig Mitglieder des Berliner Heimatvereins «Brandenburgia» zu einer Betriebsbesichtigung ein. Man ließ sich durch die beeindruckenden Anlagen führen, ließ sich die mit einem Kostenaufwand von 920000 Goldmark installierten Kältemaschinen der Firma Linde sowie die elektrischen Aggregate der Firma Siemens & Halske erklären und betrat den Gär- und Lagerkeller, den Flaschenkeller und die Pferdeställe. Noch interessierte sich niemand für die Geschichte dieser Brauerei./18/

Das praktische Rüstzeug dazu bekam er auf dem Rittergut Grünthal bei Biesenthal im Kreis Oberbarnim, welches einem Freund der Familie Bötzow, Amtsrat Schütz, gehörte. Schütz hatte bereits im Jahre 1826 den Braumeister Carl Bechmann aus Nürnberg (nach anderen Angaben: Bamberg) geholt und mit dessen Hilfe von 1827 bis 1840 das erste untergärige «bayrische» Lager-Bier in der Mark Brandenburg hergestellt. Das Grünthaler Bier, auch Grünthaler Unterhöhler genannt, wurde vorwiegend nach Berlin exportiert und trug dazu bei, das für Berlin traditionelle (obergärige) Weißbier nach und nach zu verdrängen; ein Prozeß, der nach der Mitte des 19. Jahrhunderts zu einem Sieg der untergärigen Biere überhaupt führte. Der Braumeister Bechmann, gelernter Böttcher und Weinküfer, zog anschließend nach Berlin und kaufte 1840 für 12000 Taler eine Brauerei an der 1820 bis 1822 angelegten Spandauer Chaussee, den späteren Spandauer Bock, und braute dort ein dunkles, starkes Bier, das er Bockbier nannte. Bald darauf bürgerte sich die Bezeichnung Bock auch für Bechmanns Ausschank ein.

Zur gleichen Zeit, um 1846, befand sich auf der gegenüberliegenden Seite der Chaussee ein kleines Gehöft, auf dem ebenfalls Bier ausgeschenkt wurde (Besitzer: Hennig). 1847 kaufte Bechmann das Anwesen von Hennig, erweiterte das Wohnhaus zu einem Saalgebäude und verlegte im Jahre 1854 seine Brauerei dorthin, die er fortan Spandauer Bergbrauerei nannte./19/
Im Streit um die Prioritäten wird jedoch behauptet, das erste Berliner Bockbier, der sogenannte Ur-Bock, sei Ostern 1839 von dem Küfer Georg Leonhard Hopff auf dem Gelände des Tempelhofer Berges, der zukünftigen Tempelhofer Bergbrauerei, gebraut worden. Hopffs Braumeister Pfeffer gründete später die Pfefferberg-Brauerei an der Schönhauser Allee und eröffnete das dazugehörige Ausschanklokal zu Pfingsten 1844./20/

Schon früher gab es, rein brautechnisch gesehen, in Berlin wie anderswo obergäriges, bei einer Gärtemperatur von 10–25° Celsius, und untergäriges, bei einer Gärtemperatur von 5–9°Celsius hergestelltes Bier in Form des sogenannten Sommer- bzw. Winterbiers.

Noch gegen Ende des 18. Jahrhunderts war man bei der Bierherstellung weitgehend von der eigenen Erfahrung und dem Zufall abhängig. Nicht nur die Länder und Klimazonen, auch die einzelnen Städte und Dörfer brauten das unterschiedlichste Bier, selbst in Berlin gab es verschiedene einheimische und fremde Biersorten. Das Bier fiel außerdem in Abhängigkeit von der Jahreszeit oder der Witterung unterschiedlich aus, manchmal unterschieden sich sogar die einzelnen Sude eines Braumeisters in einer Saison. Schließlich und endlich war man vom Gütegrad der Ausgangsmaterialien sowie vom Wasser (Fluß oder Brunnen) abhängig. Selbst die Qualitätsprüfverfahren waren empirisch, wenn auch nicht immer so drastisch wie der Test mit der eigenen Hose./21/

In einem «Bier-Carmine» aus dem Jahre 1711 reimte der Berliner Student oder Gastwirt bzw. Bierbrauer (?) Andreas Rebel über die in dieser Stadt erhältliche Vielfalt der Biere:

Krossener, Kottbuser, Ruppiner,
Zerbster, Breihahn und Demminer
Landbier und Bernauer Bier,
Gartei aller Tränke Zier,
Duckstein wie auch Fürstenwalder,
Spandauer und Mittenwalder,
Der Karthäuser edles Bräu,
Der zu Frankfurt schäumt auf's Neu,
Tuchebander, Brandenburger,
Stolper und Oranienburger,
Köpenicker, Moll, Magdeburger,
Brietzer, sowie Quedlinburger,

Machen Wirt und Gäste rund. –
Tuts der Trank auch von Saarmund?
Darvon ward uns nie was kund!

Grüß' dich Gott, berühmte Gose,
Bier von Rudow und Mülrose!
Neuendorfer, Kniesenacker,
Spannagel macht's Herze wacker.
Lange möge Potsdam blüh'n
Und der Trank von Lübejün!
Malchower und Krossendorfer,
Forster, sowie Fredersdorfer,
Dessauer und Nauener
Teupitzer und Cremmener,
Falkenhagner, Liebenwalder,
Alte Lebuser, Königswalder,
Bartscher, Wusterhausener,
Machen froh selbst Klausener,
Machen Grillenfänger heiter:
Trink' sie in Gesundheit weiter.

Frankfurt, Rathenow und Straußberg,
Schwedt und Storkow, Wrietzen, Landsberg,
Zehdenick, ja auch Morin
Manchmal gute Biere ziehn.
Freienwalder, Eberswalder,
Stendaler und Luckenwalder,
Englisches, sowie Trebbiner,
Liebenberger und Küstriner,
Mühlenbecker, Dahlewitzer,
Kufenbier und dich, Kyritzer,
Brandenburger Domherrnbier,
Böhmisches und Pommersch' Bier
Schlürft man hier mit frohem Brummen,
Doch noch höher gilt die Mummen,
Mag's auch arg im Kopf d'rauf summen.

Was ich noch zu nennen habe,
Ist ein Bier nur zweiten Rang's,
Dennoch manches Mannes Labe,
Denn manch' Fürste selber trank's.
Dahin rechn' ich Biesentaler

Und Stockholmer; – eitle Prahler
trinken gern den fremden Trank,
Würd' auch Börs' und Magen krank.
Güstrower und sächsisch Bier
Sind zwar nicht des Tisches Zier;
Wehe aber jedem Gaste,
Den Granseer je erfaßte.
Oder Trank von Buchholz, Birkholz,
Weh' im Auge und im Kopfe rollt's
Und noch tagelang im Leibe grollt's.

Doch du fragst: «Und welches Tränklein,
Kundiger empfiehlst du mir?» –
So vernimm's: Ein arges Schwänklein
Ist's oft mit fremden Bier.
Ich gesteh's: Manch guter Tropfen
Kommt von fremdem Malz und Hopfen;
Aber was der fremde kann,
Kann auch wohl der heim'sche Mann.
Sieh', dies Bier so goldig leuchtend,
So erquickend, witzanfeuchtend,
Wurde eingebraut allhier
Und bekommt vortrefflich dir!
Ein Berliner Brauer schuf's
Und's ist würdig besten Ruf's.
S'ist der Sorg ein starker Knebel,
S'ist des Mannesmutes Hebel:
Dieses sagt Andreas Rebel./22/

Oder sollte das ganze lyrische Aufgebot letztlich doch der Eigenwerbung gedient haben? Einigen der hier aufgeführten Biersorten wurden lobende Traktate gewidmet, wie der «Kundschaft des weitberühmten edlen Zerbster Biers, darin sein Ursprung, Tugend, Kraft und Wirkung gerühmet wird, bey Ueberbringung allen getreuen Liebhaberns desselben zur Nachricht übergeben in Leipzig» aus dem Jahre 1695. Andere Biersorten dagegen kamen weniger gut davon und wurden mit solchen sprechenden Namen belegt wie das «Brauseloch» aus Brandenburg/Havel, die «Hosenmilch» aus Dransfeld, die «Klotzmilch» aus Bautzen oder «Kranke(r) Heinrich» aus Graudenz. Zu diesen Spitzna-

Die Brauerei auf dem Windmühlenberg

227. Postkarte mit Blick vom Prenzlauer Tor in die Prenzlauer Allee, Foto, um 1900

228. Max Missmann: Blick vom Prenzlauer Tor in die Prenzlauer Allee, Foto, 1907

men gehörte auch die «Kühle Blonde», ursprünglich auf die Berliner Weiße gemünzt./23/

Die Vielfalt dieses Angebots, die auch das Risiko des Nichtgelingens in sich trug, wurde mit der einsetzenden Industrialisierung Preußens zu Beginn des 19. Jahrhunderts zunehmend eingeschränkt, und die Qualität der Biere wurde stabilisiert. Das Brauwesen wandelte sich «Von der Göttlichen vnd Edlenn Gabe der Philosophischen/hochthewren vnd wunderbaren Kunst/Bier zu brawen», so der Titel eines der ersten Braukompendien in Deutschland, 1614 in Erfurt erschienen, zur modernen Getränkeindustrie.

Nachdem verschiedene Bötzows mehrere erfolglose Versuche mit der (Weiß-)Bierbrauerei hinter sich gebracht hatten, so in der
- Linienstraße (Nr.?) von 1843–1846
- Neue(n) Königstraße 10 (bzw. Nr. 18 der alten Zählung?) von 1846–ca. 1855; kurzer Betrieb mit ‹Bayrisch› Bier von 1859–1863
- Linienstraße 2 von 1847–ca. 1850 sowie in der
- Alten Schönhauser Straße 23–24 von 1846–1855,

eröffnete der in Grünthal ausgebildete 25jährige Albert Hermann Bötzow in den umgebauten und modernisierten Fabrikationsräumen der Alten Schönhauser Straße 23–24 am 13. April 1864 eine neue Brauerei für untergäriges Bier, das sogenannte «Bayrische» oder Lagerbier./24/

Der erste dazu nötige Tiefkeller wurde zunächst auf der in Familienbesitz befindlichen östlichen Hälfte des außerhalb der Stadt liegenden Windmühlenberges angelegt. Der gesamte Komplex, zu dem auch ein Wohn- und Saalgebäude für den Bierausschank sowie mehrere Anbauten und eine Gartenhalle gehörten, konnte im Rohbau bereits am 4. Januar 1865 abgenommen werden. Im Sommer desselben Jahres kamen größere Erweiterungsbauten hinzu. Daß dabei die Würstsche Tabagie im Jahre 1866 «... sofort auf Abriß verkauft (wurde)», wie die Jubiläumsschrift zum 75jährigen Bestehen der Bötzowbrauerei bemerkt/25/, erweist sich bei näherer Prüfung der entsprechenden Bauakten als nicht zutreffend. Ebenso unrichtig ist das Datum des Aufteilungsvertrages für den Windmühlenberg zwischen Bötzow und den Gerberschen Erben, das ebenfalls mit 1866 angegeben wird; in Wirklichkeit erfolgte die Aufteilung jedoch erst am 8. März 1867
16. Mai.   /26/

Die Tabagie wurde von Julius Albert Hermann Bötzow in mehreren Etappen zur Villa ausgebaut und diente ihm vor seiner Übersiedlung in einen Neubau an der Prenzlauer Chaussee von September 1882 bis nach 1900 als Wohnsitz. Abgebrochen wurde sie erst in der Zeit vom 25. Mai bis 22. Juli 1904 durch den für die Architekturgeschichte Berlins wichtigen Bauunternehmer Otto Carl, Prenzlauer Allee 30 (der alten Zählung), der die Bötzowbrauerei und viele andere öffentliche Gebäude in Berlin gebaut oder umgebaut hat sowie eine Reihe von Mietskasernen im Stadtbezirk Prenzlauer Berg errichten ließ./27/

Beim Abriß der alten Tabagie auf dem Grundstück Saarbrücker Straße 5 wurde dem Bauunternehmer von der Baupolizei bescheinigt, daß es «... sich nicht um ein in historischer oder architektonischer Hinsicht bemerkenswerthes Gebäude, sondern um ein einstöckiges Wohnhaus (Villa)» handelte/28/, das man also ohne Bedenken abreißen könne. Aus den in dieser Bauakte erhaltenen Plänen, Grund- und Aufrissen, von denen hier einige abgebildet werden, geht die Lage des ehemaligen Mühlenbescheiderhauses hervor. Es befand sich exakt an der Stelle, wo die Saarbrücker Straße heute noch ihren charakteristischen Knick in westliche Richtung auf die Straßburger Straße macht.

Der Name «Würstsches Local» war für dieses Haus noch im Jahre 1874 geläufig, wie einer Eintragung in der Bauakte Prenzlauer Allee 242/47 zu entnehmen ist. Als beim Tode von Julius Friedrich Albert Bötzow im März 1873 das Grundstück auf dessen Erben umgeschrieben wurde, wußten die zuständigen Beamten der Baupolizei zunächst nicht, um welches Grundstück es sich handelte. Ein findiger Kopf identifizierte es im August 1874 jedoch als «... das den Bötzowschen Erben gehörige Würstsche Local»./29/

Die westliche Hälfte des Windmühlenberges, heute etwa mit der westlichen Hälfte des von der Metzer Straße, der Saarbrücker Straße, der Straßburger Straße

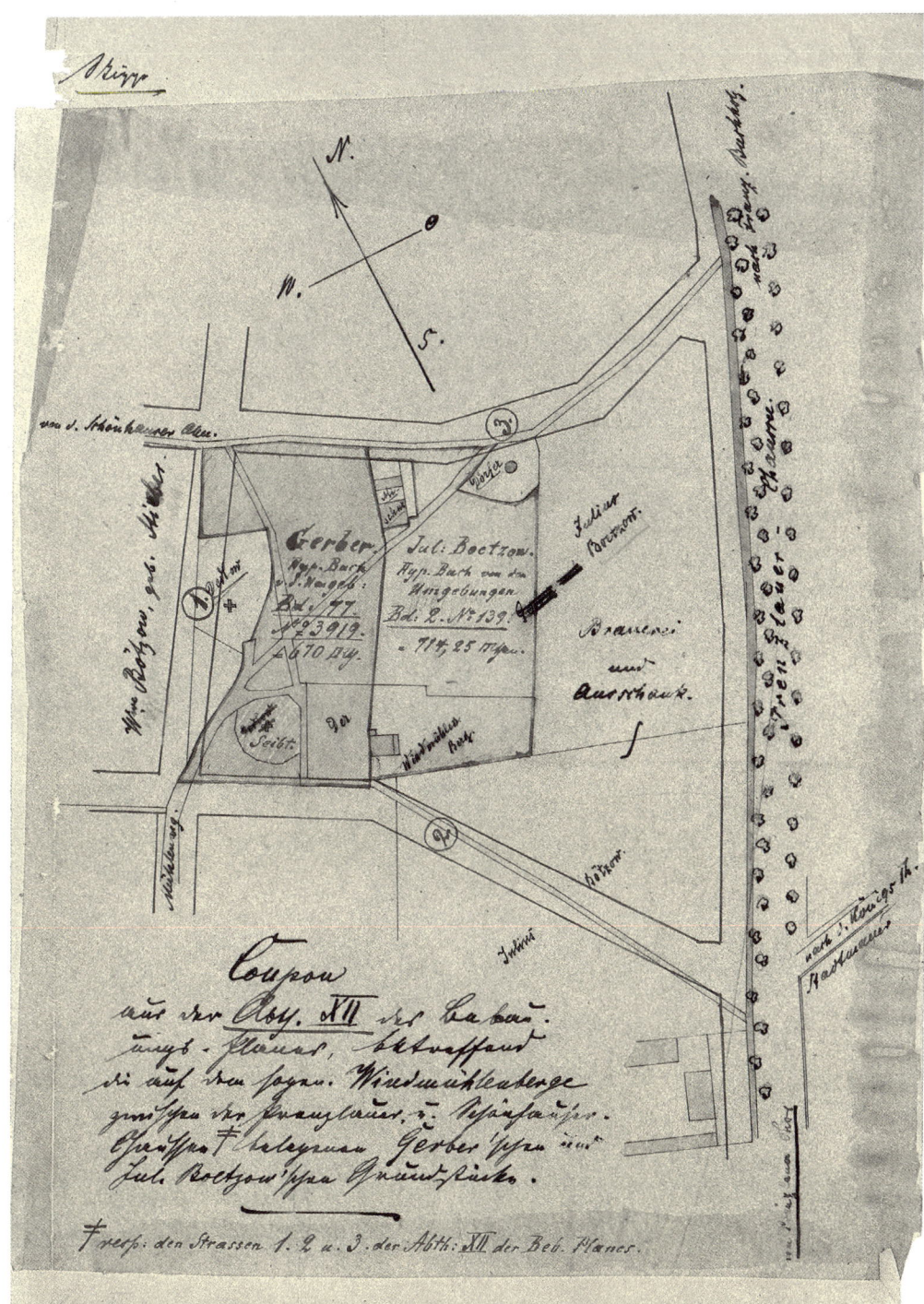

229. Situationsplan des Windmühlenberges vor dem Prenzlauer Tor nach der Erbteilung zwischen Gerber und Bötzow, kolorierte Federzeichnung, 14. Juni 1867

und der Prenzlauer Allee eingegrenzten Geländes identisch (vgl. Abb.), verblieb bei den Gerberschen Erben /30/; eine Expansion der Bötzowschen Brauerei wurde so verhindert. Die ehemalige Grenzlinie zwischen beiden Besitzungen wird noch heute durch die Rückfront der erhaltenen Brauereigebäude bezeichnet, die hier an die Mietskasernenbebauung stoßen.

Der abgebildete Lageplan aus dem Jahre 1867, welcher kurz nach dem Hobrechtschen Generalbebauungsplan von 1862 angefertigt wurde und daher im Bausektor XII liegt, verzeichnet außerdem noch drei Mühlen, die erst danach aus dem Gesamtbild des Mühlenberges verschwanden. Es waren dies die Mühlen von Dedlow, Seibt und Dörfer, wobei sich die Mühle des letzten am längsten gehalten hat. Der Mühlenmeister Kleinau hatte seine Mühle schon um das Jahr 1844 nach Norden, in Höhe des heutigen S-Bahnhofs Prenzlauer Allee, verlagert. Noch heute hat sich die Grenze des ehemaligen, schrägliegenden Kleinauschen Grundstücks in Form einer Stützmauer am nördlichen Gleis dieser S-Bahn-Haltestelle in Richtung Pankow erhalten./31/

Während die kleinen und mittleren Unternehmer, auch die Müller auf dem Prenzlauer Berg, ihr Gewerbe oft verlagerten, weil ihre Existenz bedroht war, betrieben die Bötzows eine Strategie großen Stils. Ihr wirtschaftspolitisches Denken und Handeln war auf größere Zeiträume gerichtet, und oft enthüllen sich ihre Ziele erst durch das nachfolgende Ergebnis. So wurde die Produktionskapazität der Brauerei in der Alten Schönhauser Straße im Laufe der Jahre von Julius Bötzow systematisch gesteigert, aber gleichzeitig auch der Absprung, die Verlagerung der Produktion auf den Windmühlenberg vorbereitet. Kurz vor der Grundsteinlegung für die neuen, modernen Anlagen vor dem Prenzlauer Tor am 5. September 1884 betrug allein der Malzverbrauch in der Alten Schönhauser Straße 35 000 Zentner. Selbst in der Eingabe «mehrerer Bürger» an das Königliche Polizeipräsidium aus dem Jahre 1874, die Gehwege vor dem benachbarten Exerzierhause auf Staatskosten pflastern zu lassen, verrät sich der von den Bötzows inspirierte Gedanke, alle vom Gesetzgeber geschaffenen Möglichkeiten zu nutzen, um zu wirtschaftlicher Größe zu gelangen. Und dazu gehörte auch ein regelmäßiger und sicherer Fußgängerverkehr zum Bötzowschen Ausschank auf dem Windmühlenberg./32/

Nach einer nur halbjährigen Bauzeit nahm die neue Brauerei im März 1885 die Produktion auf. Das Betriebsgelände umfaßte jetzt eine Fläche von 30 000 Quadratmetern, und die Anlagen waren für einen Jahresausstoß von 21 000 Hektolitern Bier ausgelegt, die Lagerkapazität betrug 120 000 Hektoliter. Bereits im ersten Produktionsjahr war der Absatz auf dreihundert Prozent der Leistung der alten Brauerei gestiegen./33/

1 Bauakte Prenzlauer Allee 230, Bl. 54 f. der ursprünglichen Zählung. (Die Zeichensetzung wurde geringfügig modernisiert.) Rat d. Stadtbez. Prenzlauer Berg, Stadtbez.bauamt. Vgl. auch Anm. 31.
2 Ebenda, Bl. 49 der ursprünglichen Zählung.
 Zu den Hütungsberechtigten auf den Weinberggrundstücken zählten außerdem der Gutsbesitzer Büttner und der Magistrat der Stadt Berlin. – Protokoll vom 18. Okt. 1834; wie Anm. 1, Bl. 56.
3 Ebenda, Bl. 50 der ursprünglichen Zählung.
4 Ebenda, Bl. 50 und 51.
5 Haude und Spenersche Ztg. vom 13. April 1835. Gleichlautende Annoncen erschienen auch in der Vossischen Zeitung sowie im Amtsblatt.
6 Wie Anm. 1, Bl. 68.
7 Verzeichnis der Vorsteher und Mitglieder des Centralvereins … Mittheilungen des Centralvereins … 1. Jg. 1848/49. Bln. 1849, S. 25–34; Spatzier S. 32. – Sp. wird noch in der Liste von 1850 erwähnt, dann verliert sich seine Spur.
8 Dorothea Zöbl: «Die Randwanderung der Firma Borsig» nennt irrtümlich 26 Dampfmaschinen. Exerzierfeld der Moderne. Industriekultur in Berlin. Hrsg. von J. Boberg, T. Fichter, E. Gillen. München, 1984, S. 141. Diese Angabe steht im Widerspruch zu: Die Bedeutung Berlins bei der Einführung der Dampfkraft in Preußen. Von K. Lärmer/W. Strenz. Berliner Geschichte. Dokumente, Beiträge, Informationen. H. 5. Bln. 1984, S. 46–56. Hier findet sich die Angabe von 23 nach Angaben aus der ZStA, Dienststelle Merseburg, Rep. 120, A, V, 5, Nr. 12, Bl. 7 f.
9 Wie Anm. 1, Bl. 127.
 Die Umschreibung des Grundstücks sowie der Gebäude usw. auf Julius Friedrich Albert Bötzow erfolgte im Februar 1841. Ebenda, Bl. 157.
10 75 Jahre Julius Bötzow Brauerei Berlin. 1864–1939. Bln., o. J., S. 12.

11 Nach Auskunft des Büros f. stadtgeschichtliche Dokumentation und technische Dienste Berlin.
12 Wie Anm. 10, S. 4 ff. Zur Geschichte d. «Wröherren» vgl. Brandenburgia. XIV. Jg. 1905/06, S. 527 f. (nach einer Mitteilung im Anzeiger für das Havelland, Spandauer Anzeiger vom 28.11.1905).
13 Bauakte Prenzlauer Allee 248, Bl. 45. Rat d. Stadtbezirks Prenzl. Berg, Stadtbezirksamt (Erbschein vom 10. März 1873, Mitteilung des Kgl. Stadtgerichts an das Kgl. Polizei-Präsidium vom 24. Okt. d. J.). Schreibweise des Vornamens ‹Her(r)mann› variabel.
14 Ebenda, Bl. 81 f.
15 Ebenda, Bl. 88–89.
16 Ebenda, Bl. 89.
17 Brandenburgia. IX. Jg. 1900/01, S. 231.
18 Brandenburgia. V. Jg. 1896/97, S. 105–107.
19 Brandenburgia. XVI. Jg. 1907/08, S. 4 f. Der Name «Bockbier» geht bis auf das Mittelalter zurück: So bezeichnete man zunächst in Hannover das während des Mittelalters aus Eimbeck importierte Bier so, welches zu «Aimbock» und schließlich zu «Bock» verkürzt wurde.
20 Hopff kam Mitte 1830 nach Berlin und arbeitete zunächst als Küfer in der Deibel'schen Weinhandlung in der Leipziger Straße, neben dem Kgl. Kriegsministerium. Als Deibel im Jahre 1836 starb, übernahm Hopff dessen Weinhandlung und heiratete ein Jahr später die Witwe. 1838 kaufte er das Gelände seiner späteren Brauerei auf dem Tempelhofer Berg vom Militärfiskus. Brandenburgia. XVI. Jg. 1907/08, S. 75 f. Die Eröffnunganzeige in Vossische Zeitung, Nr. 121 vom 25.5.1844.
21 Diese Probe wurde in der Stadt-Brauerei von Bernau praktiziert. Max Bauer, Der deutsche Durst. Lpz., o. J. (1903), S. 41.
22 Max Bauer, Der deutsche Durst. Lpz., o. J. (1903). S. 92–94.
23 Ebenda. S. 78, 79, 80, 81. Bauer verzeichnete über 250 Spitznamen deutscher Biersorten und setzt damit eine Tradition fort, die bereits von Krünitz im 5. Bd. seiner Ökonomischen Enzyklopädie 1787 berücksichtigt wurde.
24 Wie Anm. 10, S. 10–18.
25 Ebenda, S. 25.
26 Schreiben d. Kgl. Stadtgerichts, Abt. für Civilsachen, Deputation für Hypothekensachen vom 14. Juni 1867 an das Kgl. Polizeipräsidium. Bauakte Prenzlauer Allee 242/47 Vol. 1, ohne Zählung. Rat d. Stadtbez. Prenzl. Berg, Stadtbezirksbauamt.
27 Auf einem Briefkopf aus dem Jahre 1923 verzeichnet das 1894 gegründete Baugeschäft Otto Carl die folgenden größeren ausgeführten Bauten: Umbau Kroll-Theater, Neubau Trianon-Theater, Umbau Staatsoper, Neubauten: Offizierskasino Kupfergraben, Kultusministerium, Dienstwohnung f. d. Handelsminister, Landwirtschaftl. Hochschule, Erweiterung d. Arbeitsministeriums, Museum f. Meereskunde, Erweiterung d. Museums f. Naturkunde, Pflanzl.-Physiolog. Institut Dahlem, Königin Luise-Stiftung Dahlem, Asiatisches Museum Dahlem, Amtsgericht Pankow, Landgericht III, Lazarus-Kirche, Umbau d. Alten Garnisonkirche Berlin und Wiederaufbau, Neubau III. Kirche in Steglitz, Frauengefängnis, Königstädtisches Lyzeum, Erweiterungs- bzw. Neubauten für das Krankenhaus Am Friedrichshain: Infektionsabteilung, Operationsgebäude, Koch- und Waschküche, Neubau d. Aufenthaltsgebäudes f. d. Bahnhof Pankow, Neubau d. Aufenthaltsgebäudes f. d. Bahnhof Frankfurter Allee, Neubau Kesselhaus Nordbahnhof, Erweiterungsbau Klinikum sowie d. Anatomischen Instituts, Umwehrung d. Botanischen Gartens Dahlem, Neubauten der Bötzowbrauereien in Berlin und Köpenick, Jagdschloß Bötzow Straußberg, Lagergebäude Ostbahnhof, Fabrikgebäude Koloniestraße, Wohnhäuser in: Prenzlauer Allee 30, 31, Immanuelkirchstraße 24, 25, 26, 27, Zorndorferstraße (Nr. ?), Winsstraße 11–13, Pasteurstraße 40, 42, Hufelandstraße 9, 10, Sponholzerstraße (Nr. ?), Grunewald-Villen in: Hubertus-Allee, Wangenheimstraße, Tannenberg-Allee 18–20, Villa in Dahlem, Podbielskiallee 31–33, Villa in Lankwitz, Lessingstraße 14, Villa in Berlin, Matthäikirchstraße 31 u. v. a.
28 Bauakte Saarbrücker Straße 5, ohne Zählung. Antrag d. Firma Otto Carl vom 25. Mai 1904. Rat d. Stadtbez. Prenzl. Berg, Stadtbezirksbauamt.
29 Aktennotiz vom 9. August 1874 auf der Rückseite der Benachr. des Kgl. Stadtgerichts, Grundbuchamt 4, von der Umschreibung o. g. Grundstücks an das Kgl. Polizeipräsidium vom 28. Mai 1874. Bauakte Prenzl. Allee 242/47, Vol. II, ohne Zählung. Rat d. Stadtbez. Prenzl. Berg, Stadtbezirksbauamt.
30 Die Gerberschen Erben waren:
 – der Regierungsrat Karl Ludwig Eduard Gerber, Magdeburg
 – der Holzhändler Franz Theodor Gerber, Berlin
 – der Kgl. Kassierer Ernst Rudolph Alexander Berger, Berlin
 – der Kaufmann Karl Ernst Wilhelm Kühne, Berlin
 Ihr Teil des Mühlenberges umfaßte 670 Quadratruten. Vgl. Anm. 26.
31 Zur Geschichte der Berliner Mühlen vgl. Heinrich Herzberg/H. J. Rieseberg: Mühlen und Müller in Berlin. Bln. 1986. – Dort auch der Lokaltermin vom 17. 10. 1834 irrtüml. 18. 10. d. J. (a. a. O. S. 168).
32 Eingabe vom März 1874. Bauakte Prenzl. Allee 249. Bl. 14. Rat d. Stadtbez. Prenzl. Berg, Stadtbezirksbauamt.
 Die Eingabe trägt u. a. die Unterschriften von:
 – H. Bötzow (Gutsbesitzer)
 – Elise Ahrends, geb. Bötzow
 – Julius Bötzow (Brauereibesitzer)
 – Auguste Bötzow, geb. Heller
 sowie eines Bäckermeisters, eines Kaufmanns, eines Wagenfabrikanten, eines Restaurateurs u. a.: sämtlich vor dem Prenzlauer Tor.
33 Wie Anm. 10, S. 28.

230. Anonym:
Das Gutshaus der Familie Bötzow in der Prenzlauer Allee, Foto, um 1900

231. Anonym:
Villa Bötzow, im Volksmund auch als das »Schloß im Norden« bezeichnet, Foto, um 1900

232. Anonym:
Ausschankgebäude und Villa Bötzow, im Hintergrund ein Teil der Brauerei an der Prenzlauer Allee 242/47, Foto, um 1900

233. Anonym:
Verladerampe für Flaschenbier in der Bötzow-Brauerei, Foto, 1930er Jahre

234. Anonym:
Verladerampe für Faßbier in der Bötzow-Brauerei, Foto, 1930er Jahre

235. Anonym:
Fuhrpark der
Bötzow-Brauerei,
Foto, um 1920

236. Anonym:
Fuhrpark der
Bötzow-Brauerei,
Foto, um 1930

237. Anonym:
Auf der Terrasse des der
Bötzow-Brauerei gehörenden
Restaurants »Bellevue«
in Berlin-Friedrichshagen,
Foto, um 1939

238. Anonym:
Im Brauerei-Ausschank
»Bötzow am Kurfürsten-
damm«,
Foto, um 1939

239. Anonym:
Ein Eismann der
Bötzow-Brauerei,
Foto, um 1939

240. Anonym:
»Bötzow am Kurfürsten-
damm«,
von der Rankestraße aus
gesehen,
Foto, um 1939

104.
Wenn Dir die
Knie'e zittern
Dann trink
en Bittern.

Berliner Kneipenspruch, 1909

105.
Glücklich ist, wer verfrißt,
was nicht zu versaufen ist.

Berliner Kneipenspruch, 1919

106.
Für Schnaps, Bier und Happen-Pappen,
Ist beim Empfang gleich zu berappen,
Für Alles Andre ist dagegen
Das bare Geld gleich hinzulegen

In einer Berliner Destille, um 1895

107.
Wer am Teller leckt,
sagt mir, daß ihm's schmeckt;
Wer mir was läßt steh'n,
Muß zu Dressel geh'n!

In einem Schankkeller
in der Louisenstraße, um 1895

108.
Seid gemütlich, meine lieben Gäste,
Thut, als wäret Ihr bei mir zu Haus,
Laßt's Euch schmecken auf das Allerbeste,
Streiten zweie, fliegen Beide raus.

In einem Lokal
in der Alten Jacobstraße, um 1895

109.
Wenn ich mein Brod verdienen soll,
Mußt Du Dein Brod bezahlen,
Drum schlägst am Brode Du Dich voll,
Denk' nicht, daß wir es stehlen!

In einem billigen Speiselokal
in der Frankfurter Straße, um 1895

110.
Mir sind alle Gäste gleich,
Christen, Juden, Heiden,
Nur auf die hab' ich 'nen Piek,
Die politisch Kohlen, –
Die verfluchte Politik
Soll der Teufel holen.

In einer Kneipe in der Ackerstraße, um 1895

111.
Willst Du Dich mit Abs'n* messen,
mußt Du hier zu Mittag essen!

In einer Speisewirtschaft in der Luisenstadt, um 1895
(* Abs war ein bekannter Ringkämpfer der Zeit)

112.
Hast Du Draht, so laß Dich nieder,
Sag' womit ich dienen kann,
Ohne Asche – drück Dich wieder,
Setze keinen Gastwirt an!

In einem Kellerlokal
in der Lothringerstraße, um 1895

113.
Wir geben hier nicht Bier und Wein,
Noch Süßigkeit und Leckerei'n;
Doch unsere Kost giebt Mut und Kraft
Dem, der mit Fleiß die Arbeit schafft.

In einer Berliner Volksküche, um 1895

241–243.
Speisen- und Getränkekarte der Firma Aschinger, Filiale 25, vom 14. Juli 1930

Speisen-K[arte]

1 Salzstange 5[?]

Vorspeisen

1 Pastetchen mit ff. Ragout	60
Ragout fin in Muschel überbacken	70
½ Ei Remoulade	65

Suppen

Fleischbrühe *Tasse* mit Rindermark	25
Fleischbrühe mit Ei	1,25
Kraftbrühe mit Rindfleisch-Einlage	
Kartoffelsuppe	25
Kohlerbsen m. Speckbein	50

Fische

Cabliau z. Zerlbutter	75
Schellfisch gewürzt	85
Maccaroni m. Remouladensauce	85
Holzander Gurkensalat	1,00

Gemüse

Blumenkohl m. Butter	60
grüne Bohnen m. Speck	50
saure Zwetschgen	50
Erbsen m. Zwiebel	70
Sauerkohl	30

Eierspeisen

Rührei oder Setzeier	90
Omelette	90
Omelette aux confiture	90
Eierkuchen	90
Omelette Fleischfüllung	90

Bratsachen von der Pfanne

Wiener Schnitzel mit Bratkartoffeln	1,75
Aschinger-Schnitzel mit Bratkartoffeln	1,50
Schweins-Kotelett mit Salat	1,35
Rumpsteak mit pommes frites	1,50
Filet-Beefsteak mit pommes frites	1,50
Wiener Rostbraten mit Bratkartoffeln	1,50
Kotelettes au four	1,75
Deutsch. Beefsteak m. Zwiebeln u. Bratkartoffeln	
Wien. Cotelett	
m. Blumenkohl	1,50

Auf sämtliche Preise wird ein Zuschlag von 10%, erhoben, der restlos der Bedienung zufällt.

Warm[e Speisen]

Kleine...

Gekochte...
Kartoffeln...
Fleisch...
Speckbein...
Saure...
m. Pflaume...

Spez[ialitäten]

Schweinebraten
Kalbsbraten
Maccaroni...
Eisbein...
Wildschwein...
m. Maccaroni
Zwiebelbraten
Rindfleisch...
Cassl. Rippe...
Filet...
Junge Gans

Salzkartoffeln
Bratkartoffeln

Süß[speisen]

Rote Grütze
Omelette
1 Stk...

1 Tasse Kaffee mit Zu[cker]
Aschinger's Bierwurst
Aschinger's kleine Wien[er]
Aschinger's Schinkenw[urst]

MARKE SALAMANDER

SALA[MANDER] Schuhe werde[n...]

am _10. Juli 1930_   _25_ te _Woche_

Kalte Speisen

Belegte Brötchen 0.10, 0.15, 0.20, 0.25 Mk.

²/₂ Eier mit Remoulade	65
²/₂ gefüllte Eier	65
Verlorenes Ei mit Salat	65
Schinkenrolle mit Ei auf Salat	75
Oelsardine mit Ei auf Salat	75
Gefüllte Tomate mit Ei	75
Ochsenmaulsalat Spezial	—50
Heringssalat	—50
Italiener-Salat	—60
Marinierter Hering	—40
Rollmops, mariniert	—30
Rollmops in Essig und Oel	—30
Stralsunder Brathering Stück	—40
Bismarckhering	—40
Hering in Gelee	—40
Mayonnaise von Krabben	—85
Mayonnaise von Fisch	—60
Mayonnaise von Lachs	
Frischer Lachs garn. mit Remoulade	
Hausmacherfleischwurst	
Hausmacherlandleberwurst	
Hausmachersülze mit Remoulade	—30
Hackepeter mit Brötchen	
Schweinebauch in Gelee	1—
Schweinerippchen mit Salat	1 20
Brisolette mit Ei garniert	1 35
Schweinekotelett mit Kartoffel-Salat	1 50
Sülzkotelett	1 50
Tatar-Beefsteak mit Ei und Sard.	1 50
Gemischter Aufschnitt mit Butter	1 80
Schweinebraten mit Salat	1 60
Kassler Rippespeer mit Salat	
Gänseweissauer	
Eisbein in Gelee mit Salat	

Salate
Kartoffel-Salat	0.20		
Mayonnaise-Salat	0.30		
Gemischter Salat			
Sellerie-Salat			

Kompotte
Preißelbeeren, Kirschen	0.50
Birnen, Zuckerpflaumen	0.50
Gemischtes Kompott	
Apfelmus	

Käse mit Butter
Schweizer	0.60	Franz. Camembert	0.60
Holländer		Original Emmenthaler	
Crème double im Topf		Franz. Gervais	0.60
Harzerkäse	0.45	Portion Butter	0.20
Liptauer	0.60		

Auf sämtliche Preise wird ein Zuschlag von 10% erhoben, der restlos der Bedienung zufällt.

114.
Die Liebe und der Suff,
Det reibt den Menschen uff!

Populärer Zweizeiler, um 1887

115.
Ick bin nich vor Schnabus,
un Aktienjauche is erscht recht nich mein Fall,
indem sowat Jeld kost't,
un ick et ooch janich 'mal verdragen kann
vor wejen Schwindel in'n Kopp.

Populärer Kneipenspruch, um 1887

116.
Drei Monate Knast?
Det is ja 'n mächtijer Schluck aus der Pulle.

Zeitgenössischer Spruch, 1887

117.
Ein guter Trunk und ein guter Rat
Kommt nimmer zu früh und selten zu spat.

In einer Eckkneipe
gegenüber dem Stettiner Bahnhof, 1911

118.
Springt Dir Dein Glas einmal in tausend Stück,
Sei nicht betrübt, denn Scherben bringen Glück.

In einer Eckkneipe
gegenüber dem Stettiner Bahnhof, 1911

119.
Der eine trinkt und kommt nicht aus dem Glase,
der andre flieht den Trunk und hat die rote Nase!

In einer Eckkneipe
gegenüber dem Stettiner Bahnhof, 1911

120.
Nicht genügend gefüllt Gläser
bitte nicht zurückzuweisen

In einem Berliner Animierlokal, um 1910

Quellen f. d. Kneipensprüche:

Berliner Humor vor Gericht. Berlin, o. J. (um 1887). Bd. 1: S. 77, S. 145; Bd. 2: S. 52.
Paul Lindenberg, Berlin in Wort und Bild. Berlin 1895, S. 30, S. 426, S. 427.
Brandenburgia. XV. Jg. 1906/07. S. 110–115.
Ebenda, XV. Jg. 1906/07. S. 250–256.
Ebenda, XII. Jg. 1903/04. S. 42–43.
Ebenda, XX. Jg. 1911/12. S. 243.
nach Berlin b. Nacht ... von Willi Wolff-Jeanquiret. Berlin, o. J. (um 1910?), 2. Aufl., S. 34.
Autorenkollektiv unter Ltg. v. Renate Altner, Heinrich Zille 1858–1929. Berlin 1982, 2., überarb. Aufl., Kat.-Nr. 159.220

244.

245.

WIR BITTEN ZUR KASSE
VORGESCHICHTE DER BERLINER WERBUNG

Wenn Ernst Litfaß lediglich den nach ihm so benannten Werbeträger, die Litfaßsäule, erfunden hätte, was sich bei näherer Betrachtung als Legende herausstellt, dann würde ihn heute vielleicht noch jedes Lexikon führen. Trotz aller Widersprüche und Kompromisse seines Lebens gehörte er zu den bürgerlichen Demokraten der 1848er Revolution und unterstützte sie mit dem Druck von Flugblättern und der Herausgabe einer eigenen Zeitung./1/ Deshalb wohl vor allem und weil sein Ruhm nach seinem Tode im Jahre 1874 schnell verblaßte, ist er lange Zeit hinter seine Erfindung zurückgetreten.

So stammt z. B. jenes «Verzeichnis der an den Märztagen Gefallenen» vom 22. März 1848, das heute in allen Geschichtsbüchern abgebildet oder erwähnt wird und worauf sich historische Forschungen über jene Zeit stützen, aus der Litfaßschen Offizin./2/

Ernst Theodor Amadeus Litfaß wurde am 11. Februar 1816 als Sohn des Berliner Buchdruckers Matthias Litfaß geboren, der in der Zeit der Befreiungskriege durch den Druck von Flugblättern in Erscheinung getreten war. Nach Abschluß einer Lehre als Buchhändler bei der renommierten Schlesingerschen Buch- und Musikalienhandlung (Unter den Linden 34) bereiste der junge Ernst Litfaß Frankreich, England und die Niederlande, vor allem deren Hauptstädte. Mit neunundzwanzig Jahren kehrte er, veranlaßt durch den Tod seines Stiefvaters, im Jahre 1845 nach Berlin zurück, «um die Leitung des väterlichen Betriebes zu übernehmen und mit steigendem Erfolg fortzusetzen»./3/

Doch Erfolg stellte sich anfangs nicht ein, denn die Herausgabe eines «Declamatoriums», welches eine «Auswahl ernster und heiterer Dichtungen zum Vortrage in öffentlichen und Privatgesellschaften» von Goethe, Herder, Heine, Saphir und von Litfaß selbst enthielt, wurde nicht der Verkaufsschlager, den sich der junge Unternehmer erträumt hatte. Auch sein Plan, eine Art Fremdenführer durch die Berliner Friedhöfe mit einem Verzeichnis sämtlicher Grabdenkmäler und Grabinschriften in alphabetischer Reihenfolge herauszugeben, kam über bescheidene Anfänge nicht hinaus. Allerdings zeigte sich bereits hier ein charakteristischer Zug der unternehmerischen Strategie von Ernst Litfaß: das Projektemachen und Pläneschmieden. Zum richtigen Zeitpunkt, mit Unterstützung der richtigen Leute, sollte diese Haltung jedoch zum Erfolg führen.

Seinen ersten großen Durchbruch erhoffte sich Ernst Litfaß augenscheinlich von der Herausgabe des «Berliner Krakehlers», einer Zeitung, deren Titel allein schon der alten Ordnung den Kampf ansagte. Auch das Motto «Ruhe ist die letzte Bürgerpflicht, die erste aber: immer mit dem Kuhfuß!» läutete Sturm. Litfaß spielte damit auf den Maueranschlag nach der verlorenen Schlacht von Jena und Auerstedt an, auf dem Graf von der Schulenburg die Berliner mit folgendem Text zu beschwichtigen versucht hatte: «Der König hat eine Bataille verlohren. Jetzt ist Ruhe die erste Bürgerpflicht. Ich fordere die Einwohner Berlins dazu auf. Der König und seine Brüder leben.
Berlin, den 17. October 1806»/4/

Der Kuhfuß endlich, den Litfaß schwingt, ist die auch heute noch so bezeichnete Brechstange, deren eine Hälfte tatsächlich an die gespaltenen Zehen einer Kuh erinnert.

Die Nummer 1 des «Berliner Krakehlers» erschien am 18. Mai 1848 zum Preis von 1 Silbergroschen und umfaßte vier Seiten, war also im Grunde genommen nur eine Art erweitertes Flugblatt, hatte auch etwa dieses Format. Im Programm der Zeitung hieß es: «Der Berliner Krakehler erscheint gar nicht, sondern ist immer vergriffen und *vergreift* sich *wöchentlich* einmal», und eine Zeile weiter über das «Programm des Krakehlers: «Die *Tendenz* des Krakehlers ist einzig und allein *Krakehl*»./5/ Ob die senkrecht am rechten Rand der Titelseite gedruckte Bemerkung «Vierter Auflage» (d. h. der Zeitung) ernstzunehmen oder mehr als absatzfördernder Gag zu verstehen ist, muß dahingestellt bleiben; allerdings soll die Auflage 20000 Exemplare betragen haben.

Möglicherweise war der literarisch ambitionierte Ernst Litfaß, zu dessen Bekannten- und Freundeskreis viele Berliner Literaten und Künstler dieser bewegten Zeit gehörten, selbst der Verfasser der kurzen Texte des «Berliner Krakehlers», die sich sentenzenartig aneinanderreihten. Er versteckte sich hinter dem sprechenden Herausgebernamen «Dr. Herr-weg», eine Anspielung auf den Namen des Freiheitsdichters Georg Herwegh und die programmatische Forderung nach Beseitigung jeglicher Obrigkeit.

Die Druckerei befand sich in der Adlerstraße 6, eine seit den 30er Jahren unseres Jahrhunderts verschwundene Straße auf dem Friedrichswerder, westlich der Jungfernbrücke. Die Adlerstraße bildete einen Teil des von Friedrich Nicolai in seiner «Beschreibung Berlins ...» aus dem Jahre 1786 so genannten «Triangels»./6/

Nach der Niederschlagung der Revolution von 1848 machte Litfaß einen Schlußstrich unter seine Vergangenheit und versuchte an eine verlegerische Initiative seines Stiefvaters anzuknüpfen, der schon im Jahre 1825 damit beauftragt worden war, die Programmzettel für sämtliche Berliner Bühnen zu drucken./7/ Er kombinierte den Theaterzettel mit der Zeitung, und es entstand der «Berliner Tages-Telegraph», der, von 1851 bis zum Jahre 1878 unter dem veränderten Titel «Theater-Zwischen-Acts-Zeitung» erschienen, seinen Gründer um vier Jahre überlebte. Diese Zeitung, die wie die früheren Theaterzettel nur einen Silbergroschen kostete, sollte «... sowohl Fremden als auch Einheimischen ... ein Ratgeber für Theater, Konzerte, Vergnügungen, Einkäufe und Eßrestaurants sein, und außerdem bot Litfaß in seiner Zeitung dem Leserpublikum Reklame in reichlichem Umfang an. Er tat dies als erster, wodurch er seine Buchdruckerei gleichzeitig zu einem Reklameunternehmen ausbaute. Schließlich hat er auch auf diese Weise das Inserat-System in Berlin eingeführt.»/8/

Diese Behauptung von Sabine Reichwein aus dem Jahre 1980 muß jedoch bezweifelt werden, denn die Zeitung als Werbeträger hatten vor Ernst Litfaß schon andere entdeckt. So inserierte selbst ein so bescheidener Caffetier wie Theodor Würst in den Sommermonaten des Jahres 1837 täglich zweizeilig auf der letzten Seite der Vossischen Zeitung. Und am 2. Oktober 1837 verabschiedete er sich zum Abschluß der Sommersaison mit folgendem Hinweis:

«Heut Montag Feier des Herbst-Festes.
Theodor Würst, a. d. Windmühlenberg.»/9/

In derselben Woche folgte die letzte Einladung des Jahres 1837:

«Heute Donnerstag wird der große Drachen steigen.
Theod. Würst, auf dem Windmühlenberg.»/10/

Der Restaurateur Schmidt, Kaiserstraße 28, annoncierte in stereotyper Wiederholung, als ob er die Erkenntnisse der modernen Werbung vorwegnehmen wollte, im 4. Quartal desselben Jahres jeweils Mittwoch in der Vossischen Zeitung den gleichen Text:

«Mittwoch werden ein fettes Schwein und mehrere Nebengewinne auf meiner Kegelbahn ausgespielt.» Schmidt, Kaiserstr. 28»/11/

Andere versuchten über ihre Erzeugnisse für sich zu werben und mit den Preisen zu locken:

«Etwas sehr zu empfehlendes!
Eine große Tasse Bouillon *so kräftig und schön*, wie man solche nur immer für 2½ Sgr. bekommen kann, *erhält man für 1 Sgr.* bei Klahm, Mittelstr. No. 9»/12/

oder sie versuchten die Gäste mit Hilfe ihrer Köchin zu fangen:

«Die Weinstube, Rosenthaler Str. No. 47, im Hause der rothen Apotheke, hat sich eine vorzüglich gute Köchin zugelegt, welche sehr gute Beefsteacks, Kotteletts etc. bereitet. Zu den bekannten guten Weinen werden nun auch warme u. kalte Speisen bestens empfohlen.»/13/

Ein ganz Findiger versuchte es (wahrscheinlich) sogar mit einem simplen Trick:

«In meiner Wein- und Frühstücksstube, und Niederlage fremder Biere, können die seit längerer Zeit liegen gebliebenen, nachstehend angeführte Gegenstände, als:
1) Ein elegant schwarzlackirter Stock,
2) ein dito braunlackirter Stock,
3) ein Stock mit überflochtenem Knopf,
4) ein Krückstock,
5) ein schwerseidenes Taschentuch,
6) ein leinenes Taschentuch,
7) ein Federmesser,
8) ein Zahnstocher in Form eines Fisches
nach Legitimation des Eigenthümers in Empfang genommen werden. J. Buder, vorm. Parisius, Königsstr. 1.»/14/

Sogar die zugkräftigen, heute sehr modern anmutenden Ankündigungen von Sonderpreisen und Räumungsverkäufen, selbst Heiratsannoncen waren in den 30er Jahren des 19. Jahrhunderts in Berlin bereits gang und gäbe. Den unerreichten Höhepunkt jener frühen Werbung erzielte jedoch der, wie er sich oft selbst in den Zeitungen und auf Plakaten zu annoncieren pflegte, «vergnügte Weinhändler» Louis Drucker.

Mit allen heute üblichen Mitteln sorgte Louis Drukker, über dessen Biographie wenig bekannt ist, für ein ständiges Interesse der Berliner Öffentlichkeit an seiner Person und an seinen Produkten, an dem Besuch seiner Gaststätte(n) und damit an den zu füllenden Kassen seines Hauses. Was ihn von allen anderen Berliner Originalen unter den Gastwirten, z. B. auch von dem späteren sogenannten Groben Gottlieb nebst Nachahmern, wohltuend unterschied, waren seine Methoden. Es ging ihm nicht nur, wie vielen nach ihm, um den bloßen Profit, sondern auch um ein Amusement seiner Stammkunden und Gäste. Louis Drucker war ein Teil der Berliner Öffentlichkeit, er war Tages- und Stadtgespräch. Er war eine Persönlichkeit, die man zum Leben des Berliner Biedermeier zählen muß.

Man könnte ihn von der Bedeutung her mit seinem amerikanischen Zeitgenossen Phineas Taylor Barnum auf eine Stufe stellen, wenngleich Barnum die Werbung bereits als eine spezielle Form des «aggressiven Geschäftsbetriebes» begriff./15/ Barnum nannte man deshalb schon zu Lebzeiten «Die Große Trommel». Er brachte es fertig, die angebliche Amme George Washingtons, eine farbige alte Dame im biblischen, selbstverständlich vorgetäuschten Alter von 161 (!) Jahren, auszustellen und mit ihr durch die Vereinigten Staaten zu reisen. Er organisierte auch die Europatournee des Liliputaners «General Tom Thumb» (d. h. Däumling) in den Jahren 1844–1847 und organisierte die USA-Tour-

246.
Adolf Menzel/
Gottlob Berger:
Porträt
Louis Drucker,
Lithographie,
o. J.

nee der schwedischen Sängerin Jenny Lind vom 11. September 1850 bis zum 9. Juni 1851, nach deren Ablauf es sogar Jenny-Lind-Klaviere und Jenny-Lind-Seife gab. Über die kommerziellen Absichten dieser Tournee, die Barnum mit allen Methoden und Raffinessen des modernen big business der Werbebranche durchführte, schrieb er in seiner Autobiographie folgendes und er lieferte damit das Motto der Werbung überhaupt: «Ich hatte unzählige Mittel und Werkzeuge zur Förderung meines Zweckes in Bewegung gesetzt, und das Publikum ahnte nicht die Hand, die indirekt auf sein Herz einwirkte, ehe sie seinen Beutel in Anspruch nahm.»/16/

Im Vergleich zu Barnum war Louis Drucker altmodischer. Zur Eröffnung seines Geschäftes ließ er folgende Annonce erscheinen:

Erfrischungs-Anzeige.
Um dem drückenden Mangel an Weinhandlungen zu begegnen, werde ich zum Wohle der dürstenden Menschheit am 4. Januar 1837, fünf Minuten nach Sonnenuntergang, in der Roßstraße No. 29 eine Weinhandlung eröffnen. Lokal, Kellner, meine Wenigkeit und sonstige Utensilien werden ein harmonisches Ganzes bilden, welches nur von der Reinheit meines Lagers und meiner Grundsätze übertroffen werden soll. Nur um sich von der Wahrheit zu überzeugen, lade ich meine vom Durst geplagten Mitbürger und Freunde zum fleißigen Besuche meines Lokals ergebenst ein, allwo sie sich belehren können, wie alt die Wein-Komposition in Deutschland sei./17/

Einen reichlichen Monat später, am 4. Februar 1837, erschien die erste Annonce Louis Druckers in dem damaligen regierungsamtlichen Blatt, der Vossischen Zeitung. Man hat den Eindruck, als ob sich Drucker seiner neuartigen Werbemaßnahmen, die sich auch auf die Typographie erstreckten, erst sicher sein wollte. Stil und Ton dieser Annoncen sind im Vergleich zu späteren noch zurückhaltend. Drucker inserierte:

Heute Sonnabend den 1ten Februar 1837 zweites zwangloses musikalisches Abend-Essen in der neuen fidelen Weinhandlung, Roßstraße No. 29

Speisen: Fische, Fricassée von Kapaunen, Kalbsbraten, Rehkäule u. B. B. mit K.

Das Orchester, unter Leitung des Herrn Direktors Louis Hitsch, frühern Pferdehändlers, besteht aus folgenden Mitgliedern:
Fräulein Johanna Rindfleisch
Jungfrau Minna Zerbig
Demoiselle Clara Zinober.

Preis 15 Silbergroschen, ohne dem Appetit Schranken zu setzen.

Auch wird à la Carte gespeist. Louis Drucker./18/

Ob mit dem ominösen «B. B. mit K.» Butterbohnen mit Kartoffeln gemeint waren oder ob es sich um ein erstes Ausprobieren der später berühmt-berüchtigten Scherze und Rätselaufgaben Louis Druckers gehandelt hat, mit deren Hilfe er die Neugier des Publikums (wie auch im Falle der mit Sicherheit absichtlich falsch gesetzten «Rehkäule») schüren wollte, muß dahingestellt bleiben. Ebenso vorsichtig muß man die Mitteilung Druckers behandeln, daß sein Kapellmeister Hitsch ein früherer Pferdehändler gewesen sein soll. Der Direktor seines Orchesters hieß nicht Hitsch, sondern Hirsch – und es war weder ein Druckfehler noch Unkenntnis des richtigen Namens, die ihn den Hirsch mit ‹t› schreiben ließ; außerdem muß das mit dem Pferdehändler überhaupt nicht stimmen. Es kann auch eine ironische Anspielung auf die zweifelhafte Herkunft der Dirigenten der Konkurrenz gewesen sein, die Drucker in seine Anzeige aufnahm. Und was schließlich die Namen der weiblichen Mitglieder des Hirsch'schen Orchesters anbetrifft, so können sie stimmen, aber ebensogut auch völlig falsch und erfunden sein, aber so erfunden, daß alle Welt sie für falsch hielt. Auffällig ist die Beteuerung, daß es sich um unbescholtene Damen handelt, denn ob nun «Fräulein», «Jungfrau» oder «Demoiselle» – mit diesen Begriffen wird stets ein und derselbe Zustand beschrieben. Oder sollte dessen Gegenteil formuliert werden? Vielleicht hießen die Damen auch Lehmann, Schulze, Meier? Fräulein Johanna Rind-

247. Gottlob Berger:
Speisekarte
für Louis Drucker,
Lithographie, o. J.

fleisch taucht gelegentlich in anderen Annoncen von Louis Drucker auch als Amalie Rindfleisch auf, aus welcher der Sprachjongleur Drucker ‹Achtmalje Rindfleisch› machte.

Nach wenigen Monaten erfolgreichen Wirtschaftens pachtete Louis Drucker bereits ein zweites Lokal, das in der Alexanderstraße 27a gelegene Restaurant «Zum Englischen Garten». Er veranlaßte den Besitzer Heinrich Tretrop nicht nur zu einer Änderung des Getränke- und Speisenangebots, sondern er scheint ihm auch den Text für eine öffentliche Mitteilung diktiert zu haben./19/. Am Donnerstag, dem 11. Mai 1837, teilte Louis Drucker den Lesern der Vossischen Zeitung die eingetretenen Veränderungen mit und fügte hinzu:

In dem Garten-Pavillon wird, der prompten Bedienung wegen, *von berittenen Kellnern,*
Im Salon dagegen *zu Fuss* servirt./20/

Von Stund an inserierte Drucker für seinen «Englischen Garten», daß dort die Bedienung «à cheval», d. h. «zu Pferde» erfolgte. Als ihm einmal ein Kellner ausfiel, inserierte er am 21. Juni 1837:

Die Stelle eines 3ten berittenen Kellners ist bei mir vakant; diejenigen Reiter erhalten den Vorzug, welche der lateinischen oder griechischen Sprache mächtig sind. Louis Drucker, Weinhändler, Roßstraße 29./21/

Kein Geringerer als Adolph Menzel hat den Mitarbeitern und Freunden Louis Druckers ein künstlerisches Denkmal gesetzt. In seiner hier abgebildeten Umrahmung für das von Gustav Berger lithographierte Porträt des Weinhändlers leben sie weiter. Da sind die beiden Harfenistinnen zur linken und zur rechten Hand, die von Drucker Franzisca Krick und Brigitte Kreide genannt wurden./22/. Da ist der Kapellmeister Louis Hirsch alias Hitsch, gleichzeitig Louis Druckers «erster Geigist», der «den Gipfel der höhern Tonkunst in einer eigenen Composition, woran er zehn Jahre gearbeitet hat(te), zu erreichen …» versuchte./23/ Und da sind schließlich auch die berittenen Kellner und die Schar der fröhlich zechenden Gäste, die ihre geleerten Weinflaschen auf dem Tisch stehen lassen durften und so jederzeit einen Überblick über ihre Zeche hatten und stolz auf ihre Leistungen in der «Wein-Anstalt» Louis Druckers sein konnten, in der der «geneigte Besuch der lieben Schuljugend … örtlicher Verhältnisse wegen nur des Morgens zwischen 6 und 7 Uhr statt finden» durfte./24/

Als Gustav Berger den Auftrag erhielt, für Louis Druckers Etablissement eine Speisekarte zu gestalten, bediente er sich der Menzelschen Vorleistung. Er stellte den Kapellmeister Hirsch unter die Gäste, ließ eine Harfenistin sowie die berittenen Kellner weg und fügte neben dem Rahmen- und Rankenwerk an den Rändern links unter der Spalte «Warme Speisen» das Modell einer Lokomotive hinzu. Diese Lokomotive ist jedoch nicht nur, wie man vermuten könnte, als ein Symbol der modernen Zeiten zu verstehen. Sie stellte seinerzeit zugleich eine aktuelle Anspielung auf ein Objekt dar, das möglicherweise zusammen mit anderen ‹Exponaten› Ende 1837 tatsächlich bei Drucker zu sehen war, auf jeden Fall aber in einer Annonce vom 12. Dezember d. J. erwähnt wurde.

Um sich von den in Berlin üblichen Weihnachtsausstellungen der Konkurrenz ironisch zu distanzieren, ohne den Zugang zu den Geldbeuteln des Publikums zu verlieren (vgl. das Motto von Barnum), veröffentlichte Louis Drucker unter Anspielung auf den bevorstehenden Bau der Berlin-Potsdamer Eisenbahn das folgende Inserat:

Heute Dienstag am 12ten Dez. 1837:
Große musikalische Soirée. Anfang 6½ Uhr.
Um nicht in der Kultur zurückzubleiben.
Erste unentgeltliche Weihnachts-Ausstellung, bestehend,
1. in einer richtigen ¾ Wein-Flasche;
2. einem in England angefertigten Locomotif von Eisen, zu mehreren projectirten Eisenbahnen ohne Gefahr anwendbar;
3. einem mechanischen Kunstwerk, ein Kolibri, in dem Moment, wie er zwitschert;
4. Quittungen über bezahlte Miethen;
5. unverfälschten Medoc.
(…)
Freundlichen Gruß   Louis Drucker,
Spandauer Str. 49/25/

248. Ferdinand Reichardt:
*Plakat mit Text
von Louis Drucker,
1848*

Louis Drucker war mit seinem Etablissement schon wieder umgezogen. Nachdem er sein Lokal in der Roßstraße Nr. 29 eröffnet hatte, kam der «Englische Garten» in der Alexanderstraße 27a hinzu. Danach verlegte Drucker, der in der Heilige(n) Geiststraße 36 wohnte, sein Weinrestaurant im Herbst 1837 in die Spandauer Straße 49 oder «Spandauer Straße No. Ein Taler und neunzehn Silbg.», später in die Poststraße 5; er verkrachte um 1842 und war 1848 wieder als Gastwirt tätig./26/

Die Plakate, die Louis Drucker anfertigen ließ, dienten ihm nicht nur als Belebung seines Geschäfts. Der Sitte der Zeit folgend, kommentierte er auch das Tagesgeschehen, u. a. die Ereignisse der Revolution von 1848. Eines dieser seltenen Exemplare, die sich in Privatbesitz erhalten haben, bilden wir nebenstehend ab.

Seit es Zettel- und Plakatanschläge in Berlin gab, hatten die Behörden ihre liebe Not mit den Einwohnern, und es gab immer wieder Versuche, der öffentlichen Ankündigungen privater Meinungen, Wünsche und Hoffnungen mittels Zensur und anderer Maßnahmen Herr zu werden. So war am 18. September 1732 ein «Geschärfftes Patent, gegen die Verderbung und Diebereyen an den öffentlichen Laternen in den Königlichen Residentzien», d. h. in Berlin und Cölln, nötig gewesen.

Die ausführliche Liste aller Delikte reichte vom Ankleben und Annageln handgeschriebener und gedruckter Zettel über das Anzünden von bürgerlich-privaten Tabakspfeifen an den Hochwohllöblichen Flammen der Königlichen Laternen sowie dem Einschlagen der Scheiben derselben mit Steinen, Stöcken oder Schneebällen bis zum Umfahren bzw. Ausreißen der Laternenpfähle./27/ Auch die öffentlich-rechtlichen Bäume und privaten Zäune wurden dazu benutzt und ihren eigentlichen Zwecken, wohltuend Schatten zu spenden bzw. Eigentum abzugrenzen, entfremdet.

Während der sogenannten Berliner Schneider-Revolution, die durch die Verhaftung von acht brot- und arbeitslosen Schneidergesellen im Lokal des Viktualienhändlers Timm in der Roßstraße 31 am Abend des 16. September 1830 ausgelöst wurde und bis zum 20. d. M. dauerte, wurden mehrere Zettel gefunden, auf denen Konstitution und Pressefreiheit gefordert wurde./28/

Vor diesem Hintergrund wird es klar, weshalb der Berliner Polizeipräsident Karl Ludwig von Hinckeldey, der seit November 1848 im Amt war, auf das Angebot von Ernst Litfaß, in Berlin öffentliche Plakatsäulen als Werbeträger aufzustellen, sofort positiv reagierte. Dadurch «... spielte er Hinckeldey ... die Möglichkeit zu, endlich wieder eine Zensur gegen den Plakatanschlag indirekt und zudem ganz legal in Berlin einführen zu können. Als Gegenleistung forderte Litfaß für sich die alleinige Konzession zur Aufstellung der Anschlagsäulen.»/29/

Die revolutionäre Vergangenheit von Ernst Litfaß, sein «Berliner Krakehler», seine Plakate und Flugblätter wurden ihm gnädig verziehen, denn mit Hilfe seiner Erfindung konnte der Staat endlich dem wilden Plakatieren, dem anarchistischen Zettelanschlag Einhalt gebieten.

Ernst Litfaß, der die Konzession für die Aufstellung seiner Säulen am 5. Dezember 1854 erhielt, verschwieg dabei wohlweislich, daß er sich eigentlich einer englischen Erfindung bzw. französischer Vorbilder bediente, die er auf seinen Reisen als junger Mann in den Straßen von London und Paris gesehen hatte.

So hatte bereits am 21. Dezember 1824 George Sam.(uel?) Harris aus Knightsbridge, Middlesex, ein Patent zur Aufstellung einer beweglichen achteckigen Säule unter der Nummer 5024 in London angemeldet. Sabine Reichwein bildet die sogenannte «Harris-Säule» in ihrer Arbeit ab und zitiert aus der Patentbeschreibung: «Die Maschine ist an ihrem Boden so auf dem Wagen befestigt, daß sie sich um ihre eigene Achse dreht, damit sie nach und nach jede Seite ihrer Oberfläche dem Publikum darbietet. Bei dem trüben Londoner Tageswetter oder bei Nacht wird die Säule von innen durch Lampen oder Kerzen erleuchtet. Zu diesem Zweck werden die Plakate gefirnißt oder mit Öl getränkt. Der Erfinder hat an seiner Maschine übrigens auch eine ganz moderne Einrichtung angebracht; er läßt die Säule auf einem Kranz von Rollenlagern in einer Schiene laufen, damit sie sich leichter drehe. Der Wagen kann von einem Pferd oder einem anderen Tier durch die Straßen gefahren werden.»/30/

Auch in Paris gab es um 1842 bereits gemauerte Plakat- und Anschlagsäulen als Werbeträger, die Ernst Litfaß gesehen haben muß. Stolz präsentierte er auf der oft abgebildeten Lithographie «Berlin's neue Anschlag-Säule», die zugleich als Pissoir und als Brunnenverkleidung genutzt werden konnte. Die erste von insgesamt hundertfünfzig Litfaß-Säulen (wobei sich hinter fünfzig von ihnen bereits existierende Brunnen und Pissoirs verbargen) ließ er vor seiner Druckerei in der Adlerstraße 6 aufstellen. Sie wurde am Sonntag, dem 1. Juli 1855, nach zweieinhalbmonatiger «Bauzeit» in Gegenwart der Berliner Presse und vieler Schaulustiger feierlich eingeweiht, nachdem die Öffentlichkeit vorher über alle Details während der einzelnen Bauphasen ausführlich unterrichtet worden war. Eine Militärkapelle spielte bei strahlendem Sonnenschein die eigens von Kéler Béla für diesen Tag komponierte «Ernst-Litfaß-Annoncir-Polka», deren heiße Rhythmen die Berliner begeisterten. Litfaß hatte seinen Frieden mit der Gesellschaft gemacht und die Gesellschaft mit ihm. Rasch avancierte er zum öffentlich besungenen König der Berliner Reklame, arrangierte Volksfeste, Wohltätigkeitsveranstaltungen und andere Lustbarkeiten. Im Jahre 1861 wurde er wegen seiner unverbrüchlichen Treue zum Königlichen Hause zum Commissions-Rath und zwei Jahre später zum Königlichen Hof-Buchdrucker ernannt./31/ Sein 25-jähriges Geschäftsjubiläum am 16. Juni 1871 fiel mit der Niederlage der Franzosen in der Schlacht von Sedan und der zwei Tage später erfolgenden Kaiserkrönung Wilhelms I. in Versailles zusammen. Ernst Litfaß hat den Aufstieg Preußens begleitet, seine Anschlagsäulen gibt es noch heute. Während sich mit dem Namen Louis Druckers und mit der Erfindung der Litfaßsäule der Beginn der modernen Werbung im Berliner Gaststättengewerbe und die Bereitstellung eines wichtigen Werbeträgers in der Öffentlichkeit zeitlich exakt formulieren lassen, sind wir in anderen Fällen auf das mühselige Zusammenstellen verstreuter Textstellen aus der Sekundärliteratur, auf Vermutungen bzw. aufwendige archivalische und ähnliche Forschungen angewiesen, die noch zu leisten sind.

1 Sabine Reichwein, Die Litfaßsäule. Die 125jährige Geschichte eines Straßenmöbels aus Berlin. Berliner Forum 5/80. (West-)Berlin 1980, mit zahlreichen Abb. und Literaturverzeichnis.
2 Die gesamte Flugblattaktivität von Ernst Litfaß wird bei S. Reichwein nur summarisch erwähnt: «Auch Flugblätter aus der Zeit der März-Revolution 1848 sind in der Litfaßschen Buchdruckerei hergestellt worden.», ebenda. S. 9. Ein Verzeichnis sämtlicher Flugblätter von E. Litfaß steht noch aus.
3 Ebenda, S. 8. Litfaß' Vater, Matthias Litfaß, war 8 Tage nach der Geburt seines Sohnes gestorben, und seine Mutter hatte kurz darauf den Buchdrucker und -händler Leopold Wilhelm Krause geheiratet. Krause war bis zum Tode von Matthias Litfaß Administrator des Litfaß'schen Unternehmens.
4 Abb. des Maueranschlags z. B. in: Preußen. Versuch einer Bilanz. Ausstellung vom 15.8.–15.11.1981. Katalog. Bd. 3, Hamburg 1981, S. 78.
5 Faksimiledruck der Nr. 1 in: Hans Blum, Die deutsche Revolution 1848–1849. Florenz/Lpz. 1898. 11. Tsd., Beilage nach S. 192. Dort auch Faksimiles von 2 Flugblättern aus der Druckerei von Ernst Litfaß: – Protest gegen die Zurückberufung des Prinzen von Preussen ... (nach S.168) sowie – Soll der Prinz von Preussen zurückkommen? Eine Frage an das Volk ... (nach S.196).
6 Friedrich Nicolai, ... Neudruck ... Bln.1983, S.77, Nr.199. Zu dem altberlinischen Triangel und dessen Umgebung vgl. auch Brandenburgia. IX. Jg. 1900/01, S. 338–350.
7 Wie Anm.1, ebenda, S.11.
8 Ebenda, S. 12. Bereits im Jahre 1837 hatte es eine ähnliche Zeitung, den «Telegraph von Berlin. Eine Zeitschrift für Unterhaltung, Mode, Lokalität und Theater», gegeben. Die Geschichte der Berliner Werbung als Gesamtphänomen ist noch nicht erforscht.
9 Vossische Zeitung, Nr. 230 vom 2. Oktober 1837 (letzte Seite).
10 Ebenda, Nr. 233 vom 5. Oktober 1837 (letzte Seite).
11 Ebenda, z. B. Nr. 232 vom 4. Oktober 1837. Dann folgend 11., 18., 25. Oktober; 1., 8., 15., 22., 29. November d. J. usw.
12 Ebenda, Nr. 234 vom 6. Oktober 1837.
13 Ebenda, Nr. 237 vom 10. Oktober 1837.
14 Ebenda, Nr. 234 vom 6. Oktober 1837.
15 Victor Mataja, Die Reklame. Lpz. 1910, S. 3. Anm. 2.
16 Barnum der Kaufmann, Journalist und Raritätenmann. Oder: So macht man Geschäfte und so wird man reich. Eine Selbstbiographie. Deutsch von A. Kretschmar. Lpz. 1855, S. 237.
17 Gotthilf Weisstein, Des vergnügten Weinhändlers Louis Drucker's humoristischer Nachlaß. Berliner Curiosa Nr. 3, Bln.,

249. Theodor Hosemann: Tafel-Ordnung (d. h. Speisekarte) für eine Senefelderfeier, Lithographie, 1871

o. J. (1906) S. 3. Hier ohne Quellenangabe; die entsprechende Zeitung konnte bis zum Abschluß d. vorlieg. Manuskriptes nicht ermittelt werden, d. V.
18 Vossische Zeitung, Nr. 30 vom 4. Februar 1837.
19 Text der Annonce: ebenda, Nr. 105 vom 8. Mai 1837.
20 Ebenda, Nr. 108 vom 11. Mai 1837; die gesamte Annonce hat 13 Zeilen.
21 Ebenda, Nr. 142 vom 21. Juni 1837.
22 Ebenda, Nr. 289 vom 9. Dezember 1837.
23 Ebenda, Nr. 293 vom 14. Dezember 1837.
24 Annonce vom 12. Dezember 1837 in Nr. 291 d. Vossischen Zeitung.
25 Ebenda, Nr. 291 vom 12. Dezember 1837. Die mit (...) bezeichnete Auslassung lautet «Der geneigte Besuch der lieben Schuljugend kann ...», vgl. auch Anm. 24. Die Eisenbahnstrecke Berlin–Potsdam, Gegenstand heftigster Aktienspekulation, wurde im Herbst 1838 eröffnet.
26 Anzeige in der Vossischen Zeitung, Nr. 293 vom 14. Dezember 1837. Walter von zur Westen, Berlins graphische Gelegenheitskunst, Bln. 1902, Bd. 1, S. 144.
27 Vgl. auch Anm. 11 zum Kapitel «Vor den Toren der Stadt» dieses Buches.
28 Geist/Kürvers ..., a. a. O., S. 323 f.
29 Wie Anm. 1, S. 19 ff.
30 Ebenda, S. 30 ff.
31 Ebenda.

250–251. *2 Handzettel für Berliner Gaststätten, um 1900*

252. *Eröffnungsanzeige für die »Älteste Berliner Bauernschänke« in der Jägerstraße 69, Titelblatt einer Broschüre, 1905*

253–257. 5 Handzettel für Berliner Gaststätten, um 1900

258. *Kinoreklame
für Hallesches Aktienbier,
um 1913*

259. Außenwerbung für die Gaststätte »Zum schmalen Handtuch« in der Philippstraße, Foto, 1937

260. Werbewerkstatt »Zum Federmann«, Leipzig: Vorschlag zur einheitlich gestalteten Außenwerbung einer Gaststätte, Druck, um 1913

ADN-Zentralbild, Archiv:
8, 18, 19, 20, 21, 33, 34, 36, 69, 73, 75, 76, 77, 78, 89, 90, 94, 103, 104, 105, 154, 159, 181, 182, 183, 184, 185, 186, 189, 190, 199, 200, 201, 202, 203, 204, 205, 206, 213, 217, 259;

Akademie der Wissenschaften der DDR, Institut für Wirtschaftsgeschichte, Bibliothek:
23 (In: Bier, wie es sich gehört. Firmenschrift der Dortmunder Ritterbrauerei, Dortmund, o. J. (1964), S. 25);

Büro für stadtgeschichtliche Dokumentation und technische Dienste, Berlin:
6, 24, 27, 32, 37, 38, 60;

Deutsche Bücherei, Leipzig:
258, 260 (In: Hans Weidenmüller, Kundengewinnung und Kunden-Erhaltung in der Getränke-Industrie, Görlitz, 1913, S. 88 bzw. S. 13);

Deutsche Staatsbibliothek, Berlin:
195, 207, 208, 209, 210, 211, 212, 218 (In: Potthoff/Koschenhaschen, Kulturgeschichte der deutschen Gaststätte, Berlin, 1932, a. a. O.);

Gründerzeitmuseum, Berlin-Mahlsdorf:
81, 82, 83;

Heimatmuseum, Neuruppin: 41;

Märkisches Museum, Berlin:
1, 2, 3, 4, 5, 9, 10, 11, 12, 15, 16, 17, 22, 25, 26, 42, 43, 45, 46, 53, 54, 55, 56, 57, 58, 59, 61, 63, 66, 67, 68, 70, 71, 72, 74, 85, 88, 92, 93, 96, 98–101, 102, 108–113, 115–119, 121, 123–128, 136, 138–143, 148, 152, 157, 172, 173, 174, 175, 177, 178, 179, 180, 196, 197, 198, 214, 215, 216, 224, 225, 226, 227, 228, 241–243, 249, 250–251, 252, 253–257;

Rat des Stadtbezirks Prenzlauer Berg, Stadtbezirksbauamt, Archiv:
47–50, 51 (In: Bauakte Prenzlauer Allee 242/47, Vol. I, o. Z.), 82 (In: Bauakte Finnländische Straße 15, o. Z.), 145 (Fotosammlung), 146, 147 (In: Bauakte Prenzlauer Allee 164, o. Z.), 221 (Dokumentensammlung), 222 (In: Bauakte Prenzlauer Allee 242/47, Vol. II, o. Z.), 223 (In: Bauakte Prenzlauer Allee 164, o. Z.);

Privatbesitz, Berlin-Pankow:
155, 156;

Privatbesitz, Berlin (West), unterschiedliche Provenienz:

91, 137, 158, 160, 161, 162, 163, 164, 165, 166, 167, 168, 169;

Sammlung Bauer, Berlin-Köpenick: 53;

Sammlung Fischer, Berlin:
79, 80, 170, 171, 219, 220;

Sammlung Kretzschmar, Kleinmachnow: 248;

Sammlung Reuter, Berlin-Grünau:
39, 40, 193, 194;

Sammlung Thiel, Berlin:
7, 13 (In: Eduard Bernstein, Die Gesch. d. Berliner Arbeiterbewegung. 3. T., Berlin, 1910, S. 165), 29 (In: Die Schultheiß-Brauerei in Verg. und Gegenw., Berlin, 1910, S. 47), 30, 31, 35, (In: wie 29, a. a. O., S. 46, 48, 132), 52 (In: S. H. Spiker: Berlin und seine Umgebungen im 19. Jh., Berlin, 1833, Reprint, Lpz.), 62 (In: Firmenschrift: 75 Jahre Bötzow-Brauerei, Bln. o. J. (1939), S. 58), 86, 95 (In: Heinrich Zille. Photographien Berlin 1890–1910, hrsg. von Winfried Ranke, München 1974, Nr. 103, Nr. 80), 114, 120, 122 (In: Schöne Frauen. Bibliothek pikanter Erzählungen und Gedichte. Bd. 5, Budapest, o. J. (um 1894), S. 184/85, S. 151, S. 73), 131, 132, 144 (In: wie 95, a. a. O., Nr. 25), 149, 150 (In: wie 95, a. a. O., Nr. 176, Nr. 178), 151 (In: Harald Brost/Laurenz Demps (Hrsg.), Berlin wird Weltstadt ..., Lpz. 1981, S. 255), 133, 134, 135, 153 (In: wie 13, a. a. O., 3. Bd., nach S. 96, 2. Bd., nach S. 80, nach S. 192, 3. Bd., S. 353), 230, 231, 232, 233, 234. 235, 236, 237, 238, 239, 240 (sämtl. in: wie 62, a. a. O., S. 17, 32, 33, 63, 57, 67, 48, 52, 69, 73), 244, 245;

Staatliche Museen zu Berlin:
Museum für Volkskunde: 14, 107, 187, 188, 191, 192 (In: Schwaben-Zeitung. 17. Jg., Nr. 5, Dez. 1938, S. 2);
Zentralbibliothek: 44 (In: Das Pfennig-Magazin..., 3. Bd., Lpz. 1835, Nr. 93 vom 10. 1. 1835, S. 12);
Kupferstichkabinett, Bibliothek: 176, 246, 247 (sämtl. in: Walter von zur Westen, Berlin's Graphische Gelegenheitskunst, Bln. 1912, Bd. 1, S. 146, Bd. 1, T. 28, T. 28);

Ullstein-Bilderdienst, Berlin (West): 97;

Ohne Herkunftsbezeichnung:
106 (In: Berlin und seine Kneipen. Katalog, Bln. (West), 1981, S. 19);

Zentralbibliothek des FDGB, Berlin:
28 (Titelseite einer Broschüre über die Konferenz d. Bierfahrer, 1911).

ADN-Zentralbild:
8, 18, 19, 20, 21, 33, 34, 36, 69, 73, 75, 76, 77, 78, 89, 90, 94, 103, 104, 105, 154, 159, 181, 182, 183, 184, 185, 186, 189, 190, 199, 200, 201, 202, 203, 204, 205, 206, 213, 217, 259;

Büro für stadtgeschichtliche Dokumentation und technische Dienste, Berlin:
6, 24, 27, 32, 37, 38, 60;

Deutsche Staatsbibliothek, Berlin:
195, 207, 208, 209, 210, 211, 212, 218;

Karin Döring, Berlin:
14, 29, 30, 31, 35, 44, 47–50, 51, 62, 82, 133, 134, 135, 153, 222, 229, 230, 231, 232, 233, 234, 235, 236, 237, 238, 239, 240;

Eulenspiegel Verlag, Archiv: 41;

Horst Ewald, Berlin:
86, 95, 144, 149, 150, 151, 258, 260;

Christel Lehmann, Märkisches Museum, Berlin:
1, 2, 3, 4, 5, 9, 10, 11, 12, 13, 15, 16, 17, 22, 23, 25, 26, 28, 42, 43, 45, 46, 53, 54, 55, 56, 57, 58, 61, 63, 66, 67, 68, 70, 71, 72, 74, 85, 88, 92, 93, 96, 98–101, 102, 108–113, 115–119, 121, 123–128, 136, 138–143, 148, 152, 157, 172, 173, 174, 175, 176, 177, 178, 179, 180, 188, 191, 192, 196, 197, 198, 214, 215, 216, 224, 225, 226, 227, 228, 241–243, 246, 247, 248, 249, 250–251, 252, 253–257;

Privatbesitz, Berlin (West), unterschiedliche Provenienz:
91, 106, 137, 158, 160, 161, 162, 163, 164, 165, 166, 167, 168, 169;

Privatbesitz, Berlin-Pankow:
155, 156;

Helga Reuter, Berlin-Grünau:
39, 40, 52, 53, 79, 80, 114, 120, 122, 131, 132, 170, 171, 187, 193, 194, 219, 220, 221, 244, 245;

Staatliche Museen zu Berlin, Fotowerkstatt:
107, 145, 146, 147, 223;

Wolfgang Wandelt, Berlin:
64, 65, 81, 82, 83, 87;

Archiv des Verfassers: 7;

Ullstein-Bilderdienst; Berlin (West); 97.

Danksagung

Ohne die tatkräftige und engagierte, das gewohnte Maß übersteigende Hilfe der nachstehenden Personen und Institutionen bei der Suche und Beschaffung bzw. langfristigen Ausleihe von Literatur, bislang unerschlossenen Quellen und Bildmaterial, wäre das vorliegende Buch weniger möglich geworden. Deshalb sei an dieser Stelle herzlicher Dank gesagt an:

ADN-Zentralbild, Archiv:
Frau Rita Höhne;

Märkisches Museum, Berlin:
Frau Ursula Cosmann,
Frau Marlies Ebert, Frau Hela Zettler,
Herrn Manfred Krause;

Rat des Stadtbezirks Prenzlauer Berg, Stadtbezirksbauamt:
Frau Gabriele Pfeil, Herrn Heinz Krause;

Herrn Klaus Storde, Berlin, für die Anfertigung von Arbeitsfotos und die Vermittlung der notwendigen Kontakte zu Berliner Sammlern;

Herrn Eckart Gillen, Berlin (West), für die freundliche Vermittlung von Bildmaterial aus Berlin (West);

sowie der Deutschen Staatsbibliothek, der Zentralbibliothek des FGDB und der Sondersammlung der Ratsbibliothek, alle Berlin.

Berlin, Der Verfasser.
Prenzlauer Berg
im Juni 1987

DAS FLIEGENFEST

Szene aus dem Berliner Volks-Leben.

Warum sollt' ich denn mäßig sein:
Das Trinken ist ja schön! –
Drum nicht zum Mäßigkeits-Verein –
Nach Pankow will ich gehn!

*Berlin
Rudolph Liebmann,
Alexanderstraße 59.
Preis 1½ Sgr.*

Personen:

Zippel,
Mütze, } Raschmacher-Gesellen.
Schirm,
Mutter Wiesen.
Lenchen, } Putzmacher-Mamsells, in Schlafstelle bei
Pinchen, } Mutter Wiesen.
Henriette und Dörthe, Dienstmädchen.
Ein Betrunkener.
Ein Gensd'armes.
Madame Schmidt.
Ihr Mann.
Bohmhammel, ein Barbier.
Volk. Verkäufer.
Gesellen und sonstige tobende Personen.

(Szene: auf einem großen freien Platz bei Pankow. Es hat eben aufgehört zu regnen; die Sonne ist wieder hervorgetreten und brennt tüchtig. Überall, wo nur im geringsten Schatten zu finden, haben sich Männer, Frauen, mannbare Mädchen und Backfische, kleine Knaben und kleine Mädchen in buntem Gemisch gelagert. Die Erwachsenen und Halberwachsenen verzehren ihre mitgebrachten Vorräte, worunter warm gewesene Knoblauchswürste die bedeutendste Rolle spielen, trinken tüchtig aus den cirkulirenden Flaschen und chikaniren die Vorübergehenden. Die Kinder wälzen sich nach eingenommenen «Kosthäppchens» lustig im kaum halbtrocknen Grase umher, während die Säuglinge, deren auch hier eine große Anzahl umhergeschleppt wird, den allgemeinen und alle Begriffe übersteigenden Lärm durch ihr ohrenzerreißendes Gequäke zu einem vollständigen Ganzen auszubilden sich bestreben. Unter einer großen Weide sitzen Schirm, Dörthe, Mütze, Lenchen, Zippel, Pinchen und Mutter Wiesen.)

SCHIRM (jauchzend). Alle Wetter, hat der Kerl die Fahne geschwonken. Det Herz dregt sich Eenen vor Freide in den Leib rum, dregt et sich. – Mutter Wiesen, oller Schwede, wissen Sie wat Neies? – Ihn möcht ick mal so in de Luft jeschmissen sehn! – Schwere Jacht! det müßte 'n scheenen Prospekt abjeben.

ZIPPEL (den Hut schwenkend). Der Witz war jut, Schirm! – Haste noch mehr von die Sorte, denn laß se los! Jü-h!! –

MÜTZE. Cha, ßehn Sie, Lehnijin, tes iß ä Heidenkerl, ter Scherm! Hä, hä, hä!

MUTTER WIESEN: Meine Herren, ich verbitte mir diese deemlichten Wütze! – Bedenken Sie, was Sie eine Dame von des scheene Jeschlecht schuldig seind, bitt' ich Sie ...

ZIPPEL. Ach du jerechter Strohsack!, will diese jenigte olle Fefferbüchse och zu des scheene Jeschlecht jehören! –

SCHIRM. Na, worum denn nich, Zippel? – Sind denn alle, die zu's scheene Jeschlecht jehören, Eener so scheene wie de Andre? Na siehste. Eene hat ville Scheenheit, Eene hat wenig; un Mutter Wiesen hat ihr jar nich – daderwejen aber jehört se doch zu's scheene Jeschlecht, bloß daß se häßlich is wie en Fennigfuchser/1/.

ZIPPEL und MÜTZE. Ha, ha, ha! –

MUTTER WIESEN. Zum lötzten Mal sag ich Sie, daß Sie sich mit Anstendigkeut bedragen, un besonders, daß Sie nich außen Augen setzen, was Sie mich schuldig seind. –

ZIPPEL. Ach, lirum, larum Löffelstiel/2/! Wir sind Ihn' jar nicht schuldig.

SCHIRM. Ne, im Jegenteil. Sie haben uns unsen Kimmel janz jehörig nach'n Kopp jesehen; daderwejen sind Sie uns eejentlich wat schuldig – sehn Se woll – un det möcht ick Ihn jerne abschwenken lassen. (Mutter Wiesen springt auf.) Na, na, sein Se man ruhig, olle Wiesenmutter. Se weren doch Spaß verstehn. (Reicht ihr die Flasche.) Da, nehmen Se de Karline/3/ und spülen Se Ihre Jalle runter.

MÜTZE. Cha, cha, Mütterche! 's is Allens Spaaß. Nähmen Se tes Pillekin un trinken Se ämal.

MUTTER WIESEN. Na, meinswögen! (Nimmt die Schnapsflasche und tut einen langen Zug.)

ZIPPEL. (ängstlich). Heda, Muttersche! – Jott bewahre, hat die Frau 'n Wentiel (Ventil). – Na, so wat is noch nich dajewesen; die bleibt ja gleich in die Pulle wohnen.

DÖRTHE. Darf ich mich auch mal das Pillekin ausbitten?

MUTTER WIESEN. Düses würd mich sehr vül Plesier und Verjnügen machen, Mamsell. (Reicht ihr die Flasche.)

DÖRTHE. Prost, Herr Schirm! Ihr Wohlsein!

SCHIRM. Danke Ihn'; selbst eigen! – (nachdem er die Flasche wiedererhalten). Komm, Zippel, wir wollen mal Braunschweigsch. – (hält die Flasche vor's Auge.) Ick seih di!

ZIPPEL (in die Hände klatschend). Det freit mi!

SCHIRM (die Flasche herabnehmend und an den Mund führend). Ick suup di tau!

ZIPPEL (wie vorhin). Det dau!

SCHIRM (nachdem er getrunken). Ick hab die tausoppen!

ZIPPEL (wie vorhin). Du hest 'n Rechten troppen! –

ALLE (lachend und in die Hände klatschend). Bravo, bravo! – Capo, capo! – Noch mal so!

ZIPPEL. Sehr jerne; – aberscht denn muß *ick* die Rede reden.

SCHIRM. Davon nach neune, wenn's Milletheer zu Bette is, Zippelkin. Siste, wenn ick eenmal die Pulle habe, denn heeßt et bei mir: Erscht komm ick; und denn kommt mein bester Freund, det bin ick; un denn komm ick noch mal, und denn hernachens erscht die Andern!

EIN TRUPP GESELLEN (zieht singend vorüber).
Rinnaldini, janz jeristet,
Trat wohl mitten unter sie, hihihihi,
Trat wohl mitten unter sie.
Judden Morjen, Kammerathen,
Judden Morjen, Kammerathen,
Saacht, was jippt ßen schon so frieh, hihi,
Saacht, was jippt ßen schon so frieh?/4/

EIN BETRUNKENER. Platz da! – furt hier! – Runnaldini will dorch! – Auß'n Weje, Pankokin, sonst tret ick dir dodt, tret ick dir. – Panko, du jammerscht mir! – bist noch lange nicht Lichtenberg! (Schreiend). Nein, biste nich!/5/

DIE GESELLEN. Was, der besoffene Esel will uns schekanir'n? – will Panko verkleenern? – Des leiden wir nich! – Uff Panko laaßen w'r partutemank nischt kommen! – Haut den Liederjahn! Die rupfige Pupfe! – Schlagt ihn die Nusche in!

(Es entsteht eine Prügelei; der Betrunkene wird blutig geschlagen.)

EIN GENSD'ARMES. Was ist hier los?

EIN SCHUSTERJUNGE. Na, wat nich anjebunden is? (Läuft davon.)

DER GENSD'ARMES. Heda, aus einander! Was soll der Auflauf hier? Sie da, Sie bluten ja fürchterlich! –

DER BETRUNKENE. Recht so! – det's meine verfluchtige Schuldigkeit, isset – aber die Bluthunde hier, Herr Schandarmerie, fassen se se ab, fürchten Se sich nich – ick steh Ihn' bei – bring'n Se se uffen – uffen, ja uffen nein'n Marcht – ins Krimmenal/6/.

ALLE (lachen).

DER GENSD'ARMES. Na, werd' ich bald erfahren, wer den Menschen so gemißhandelt hat? –

EIN GESELLE. Herr Schandarm, ick werd Ihn' des auseinandersetzen. Sehn Se, wir jung'n hier in unse Unschuld – wir dahten Keenen nichts nich – wir waren in unse Verhenkniß – als Seidenwirker – bei's Fliegenfest – wie Se als verninftiger Mensch einsehen wer'n! – denn worum, des ist unse Plessier – davor seind wir von's Jewerke, seind wir, – nu nannu kommt disser auf die Erde blutrinstige Mensch, un hat uns jeschekanirt, hat er uns.

EIN ANDERER. Des war jut gegeben, Pasewalker. – Ja, Herr Schandarm, so isset, akk'rat so, wie't der Pasewalker meent. Und weil nun dahingegen disser blutwirschtige Mensch uff Panko(w) jeschumpfen hat, da haben wir ihm verkeilt.

DER BETRUNKENE (lallend). Meine Herrn – ick – ick verachte ih'n. – Sie sind Dodtschlejer, sind Se! – Sie haben mir als Straßenreiber niederträchtig behandelt, hab'n Se mir! (zum Gensd'armen) Bruder Schandarmerarmeriste, jesund und munter? – wat? – (sich mit der Hand den Mund wischend). Komm, Briderkin, woll'n Enn uff de Lampe gießen! –

DER GENSD'ARMES. Er sieht auch gerade darnach aus, mit ihm zu trinken. –

DER BETRUNKENE (den Hut abnehmend). Ah, allebunner!/7/ Nehm'n Se't nich ibel, daß ich de Ehre habe, Ihn kenn'n zu lern'n. (schluchzend) Fui, Kriegskamrad – hab'n wir nich zusammen gedient? – wat? –

DER GENSD'ARMES. Wir zusammen gedient? –

DER BETRUNKENE. Allemal – Sie als Unteroffizier – ick bei Betzo'n/8/ als Hausknecht – aberscht dadrum – immer menschenfreundlich! Komm, Bruder, gipp m'r'n Kuß' gipp m'r.

DER GENSD'ARMES. Nun hat Er Zeit, daß Er wegkommt! – Wenn Er sich nun nicht den Augenblick packt –

DER BETRUNKENE. Wat sag'n Se? – Fui, Herr Schandarmeriste, fui! – Det is nich hibsch von Ihn'n! – Aberscht warten Se man, schad' Allens nischt – Allens jar nischt nich. – Packen? – Hab'n Se jar keen Gefiehl nicht in Ihren Leib? –

DER GENSD'ARMES. Potz Sapperment! Räsonnier Er nicht lange! – Ich seh' es schon, Er ist ein Kraköler! – Fang' Er nicht erst Stänkerei an. –

DER BETRUNKENE. (grob). Worum nich? – Det is mein Jewerbe, is et! – Dadervor bin ich von's nächtliche Departemank. –

DER GENSD'ARMES. Halt Er's Maul, und geh' Er zum Teufel; und Sie, meine Herren, folgen Sie ihm.

(Die Gesellen, der Gensd'armes und der Betrunkene verlieren sich.)

EIN MANN (mit einem Fäßchen). Saure Jurk!

ZIPPEL. Heda, Sie saurer Jurkenmann! Ricken Se mal zwee raus. –

DER MANN. Mit Verjniejen!

ZIPPEL. Ne, det laaßen Se sind, lieberscht mit Briehe!

PINCHEN (geziert). Ach ga, Zipfelchen, lassen Sie sich ein Teppchen mit Briehe zugeben. Sonne Gurke mit Briehe, da könn'n Sie mir außen Schlaf jagen.

ZIPPEL. Det weer ick mir nich unjesagt sind laaßen. – Alle Dunner! Kicken Se mal, Mitze hat 'ne scheene Jurke!

MÜTZE. Hähähä! Cha, 's is wahr! Aber Mamßell Lehnijin ihre is ooch kä Hund!

SCHIRM (präsentiert seine bleierne Dose). Na, Mutter Wiesen, wie isset denn? – «Wenn sich Herz und Mund tut laben, muß die Neese auch was haben!»

MÜTZE. Hähähä! 's is ä Heidenkerl, der Scherm! –

MUTTER WIESEN. Was schnuppen Sie dann? – Wenn es die reune Carotte is, dank' ich Ihn'n; aber hab'n Se vülleicht ein Büschen Dünnscheß/9/ drunter, denn schnupp ich ihr.

ZIPPEL. Sage mal, Schirm, wodrum heeßt'n der Schnupptoback eejentlich Priese? –

SCHIRM. Wodrum, Zippel? – Na, weil es gepriesentirt wird!

ALLE (erstaunt). Ah!

ZIPPEL. Kotz Schwerebrett! ja. Sehste, Schirm, man wird so alt wie 'ne Kuh, un lernt alle Dage noch mehr dazu!

SCHIRM. Na, Zippel, zu weit wirscht' et woll nich bringen; Du scheinst mir 'n etwas schweren Kopp zu hab'n.

ZIPPEL. Wieso meenst'n des, Schirm? – Haste Lust mir zu schekanir'n? – Ick laaß mir nich de Neese so jutwillig breet schlagen, wie der arme Besoffene vorhin.

SCHIRM. Davon speter, lieber Kuchen./10/ – Aber worum sagst'n den Besoff'nen – *armer* Besoffner? –

ZIPPEL. Weil er niederträchtig is gemißhandelt gewor'n.

SCHIRM. Jar nich niederträchtig! Et war ihm ganz recht! Wat hat er'n nethich, uff Panko zu schimpfen? –

ZIPPEL. Des kann er, davor is er Mutter von des Jroßvaterkind.

Schirm (wütend). Jrade nich kann er't.
Zippel. Und doch kann er't! Un sehste, nanu schimpf ick *ooch* druff.
Schirm (hebt die geballte Faust). Und det probire mal, sag ick Dir.
Zippel (lachend). Paß mal uff, Schirmekin! — Panko(w) is ein erbärmliches Nest — is et!
Schirm (aufspringend). Ih, da soll ja gleich — (faßt Zippel bei der Kehle). Siehste, infamichter Hund — Fijur Nummer Sieben — rufste det nich gleich *wieder*,/11/ denn haste ausjerungen.
Zippel (kirschbraun). Laaß mir los, Kerl! (Faßt Schirm bei den Haaren). Leeßte mir nich los, hau ick dir Dein Tunt so breet wie'n Setzei, hau ick Dir! — Jeder — au! au! — Jeder kann uff Panko schimpfen — (schlägt Schirm ins Gesicht).
Mehrere Jungen. Oi! Da is Keilerei un Jartenverjniejen!/12/
Die Frauensleute. Ach du mein Jott! Meine Herren, so sind Se doch verninftich! Herr Zippel! Herr Schirm!
Mütze (bittend). Schermche! Zipfelche! Seid doch jut!
Zippel (ganz matt). Ach! Ach! Hilfe — Schirm, laaß m'r los, du drickst m'r de Jorjel zu!
Pinchen (geziert). Herr Geeses, Hilfe! Der blutdirscht'ge Wiethrich wirgt mir meinen Zipfel!
Ein Vorübergehender. Aber, zum Deibel! Lassen Sie doch den Menschen los; er is ja schonst kirschbraun. Ist denn kein Schandarmerie hier? — (faßt Schirms Arm.) Wollen Se woll! —
Schirm (sich umdrehend, aber Zippel festhaltend): Ih, worum nich jar! — Wat stoßt'n Ihn uff, oller Kribbensetzer! — So'n oller Hosentrumpeter will sich hier in unschuldige Verhenknisse mischen? — Ick sage Dir, weere jleich alle, sonst laß ick hier meinen Freind los und spiele «Verwechsel des Bäumeken!»
Der Mann. Na, mein Jott, ick meene ja man —
Schirm. Ach, hier is nischt zu meenen! — Deß ick den juten Fridolin hier bei'n Kamm habe, det is zu sein Bestes. Ick will ihm bilden. — Er kricht jejrafsche Stunde bei mir, un da bring' ick ihm ebend die Scheenheiten von Panko bei. (Läßt Zippel etwas los.) Na, Zippel, sage mal den ollen Rosenkreizer hier, wat de schonst jelernt hast.
Zippel (ganz matt). Panko(w) is doch 'ne scheene Jejend./13/
Schirm. Bravo, Zippelkin! Sehste, so hab' ickt' gerne, oller Schwede. Un nu keene Feindschaft mehr. Da, drink mal uff den Schreckenberjer un reech mir Deinen Vorderfuß.
Zippel (ihm die Hand reichend). Na, 't is gut, Schirm. Verjeben und vergessen. Aberscht' 'n andermal verbitt' ick mir sonne Anziechlichkeeten; es kinnte mir doch verschtimmen. — Na, prost! — De ganze Gesellschaft soll leben! (trinkt).
Alle. Vivat hooooch!
Dörthe. Heere, einzichster Schirm! ich habe Dich etwas zu veroffenbaren. Wirschte auch nie nich zu Deine Dorothea so firchterlich sind? — Ich habe jezittert und jebebert vor Herr Zippeln; es hatte nich ville jefehlt, denn war er futsch! — Unjeheirer Mann, wenn du mir mal so zu packen kriejen dätest — es weere scheislich! —
Schirm. O Derthekin, wo denkste hin! — Die (lies: dir) jreif ick nie nich so an; Du bist jo mein kleenet quabblijet Weibestück —
Dörthe. Un wirscht Du auch ebig mein Schirm bleiben?
Schirm. Dein Schirm und Schild! Ick decke Dir! —
Beide (umarmen sich).
Ein Mann (mit einer verdeckten Mulde). Warm sind se noch! —
(Herr und Madame Schmidt gehen mit ihrem Dienstmädchen, welches ein Kind trägt, vorüber.)
Madame Schmidt (singt).
  Willem, heit kann ick nich lustig sind,
  Willem, heit hab' ick keen Jeld!
  Willem, heit steht mir die Mitze nich
  Wenn —
Herr Jees, da drippelts schons widder! — Det 's ne Schweereangst-Zucht heite! — Det soll'n Verjniejen sind! — Man mechte sich'n Schlach an'n Hals erjern!
Herr Schmidt: Ne, Riekekin, det duh' nich! Wie gesagt! So watt hält immer uff!

MADAME SCHMIDT. Ih, daut Dir endlich Dein Maul uff, Du olle Nöhlsuse? – Ich gloobte schons, du werscht injedrusselt!

HERR SCHMIDT. Woll, Riekekin! – Wie gesagt –

(Das Kind schreit.)

MADAME SCHMIDT. Da blerrt der dückkeppije Bengel schons widder! – Hanne, infamigtes Mensch, wirschte woll nach den Jungen sehn! – Luih, wirschte woll 'n Rachen halten! – Du komm mir bloß zu Hause; ick sag' et Deine Peethe! –

HERR SCHMIDT. Ih, Riekekin, laaß ihm doch schreien; er freit sich ooch ibert Fliejenfest, un kann 't nich anderscht von sich jeben. Wenn er erscht so alt is wie Du –

HANNE (ruft). Madaam! –

MADAME SCHMIDT. Na nu! – Wat is'n nu schons widder los? – Wat brillt Se denn so?

HANNE. Ih, Madaam, 's Kindes Hut is weck!

MADAME SCHMIDT. Wat, der Hut? Der scheene Hut? – Ih, Dir soll ja der Deibel det Licht halten! – Wirschte den Oogenblick jehn und den Hut suchen, infa –

HERR SCHMIDT. Aber Riekekin – wie gesagt! – wer wird sich denn so sehre schoffiren? – Wennste heite alle Bumoos/14/ rausserstoßt, denn behellste ja keens zu morjen ibrich! – Morjen is ja ooch noch 'n Dach! – Wie jesagt! – Wer wird sich denn janz entbleßen! – Seehste, der Herr da hat 'n Hut jefunden. Da bringt er'n.

SCHIRM (bringt Hannen den Hut). Madaam, seindt der Hut volleicht Ihrer?

MADAME SCHMIDT (ihm den Hut heftig entreißend). Det is de Madam nich – ich bin se! – Det is meine «vor Alles»/15/. – In ibrijens dank ich Ihm recht sehre. – Der Hut jeheert mein Luih'n hier.

HERR SCHMIDT. Woll! – Wie jesagt! – Scheen Dank auch, Herr Nachtbar! – Wenn Se mal bei uns vorbeikommen, beöhren Se mir jehorsamst; ick wohne in De –

MADAME SCHMIDT. Oller Affenschwanz! Der Mann hat mehr zu duhne, als Ihm zu besuchen! – Willste ihm nich ooch verzehlen, wenn Dein Jebordsdag is? –

HERR SCHMIDT. Woll, Riekekin! – Wie jesagt! – In ibrijens, nu is't jut! Nu is de Pulle vull! – Verstehste mir? – Knöpp mir nich det Maul uff – sag' ick Dir – sonst wird die Sache hier sehre unterkötig!/16/ – Denn kannste Dir freien.

MADAME SCHMIDT. Wat sagste? Wat meenste? Freien kann ich mir? – Ih, Du Nusselfritze, Du? Haste denn det Wort rauskriejen kennen? – Na warte, Fleesch/17/, Du jrattelire Dir uff heite Abend.

(BOHMHAMMEL und HENRIETTE gehn vorüber).

BOHMHAMMEL. Liebekin, machen Sie Ihren Jatten doch jetzt gleich 'n Verjniejen; was woll'n Sie ihm denn bis auf'n Abend schmachten lassen? –

SCHIRM. Wer is der kühne Jagd? Alle Dunnerwetter? Det is ja der Barbutz/18/, der Bohmhammel; – der uns vorhin ooch gescheckanirt hat! – Na warten Se, Madaam, die Flanze weer' ick det Kunjeniren anstreichen! (Gibt Bohmhammel einen Stoß.) Verzeih'n Se, ick habe Ihn in't Kreiz jestoßen.

BOHMHAMMEL (dreht sich um und schlägt Schirmen ins Gesicht). Un ick bin so jietig jewesen un habe Ihn eine Schode jestochen!/19/

(Es entsteht eine Prügelei zwischen beiden. Henriette faßt Schirmen, der etwas stark angetrunken ist und Dörthe Bohmhammel von hinten in die Haare. Geschrei. Zippel und Mütze springen hinzu; einige Vorübergehende ergreifen Bohmhammels Parthie. Herr Schmidt will Ruhe stiften und bekömmt einen Schlag ins Gesicht, daß ihm Mund und Nase bluten. Einige schadenfrohe Lehrjungen hetzen Hunde auf den Haufen. Der Lärm wird mit jedem Augenblick größer. Endlich fassen sich die beiden Dienstmädchen.)

MEHRERE GESELLEN. Hurraah, da is Keilerei! da wird geholzt! Da setzt et Wamse! – Juchhe, da wolln wir putschen. – Hau ihm, Lukas! – Laaß nicht lucker! –

DIE FRAUENLEUTE. Herr Jott, Hilfe! Sie schlagen sich todt!

EIN LEIERKASTENMANN (singt).

O Seele, zage nicht! – Fällt auch der Rock vom Rumpfe,

Bleibt Dir die Hoffnung nur, daß Dir Dein Schneider pumpfe;

Denn einer muß Dich doch entheben Deiner Sorgen,

Und thut's der Schneider nicht, muß Ganimedes borgen!
Das thut den großen Geist wahrhaftig nicht geniren,
Bleibst Du dabei gesund an Leber, Herz und Nieren!
Drum Seele zage nicht! – Hofüt! (Der Verfasser des Liedes merkt an: ein Laut, erzeugt durch die Nebenluft des Leier-Blasebalgs.)

O Seele, zage nicht! Mensch, bebe nie betroffen
Vor Deinem Durst zurück – bei Böttchers ist's noch offen!
Mag doch ein Enterich den Pumpenheimer trinken,
Was scheert die Pumpe Dich, wenn goldne Reben winken!
Strebt man die Mäßigkeit nur richtig aufzufassen,
So kann den Trunk man thun und weiß ihn auch zu lassen!
Drum Seele, zage nicht! – Hofüt!

O Seele, zage nicht! – Kommst Du aus dem Vergnügen,
Wenn Weib und Kinder schon im Bette schlafen liegen!
O Hans, besinne Dich und lauf zur Küche schnelle,
Die Bratwurst und der Kohl stehn auf der warmen Stelle –
Und sollte morgen früh Dein Eheweib Dich schelten,
Mußt Du mit einem Kuß den Vorwurf ihr vergelten!
Drum Seele zage nicht! – Hofüt!

O Seele, zage nicht! – Tritt Dir der helle Schimmel
In Deines Hauptes Haar, wie Silberstern-Gewimmel,
So geht's natürlich zu – die vielen Feuchtigkeiten,
Die Du hast eingesaugt, die konnten's nur bereiten!
Drum leg' auf weichen Pfühl den ausgebleichten Scheitel
Und ruf' mit Salomo: 's ist Alles, Alles eitel!
Drum Seele, zage nicht! – Hofüt! /20/

EIN GENSD'ARMES. Kotz Donnerwetter! Was ist denn hier schon *wieder* los! – Wollt Ihr woll aus'nander!
EIN GESELL (einen abgerissenen Rockschoß hochhaltend). Sie jehn ja schonst aus'nander, Herr Schandarmerie: sehn Se woll? –
GENSD'ARMES. Reißt doch die beiden Mädchens da von'nander; die haben sich ja förmlich verbissen! –
(Dörthe und Henriette, mit aufgelöstem Haar und zerkratzten Gesichtern, werden getrennt.)
GENSD'ARMES. Pfui, Teufel! Wie könnt ihr Frauenzimmer euch so übereinander hermachen? – Überlaßt das doch Männern, wenn doch einmal geprügelt sein soll! – (zu Herrn Schmidt): Sie sehn ja furchtbar aus! – Sie haben wohl ganz unten gelegen? –
HERR SCHMIDT. O nein, Herr Schandarm – wie jesagt – ich habe diesen Hieb sozusagen ins Verbeijehn uffjeriffen! – Ja, ja, wer's Jlück hat, fiehrt de Braut. – In ibrijens, Riekekin, – wenn mir man meine Näse morjen nich de Aussicht versperrt; se hat'n klobijen Pank gekricht (wischt das Blut ab).
MADAME SCHMIDT. Na, man keen Jehabe nicht. – Ick weer se Dir heit Abend umschlagen. –
HERR SCHMIDT (erschrocken). Wie, Riekekin – umschlagen willste se mir? – Wie so denn? – Hat se Deinen Beifall verloren? – Du hast mir doch sonst ofte druff jespielt. –
MADAME SCHMIDT. Ach, Quackelpossen! – Ick weer Dir Umschleege drum rumschlagen, un denn is't noch so!
GENSD'ARMES. (zu Bohmhammel). Ja, ja! Sie haben den Skandal angefangen. Sie kommen mit! –
BOHMHAMMEL. Aber, Herr Schandarm. Sie irren sich in de Persönlichkeit! – Jott, is denn Keiner hier, der mir verdeffendiren /21/ kann? (zu Madame Schmidt): Hören Se, liebe Frau –
MADAME SCHMIDT. Als wie ick? – Der Deibel is seine liebe Frau, aber *ick* nich.
HERR SCHMIDT. Ne, mein Herr Urijan – wie gesagt – meine Frau is durchaus keine liebe Frau – meine Frau –
MADAME SCHMIDT. Halt's Maul! – Un Sie, Herr Schandarm, koofen Se sich man dissen Menschen. Er ist der Hauptkrakeeler – er hat anjefangen –
HERR SCHMIDT. Woll, Riekekin. – Wie jesagt, Herr Schandarm, – hier auf dissen Fleck stunden wir – ich

un Riekekin – nehmlich mein ehlijes Verhenkniß hier – un wie wir nu hier stehn dahten – sehn Se, wir hadden uns was zu sagen, wie des so in'n Stand der heimlijen Vehme –

MADAME SCHMIDT. Ach, oller Peter – wirschte denn nu endlich uffheeren zu klönen. Wenn Sie sich die Sache von meinen Mann ausnander setzen lassen woll'n, Herr Schandarm, denn laaßen Se sich jehorsamst eenen Stuhl herbesorjen. Det is keen Raschmacher nich. Von den seine Jeschichten is immer das Ende abjeschnitten. – Ick wer' Ihn den Vorjang beibringen. Sehn Se, wir haben uns Beide als Ehleite unterhalten, un da hat sich dieser Mensch hier, der mir per Frau tittelirt hat/22/, hat sich drein jemengelirt. –

SCHIRM. Ja, so ist't! Des hat er – und hat die Madame jekungenirt. –

MADAME SCHMIDT. Er hat mir jesagt, ick sollte meinen Jemahl *hier uff de Stelle* verkeilen, als wie ob dazu zu Hause keine Zeit sein täte.

MEHRERE STIMMEN. So is es! – De reene Wahrheit! – Der Kerl muß Collé/23/ geschleppt weeren – er hat anjefangen. –

EIN SCHUSTERJUNGE (im Vorbeilaufen). Ne – det 's nich wahr, Herr Schandarm. – Karnickel hat anjefangen! /24/

GENSD'ARMES (zu Bohmhammel). So wie die Sachen stehn – machen Sie nur keine Umstände un kommen Sie mit, sonst –

STIMMEN (aus der Ferne). Halt ihn! halt ihn! – Halt'n Dieb! – (Ein Mensch läuft schnell vorüber, stößt Herrn Schmidt um und der Madame Schmidt die Haube schief; eine Menge Menschen allerlei Geschlechts und Alters setzen ihm nach. Der Gensd'armes läuft hinterher, Bohmhammel und Henriette verlieren sich im Gedränge.)

SCHIRM (stark blutend). Holla, heit is'n fideler Dag! Schade man, det der Barbutz ausjekniffen is. –

ZIPPEL (ebenfalls blutend). Ih watt, lass'n schießen! 't is 'n Kuhlbarsch. Kommt lieberscht Alle bei Pilon's rin, da scheint sehr schöne Musike zu sind, da woll'n wir Enen stampfen! –

DIE FRAUENSLEUTE. Ach ja! ach ja!

MÜTZE. Aber erschte mußte Tir tes Plut abwischen, Schermche.

SCHIRM (will sein Tuch aus der Tasche ziehen). Alle Donnerstag! Wo is'n mein eener Rockschooß? –

DÖRTHE. Ih, der *eene* is woll da; aber der andre scheint zu fehlen. –

MÜTZE. Ach Herr Cheses, Schermche, war tas Tein Rockschoß? – Ih Teiwel, ih Teiwel! tän hab ich ta uff änen Kremßer keschmissen. –

SCHIRM. Ih, so schlage der Deibel rin! Fährt diese Krete von Rockschooß ohne mir nach Berlin. Herr Jott, war ooch nich de Schnapspulle drin? – Nee – Viktoria! Die Karline is mir trei jeblieben. Na, den Schaden woll'n wir bald ausbessern! (Reißt den andern Rockschoß auch ab.) So, Kinder, nu sind wir widder fein! Nu vorwärts, bei Pillon's. Da woll'n wir danzen, des 'ne olle Wand wackeln soll./25/

ZIPPEL (sich seinen zerrissenen Rock mit einer Nadel zusammensteckend). Na, wat ick mir heite ammesire. –

ALLE. Wir ooch! Wir ooch!

SCHIRM. Nu, Kinder, *dadervor is ja ooch Fliejenfest!* –

Brandenburgia. Jg. 37/38, 1928/29, S. 186–198
Artikel: Vom Fliegenfest in Pankow. Von Dr. Herrmann Kügler.
    Die Anmerkungen wurden gegenüber der Zeitschrift gekürzt und bearbeitet.

1 Ursprünglich Bezeichnung für einen (Adressen-) Schreiber.
2 Schon seit 2. Hälfte des 16. Jhs. gebräuchlich.
3 Bezeichnung für Schnapsflasche; auch bei Glaßbrenner.
4 Rinaldo Rinaldini, berühmter Räuberhauptmann des 18. Jhs.
5 Anspielung auf die «Konkurrenz» des Pankower Fliegenfestes durch das Mottenfest in Lichtenberg.
6 Die Hauptwache am Neuen Markt.
7 Stark verballhorntes Französisch: à la bonne heure.
8 Bei dem Großgrundbesitzer Christian Friedrich Bötzow? (d.V.)
9 Unklar.
10 Ausdruck der Ablehnung; z. T. noch gebräuchlich in der Formulierung: ja, Pustekuchen!
11 Widerrufst du; Figur Nummer sieben bezeichnet die Handschuhgröße (und damit die Stärke der geballten Faust).
12 Noch bis nach 1920 gebräuchlich bzw. verständlich in der Kombination: Keilerei und Tanzverjniejen.

13 Anspielung auf «ooch 'ne scheene Jejend», seit 1837 bei Glaßbrenner.
14 Verballhorntes Französisch: bonmots.
15 Mädchen für alles; Bezeichnung für Dienstmädchen.
16 Heikel; (altmärk.-plattdeutsch).
17 Auch: Fleesch (Fleisch); seit der 1. Hälfte des 19. Jhs.
18 Barbier.
19 Schote gestochen, d. h. Maulschelle gegeben.
20 Im Original nur der Titel, da das Lied bekannt war. Vollständiger Text: Brandenburgia. Jg. 37/38, 1928/29, S. 195/196.
21 Verteidigen.
22 Frau Schmidt legte Wert darauf, mit «Madame» angeredet zu werden.
23 Am Collet, d. h. am Kragen packen.
24 Ausdruck seit 1827 belegt.
25 Als «da wackelt die Wand» noch bis in die Gegenwart gebräuchlich.

EDICT,
wegen der Sonntags-Feyer.
Vom 28. Octobr. 1711.

Wir Friedrich, von GOttes Gnaden, König in Preußen, Marggraf zu Brandenburg, des Heil. Röm. Reichs Ertz-Cämmerer und Churfürst etc. Geben hiermit allen und jeden Unserer Prälaten, Grafen, Herren, denen von der Ritterschafft, Verwesern, Haupt- und Amtleuten, Magistraten in Städten und Flecken, Gerichts-Obrigkeiten, Verwaltern, Schultzen in Dörffern, wie auch insgemein allen Unseren Unterthanen Unserer Chur- und Marck Brandenburg, dieß- und jenseits der Oder und Elbe, nebst Entbiethung Unsers gnädigsten Grußes, zu vernehmen, was gestalt Uns allerunterthänigst vorgetragen worden, daß Unser unterm 28. Julii 1705. wider die Profanation u. Entheiligung des Sabbath-Tages publicirtes Edict, nicht weniger, als die vorige von Jahren zu Jahren mehr und mehr ausser acht gelassen, und darüber sonderlich von denen Magistraten in Städten, wie auch von denen Gerichts-Obrigkeiten und Kirchen-Patronis auf dem Lande mit solchem Ernst und Nachdruck, als sich gebühret, eine Zeithero nicht gehalten, sondern allerhand Unordnungen nachgesehen, ja solches vorsetzlich um privat-Nutzens willen, oder aus anderen particulieren Absichten ausser Augen gesetzet, und wann ja darüber noch hat wollen gehalten werden, zuweilen gar an diejenige, welche die Häuser verordneter massen zu visitiren bestellet, Hand angeleget worden. Wann Wir nun dannenhero nöthig befunden, sothanen Inconvenientien und Unordnungen durch renovirung und schärffung sothanen Unsers Edicts nachdrücklich zu begegnen; Als setzen, wollen und verordnen Wir hiermit und Krafft dieses, daß nicht allein über selbiges bey Vermeidung unten gesetzter Straffe gehalten, sondern auch ins besonder alles dasjenige, wodurch der Gottesdienst, welcher fürnemlich auf diesen Tag, so wohl öffentlich in denen Kirchen durch Anhörung des Wortes GOttes, singen und bethen, als auch in denen Häusern, durch allerhand Christliche Übungen gepfleget werden muß, gehindert und zurück gesetzet wird, abgeschaffet, und zu dem Ende alle Gewerbe und Handthierungen eingestellet, die Kram-Buden geschlossen, keine Märckte gehalten, noch auch sonsten einige Eß- und Trinck-Waaren, ehe und bevor Nachmittag die Glocken fünff geschlagen, verkauffet, und in specie der Fisch-Marckt, an denen Orten, da er am Soñtage gehalten wird, ehe nicht, als nach gäntzlich in allen Kirchen vollendetem Gottesdienst gehalten werden solle.

Fürnemlich ist Unser allergnädigster und ernstlicher Wille, daß auf dem Sontag keine Banquette oder Gastereyen des Mittags, auch des Abends keine weitläufftige Gast-Mähle und Lustbarkeiten gehalten, weniger Hochzeiten an selbigem Tage angestellet, fürnemlich aber in denen Wein-Bier-Zunfft-Häuseren und anderen Orten, wo geschencket wird, keine Gäste gesetzet, noch Wein, Bier, Brandtwein, vor 5. Uhren Nachmittag verschencket oder verkauffet werden solle, ausgenommen, was reisende Leute, oder auch sonsten die Krancken zu ihrer Erquickung, oder andere Einwohner und Soldaten zu ihrer unentbehrlichen Lebens-Nothdurfft bedürffen, welches ihnen doch solchenfalls zu keiner andern Zeit, als zwischen 11. und 12. Uhren Mittags abzuhohlen erlaubet, und hernach die Schencken bey Vermeidung ohnausbleiblicher Straffe bis 5. Uhr Abends wieder geschlossen seyn sollen; Wie dann auch zwar nach dieser Zeit an männiglichen dergleichen Getränke kan verlassen werden, aber nur zum nöthigen Gebrauch, und nicht zur Saufferey oder anderen üppigen Gelagen, wofür die Schencken selber, wann sie darwider gehandelt, nachdrücklich angesehen werden sollen.

Und weilen auch mehrmahlen angemercket worden, daß diejenige, welche nach Unsere Residentzien oder andere Städte Zufuhre gethan, es also eingerichtet, daß sie, ungeachtet sie wegen der Nähe des Orts es nicht nöthig haben, zu solchen Reisen des HErrn Tag zu Hülffe genommen, wodurch derselbe entweder in der Hin- oder Rück-Reise entheiliget, und die Knechte und Mitreisende vom Gottesdienste abgehalten, dem armen Viehe auch die ihnen gebührende Ruhe entzogen worden; So soll solches hinfüro nicht allein gäntzlich verboten und abgestellet seyn, sondern es wird auch allen und jeden Stadt-Obrigkeiten und Gerichten, dahin die Zufuhre geschiehet, ernstlich anbefohlen, wann dergleichen Wagen bey ihnen ankommen, selbige nach gehaltenem Marckt oder geschehener Liefferung ehe nicht zu dimittiren, bis sie ein gewisses vor die Armen erleget, Uns auch diejenige, welche sie abgefertiget haben, zu fernerer Bestraffung so fort anzuzeigen.

Ferner sollen am Sonntage keine Lust- oder Spatzier-Fahrten, es seye von Unseren Bedienten, Officirern oder Bürgeren angestellet, auch die Thore zu dem Ende von Morgenfrühe bis Abends um 5. Uhr verschlossen gehalten, und niemanden ausser denen Posten und Reisenden geöffnet, diejenige auch, welche sich an denen Thoren melden, genau examiniret, und wann sich findet, daß sie nur zur Lust hinaus fahren wollen, angehalten, dem Magistrat angezeiget, und mit einer Straffe von 20. Thlrn. beleget werden, welche auch statt hat und zu exigiren ist, wann sie die Wacht etwann hintergangen und nach ihrer Zurückkunfft convinciret werden könten, daß sie spatziren und zur Lust ausgefahren gewesen; Jedoch können die Einwohner in denen Vorstädten zu Fuß ein- oder ausgehen, nur daß es nicht unter denen Predigten geschehe; Und diejenige, welche im Frühling oder Sommer vor den Thoren sich der Garten-Lust bedienen, sollen gleichfalls des Sonntags ehe nicht als um 5. Uhr herausgelassen werden, auch hernach bey guter Zeit sich nach Hause wieder verfügen.

Des Sonntages sol durchgehends alles Spielen, so von dem Glück dependiret, es habe Nahmen wie es wolle, gäntzlich verboten, abgeschaffet und eingestellet, diejenige Spiele aber, so in einem Exercitio corporis und Leibes-Bewegung bestehen, auch sonsten erlaubet seynd, nicht ehe, als nach der in dem am 18. Januarii 1703. publicirten Soñtags-Edict gesetzten Zeit der 5. Uhren, verstattet, und daneben mäßig und zwischen wenig Personen, auch nicht bis in die späte Nacht hinein gebrauchet, fürnemlich aber dabey alle verdächtige Gesellschaft von liederlichem Frauen-Volck und anderen Personen vermieden, und absonderlich keine Zusammenkunfft zum Spiele, es habe Nahmen wie es wolle, in einer Schencke, Kruge oder Wirths-Hause, als welches zum Trunck und anderen Üppigkeiten nur Anlaß geben würde, verstattet werden. Damit auch männiglich von dem verderblichen Spielen so viel mehr abgehalten werde; So sollen diejenige, welche notoriè solchem sich ergeben, davon gleichsam eine Profession und Handwerck machen, und sich und ihre Familien durch solches unordentliche Leben und verderbliche Spielen zu Grunde richten, nicht allein bey denen Kirchen- und Armen-Kasten sich keiner Assistentz und Hülffe zu erfreuen haben, sondern auch von der Justiz jedes Orts und denen Fiscalischen Bedienten vorgefordert, und vorkommenden Umständen nach, in eine ansehnliche Geld-Busse, wann sie des Vermögens seynd, condemniret, sonsten aber mit Gefängniß oder anderer Leibes-Straffe beleget werden.

Und weilen der Sonntag, wie imgleichen der allerheiligste Nahme des grossen GOttes durch nichts so sehr, als das bey dem Spielen vorgehende grausame Fluchen, nebst der Unzucht und Hurerey, so in denen Schencken; Cabarets und Herbergen vorzugehen pflegen, profaniret und entheiliget wird; So sollen dergleichen Flücher, Lästerer und Hurer nicht allein anderen zum Abscheu auf vorgesetzte Art bestraffet, sondern auch diejenige, welche dergleichen öffentliche Herbergen, Schencken und Spiel-Häuser halten, und Leute, so dem Spielen nachgehen, oder sonsten verdächtig seynd, darinnen aufnehmen, für die bey ihnen vorgehende Excesse zu antworten schuldig und gehalten seyn, auch wegen solcher Scandalen und Aergernüssen eben so hoch, als die Thäter selbsten, bestraffet werden. Imgleichen wann sichs zutrüge, daß ein Trunckener des Sonntags auf der Strasse gesehen, oder des Nachts durch unanständiges Schreyen gehöret würde; So sol derselbe alsofort, ohne Ansehen der Person, durch die Militz oder Stadt-Diener aufgehoben, und folgenden Tages darnach geforschet werden, wo und durch was vor Gelegenheit er zu dem übermäßigen Trincken sich verführen lassen, da dann der Schencke, oder der und diejenige, so daran Schuld gewesen, nebst demselben zur gebührenden Straffe sollen gezogen werden.

Und ob wohl in Unseren allhiesigen Residentzien, wie auch anderen Städten, wo Unsere Völcker einquartieret seynd, absonderliche Wachten herum gehen, welche die Schencken und Gäste, so betroffen werden, aufheben und in die Haupt-Wachten bringen sollen; So befehlen Wir jedoch allen und jeden Magistraten, so wohl in Unseren allhiesigen Residentzien, als auch in allen anderen Städten Unserer Chur- und Marck Brandenburg hiermit allergnädigst und ernstlich, auf alles fleißige Acht zu haben, durch die Stadt-Diener, welche hinführo zu ihrer Sicherheit und mehreren Nachdruck ein Unter-Officirer nebst ein paar Musquetirern, so oft sie es verlangen, oder es nöthig erachtet wird, zugegeben werden soll, die Wein- und Bier-Schencken, auch Zünfft-Theé- und Caffeé-Häuser, in der Stadt so wohl, als vor den Thoren, auch den sogenanten Wedding, vor Unsere hiesige Residentzien, ohne Unterschied der Nation und Jurisdiction, es halten selbige gleich Refugirte, Frantzösen, Pfältzer, Schweitzer, oder andere Eximirte, visitiren zu lassen, und die Übertreter so fort zur gefänglichen Hafft in die Wachten, oder auch in den Bürgerlichen Gehorsam zu bringen, damit selbige, anderen zum Exempel, gehörig bestraffet werden könen. Diejenige, so hierwieder gehandelt zu haben, in hiesigen Residentzien betreten werden, sollen nach Inhalt derer vorigen Edictorum, als welche Wir sämtlich hiedurch allergnädigst renoviret und geschärffet haben wollen, mit einer arbitrairen Geld-Straffe, welche Wir, wann grosse Excesse vorgegangen und Uns alsdann angezeiget worden, nach Befinden determiniren und ad pios usus verwenden lassen wollen, beleget werden, wovon diejenige, welche den Verbrecher angeben, oder auffinden, den zehenden Theil zu geniessen haben; Und wann jemand öffters darwieder handeln würde, dergestalt, daß ein Frevel und Verachtung dabey solte verspüret werden, oder auch gar jemand der Visitation sich gewaltsamer Weise zu widersetzen unternehmen würde, sol selbiger Freveler nach Verdienst mit Landes-Verweisung oder anderer harter Leibes-Straffe beleget werden; Wornach sich jedermänniglich gehorsamst zu achten und für Schaden zu hüten hat.

Weilen auch der Gottesdienst am Sonntage fast überall auf dem Lande und in denen Dörfferen sehr schlecht und kaltsinnig verrichtet wird; So wollen Wir hiermit nochmahlen allergnädigst und ernstlich verordnet haben, daß die Prediger auf dem Lande, ausser denen Sonntag Morgens-Predigten, auch Nachmittage ihre Zuhörer, Jung und Alt, in die Kirche kommen lassen, und selbige nicht allein aus der vorgehaltenen Predigt examiniren, sondern sie auch in dem Catechismo unterweisen, und zur Übung eines Christlichen Lebens mit guten Exempeln und Ermahnungen anführen sollen, und sol die Obrigkeit jedes Orts die Unterthanen Jung und Alt, darzu mit Ernst anhalten, auch selbst bey solchen gottseligen Übungen sich einfinden. Wann ein Prediger Matrem & Filiam, oder auch mehr Kirchen zu besorgen hat, soll solches an dem Orte, wo die letzte Predigt geschehen, verrichtet werden.

Welchemnach Wir dann allen und jeden Magistraten in Städten, Gerichts-Obrigkeiten und Kirchen-Patronis auf dem Lande hiermit allergnädigst und ernstlich anbefehlen, hierüber treulich und sorgfältig zu halten, und wieder die Contravenienten mit der hierinnen gesetzten Straffe unabläßig und bey vermeidung Unserer Ungnade zu verfahren, oder gewärtig zu seyn, daß auf den säumigen Fall solche doppelt von ihnen beygetrieben, auch vorkommenden Umständen nach, sie ihrer Jurisdiction und Juris Patronatus priviret und verlustig erkläret werden sollen, worunter dann Unser Officium Fisci gehörig zu vigiliren hat. Dafern auch die Prediger diesem Unserm Edict nachzuleben unterlassen würden; So haben jetztgedachte Magistraten, Gerichts-Obrigkeiten und Kirchen-Patroni, solches Unserm Geistlichen Consistorio allhier so fort anzuzeigen, welches selbige, wann sie keine erhebliche Ursachen anführen können, mit einer unnachläßlichen Geld-Busse, auch der Suspension und vorkommenden Umständen nach der Remotion ab officio zu belegen, und solchergestalt ihres Orts diesem Unserm wiederholten Edicto Nachdruck zu geben hat.

Urkundtlich haben Wir dieses durch den Druck zu jedermanns Wissenschafft bringen und unter Unserer Unterschrifft und Insiegel ausfertigen lassen, wollen auch, damit dasselbe in stetem Gedächtniß verbleiben und niemand sich mit der Unwissenheit entschuldigen könne, daß solches alle Viertel-Jahr von denen Cantzeln aller Orten abgelesen und an den Thoren und Rath-Häusern angeheffet werden solle. So geschehen und gegeben zu Cölln an der Spree, den 28. Octobris, 1711.

Friedrich

M. L. von Printzen

ALLGEMEINES EDICT
wegen Abstellung des Voll-Sauffens,
und daß die Trunckenheit
in denen Delictis nicht entschuldigen,
sondern die Straffe vermehren soll.
De dato
Berlin, den 31. Martii 1718.

Wir Friderich Wilhelm, von GOttes Gnaden, König in Preussen, Marggraf zu Brandenburg, des Heil. Röm. Reichs Ertz-Cämmerer und Churfürst, u. Fügen hiermit jedermänniglich zu wissen, daß, obzwar GOttes Wort das abscheuliche Laster der Trunckenheit ernstlich verbiethet, und die Trunckenbolde von der Hoffnung des Reichs GOttes ausschliesset, nicht weniger so viel nachdrückliche Gesetze und Ordnungen, um diesem Laster zu steuren, hin und wieder, auch besonders in des Röm. Reichs Satzungen gegeben, auch selbst in dem Duell-Edict Artic. 13. alle und jede Christliche, Ehr- und Tugend-liebende Kriegs- und Civil-Bediente, und insgemein alle Unsere Unterthanen ernstlich erinnert worden, sich vor dieses heßliche, schädliche, und einem Menschen, geschweige Christen, unanständige Laster der Völlerey zu hüten, dennoch solches alles bisher diesem verderblichen Unwesen nicht abgeholfen, vielmehr sich gezeiget, daß noch vielfältig durch übermäßige Trunckenheit sich Leute selbst den unvernünfftigen Thieren gleich gemachet, darüber Mord und Todschlag entstanden, und noch wohl dazu wegen solcher

115 CONSTIT. MARCHICARUM. II. Theil, III. Abth. von Criminal-Sachen ꝛc. 116

auszufinden alle mögliche Bemühung angewendet werden solle.

3. Solte sich nun finden, daß der Thäter das Leben verwürcket; So soll darauf ohne Ansehen einiger Person gesprochen, und mehr auf GOttes Befehl, so derjenigen Blut, die Menschen-Blut vergossen, wieder vergossen haben will, als auf ungegründete Ausflüchte, welche zum Deckmantel der Boßheit erdacht seyn, sehen, und dessen nicht schonen sollen, welchen GOtt und die Gesetze hierinn nicht wollen geschonet wissen; Jedoch verstehet sich von selbst, und ist in Heiliger Schrifft gegründet, daß, wann zufälliger Weise und nicht aus Vorsatz oder in Nothwehr, jemand entleibet wird, der Thäter damit gehöret, und nicht unschuldig condemniret werden müsse, damit nicht ein Unschuldiger zum Tode verurtheilet, und an statt unschuldig Blut zu rächen, solches vergossen, und dergestalt das Land damit beschweret werde.

4. Weil auch unter denen so genannten Rencontres bisher ein grosser Mißbrauch verspühret, und wann der Entleibete den Degen gezogen, von dem Thäter eine Nothwehr vorgeschützet, und selbige zuweilen bloßhin davor angesehen worden; So soll in dergleichen Fällen genaue Auffsicht genommen, ob es eine Rencontre oder præmeditirte Sache gewesen? gründlich untersuchet, und letzternfalls es als eine blosse Rencontre keinesweges geachtet werden, massen dann auch derjenige, so durch Schelt-Worte, oder Schläge, oder Beziehung auf seinen Degen, den andern zum Ziehen des Degens veranlasset, hinkünfftig mit der Nothwehr sich nicht behelffen, sondern wann er den andern entleibet, als ein Todtschläger geachtet werden soll.

5. Und da Unser hiesiges Criminal-Collegium jetzo im Begriff ist, den zweyten Theil der Criminal-Ordnung zu verfertigen, und darinn die Bestraffung der Verbrechen deutlich, und mit möglichster Wegräumung der verschiedentlich sich findenden differenten Meynungen zu entwerffen; So hat selbiges sich angelegen seyn zu lassen, was noch hierinn gutes und heilsames ausgefunden werden kan, an Hand zu geben, und dabey insonderheit die unnöthige Disputes, wegen Lethalität der Wunden vollends abzuschneiden, auch zu Unserer allergnädigsten Approbation mit einzusenden.

Wir befehlen dennach allen Unseren Krieges- und Civil-Bedienten, Regierungen und Befehlshabern, auch allen Obrigkeiten in Städten, Flecken und auf dem Lande krafft dieses in Gnaden und ernstlich, über dieses Edict genau zu halten, und damit es zu männigliches Wissenschafft gelange, die Versehung zu thun, daß es aller Orten in Unseren Landen gehörig publiciret und öffentlich angeheftet werde. Uhrkundlich unter Unserer eigenhändigen Unterschrifft und aufgedruckten Königlichen Insiegel. Geben Berlin, den 12. Martii 1718.

Fr. Wilhelm.

(L.S.)

L. O. E. v. Plotho.

No. XXXVII. Allgemeines Edict wegen Abstellung des Voll-Sauffens, und daß die Trunckenheit in denen Delictis nicht entschuldigen, sondern die Straffe vermehren soll. De dato Berlin, den 31. Martii 1718.

Wir Friderich Wilhelm, von GOttes Gnaden, König in Preussen, Marggraf zu Brandenburg, des Heil. Röm. Reichs Ertz-Cämmerer und Churfurst, ꝛc. Fügen hiermit jedermänniglich zu wissen, daß, obzwar GOttes Wort das abscheuliche Laster der Trunckenheit ernstlich verbiethet, und die Trunckenbolde von der Hoffnung des Reichs GOttes ausschliesset, nicht weniger so viel nachdrückliche Gesetze und Ordnungen, um diesem Laster zu steuren, hin und wieder, auch besonders in des Röm. Reichs Satzungen gegeben, auch selbst in dem Duell-Edict Artic. 13. alle und jede Christliche, Ehr- und Tugend-liebende Krieges- und Civil-Bediente, und insgemein alle Unsere Unterthanen ernstlich erinnert worden, sich vor dieses heßliche, schädliche, und einem Menschen, geschweige Christen, unanständige Laster der Völlerey zu hüten, dennoch solches alles bisher diesem verderblichen Unwesen nicht abgeholffen, vielmehr sich gezeiget, daß noch vielfältig durch übermäßige Trunckenheit sich Leute selbst den unvernünfftigen Thieren gleich gemachet, darüber Mord und Todschlag entstanden, und noch wohl dazu wegen solcher Raserey ein Vorwand gesuchet worden, um der verdienten Todes- und andern Straffen zu entgehen.

Damit Wir nun dieses schändliche Laster nicht weiter im Schwange gehen, sondern mehr und mehr abschaffen lassen; Als setzen und ordnen Wir hiermit und Krafft dieses wissentlich und wohlbedächtlich, daß

1. Weil unter dem Vorwand des Gesundheit-Trinckens ein grosser Mißbrauch vorgehet, und der Weg zur Völlerey gebahnet wird, solches künfftighin gäntzlich abgeschaffet, und von allen Unsern Unterthanen, Angehörigen und Einwohnern, weß Standes oder Wesens sie seyn, gäntzlich unterlassen, und keine Gesundheit mehr getruncken, vielweniger jemand dazu genöthiget, oder derjenige, so sich dessen unterstehet, die Gesundheit ausbringet, oder auszutrincken annimmt, davor ernstlich angesehen, und andern zum Exempel bestraffet werden solle.

2. Es sollen auch alle und jede Unsere Krieges- und Civil-Bediente, Beamte und Obrigkeiten, auch sonderlich die, so das Policey-Wesen zu respiciren haben, jedes Orts mit Fleiß dahin sehen, daß dergleichen Gesundheit auch sonst übermäßiges Trincken von denen Gastgebern, Wirthen, Wein-Bier- und Brandtweins-Schencken, Keller-Wirthen und dergleichen Leuten in ihren Häusern nicht gestattet, deßhalb fleißig visitiret, und keinem, er sey wer er wolle, hierinn nachgesehen, sondern wider die Ubertreter scharffe Ahndung mit Geld- auch nach Befinden Leibes-Straffe vorgenommen werde.

3. Und weil sich bißher gnugsam gewiesen, daß die Obrigkeiten und andere, denen hierinn die Obsicht oblieget, ihr Amt nicht allemahl mit behöriger Sorgfalt

falt hiebey verwaltet; So wollen Wir die Beobachtung dessen, was Wir hierinn gnädigst verordnet, und sonst zu Erreichung Unsers hiebey führenden Zwecks gereichen kan, hiermit allen und jeden ernstlich aufgegeben und befohlen haben, bey Vermeidung Unserer Ungnade, und anderer schweren Straffe hierüber fest und unverbrüchlich zu halten, maßen dann Unsere fiscalische Bediente ein wachendes Auge desfalls haben, und so wohl wider die Ubertreter dieses Edicts, als auch wider diejenige, so in Auffsicht und Bestraffung nachläßig seyn, ihr Amt pflichtmäßig thun, und hierinn keinem nachsehen sollen.

4. Und damit dieses Ubel desto besser und aus dem Grunde gehoben, und mehr aus einem davor hegenden innerlichen Abscheu, als aus Furcht der Straffe von jedermann detestiret und gemieden werde; So haben die Prediger jeden Orts nicht allein ihren Zuhörern in den ordinairen Predigten die Abscheulichkeit dieses Lasters deutlich vorzustellen, sondern auch nach Befinden diejenige, so des Vollsauffens sich befleißigen, absonderlich zu vermahnen, diejenigen, so nicht sich weisen lassen wollen, der Obrigkeit anzuzeigen, nicht weniger dem Inspectori oder Consistorio jedes Orts deshalb behörige Nachricht zu geben, damit dieselbe deshalb weiter und gestalten Sachen nach, der Kirchen-Busse halber verfügen können.

5. Wir wollen und befehlen auch, daß die Trunckenheit zu keiner Entschuldigung verdienter Straffe, sonderlich bey Todtschlägen und anderen schweren Verbrechen fürgewendet oder angenommen, sondern vielmehr, wenn aus Trunckenheit ein Delictum begangen, die Straffe dadurch schwerer gemachet werden solle, damit jedermann sehen möge, daß die Trunckenheit nicht die geringste Ursache der Straffe gewesen, zu welchem Ende dann in solchen Fällen, wann es auf Geld-Gefängniß und dergleichen geringe Straffen ankömmt, selbige verdoppelt, und wann das Leben verwürcket, die Arth des Todes geschärffet, und nach Befinden an statt des Schwerdts, der Strang, an statt des Stranges das Rad, oder andere dergleichen Exasperation verfüget werden soll.

6. Da sich auch wohl Leute finden, so andere zum Gesundheit-Trincken und Vollsauffen forciren, und also diese in einen Stand setzen, darinn sie nicht Menschen, sondern dem Viehe gleich seyn, und daher aus Brutalité zu Excessen und Verbrechen, die sie nüchtern wohl unterlassen hätten, veranlassen; So soll zwar wider denjenigen, so sich verleiten oder zwingen lassen, was sich gebühret, ergehen, aber auch wider den, so andere gezwungen, beschaffenen Umständen nach ernstliche Straffe ergehen, und wenn sich finden solte, daß derjenige, so den andern forciret, seinen Profit hierunter, und dem Berauscheten das Seinige abzuzwacken gesuchet, selbiger nach aller Rigueur bestraffet werden.

7. Damit sich auch keiner mit der Unwissenheit entschuldigen könne, auch jederman desto mehr erkenne und spüre, daß dieses Unser gnädigster doch ernster Wille und Befehl sey, worüber Wir beständig und ohne Ansehung der Person wollen gehalten wissen; So soll dieses Unser Edict nicht allein durch den Druck publiciret, und an allen gewöhnlichen Orten, insonderheit in den Wirths-Häusern und Ecken von den Strassen in den Städten affigiret, sondern auch alle Viertel-jährige Buß-Tage öffentlich von den Cantzeln verlesen, und ein jeder dabey nachdrücklich vermahnet werden, sich hiernach gehorsamst zu achten, und für den in heiliger Schrifft angedroheten Göttlichen Zorn, auch Unsere Ungnade und andere unausbleibliche schwere Straffen zu hüten.

Wir befehlen derowegen allen Unseren Militair- und Civil-Bedienten, Regierungen, Vorwehsern, Haupt-Leuten, Beamten, Magistraten und Gerichts-Obrigkeiten, auch sonsten männiglich, insonderheit dem Officio Fisci, sich hiernach gehorsamst und genau zu achten, und mit allem Ernst und Nachdruck darüber zu halten. Urkundlich unter Unserer eigenhändigen Unterschrifft und aufgedruckten Königlichen Innsiegel. Geben Berlin, den 31. Mart. 1718.

Fr. Wilhelm.

(L.S.)

L. O. E. v. Plotho.

No. XXXVIII. Edict, daß diejenige, so boßhaffter Weise denen Maulbeer- und andern fruchtbaren Bäumen Schaden zufügen, mit Staupen-Schlag oder Vestungs-Bau bestraffet werden sollen, vom 28. April. 1718.

Nachdem Seine Königliche Majestät in Preussen, Unser allergnädigster König und Herr höchstmißfällig vernommen, wasgestalt einige übelgesinnte Leute verschiedene Jahre her sich unterstanden, denenjenigen Frantzosen, und andern Dero Unterthanen, welche Maulbeer- und andere fruchtbare Bäume anzupflantzen sich angelegen seyn lassen, nicht allein allerhand Hinderungen zu machen, sondern auch die angesetzte Bäume zu nächtlicher Zeit verdorben und ausgewurtzelt haben, ja so gar sich nicht scheuen am hellen Tage in die Gärten einzubrechen, und Früchte zu stehlen; Und dann vorhöchstgedachte Seine Königliche Majestät diese höchststraffbare Boßheit und dergleichen Diebstahl um so vielmehr gesteuret wissen wollen, als Dero allergnädigste Willens-Meynung ist, dergleichen Pflantzungen der Maulbeer- und anderer Frucht-tragenden Bäume in Dero Landen zu befodern, und denenjenigen, welche darinnen andern zum Exempel dienen, oder diese darunter nachfolgen, Dero hohe Gnade angedeihen zu lassen; Als befehlen mehrhöchsterwehnte Seine Königliche Majestät allen Magisträten in den Städten und Beamten auf dem Lande, imgleichen allen und jeden Obrigkeiten, wie sie auch Namen haben mögen, hiedurch in Gnaden und zugleich alles Ernsts, diejenigen, welche denen Entrepreneurs dieser Pflantzungen der Maulbeer- oder anderen fruchtbaren Bäume den geringsten Schaden zufügen, dergleichen Bäume, oder auch die Früchte davon entwenden, oder andern übelgesinneten Leuten dazu Anlaß geben, sofort Derosselben anzuzeigen, und dahin zu sehen, daß dergleichen Hinderungen und

II. Theil. III. Abtheilung.

P 2

Boßheit

Raserey ein Vorwand gesuchet worden, um der verdienten Todes- und andern Straffen zu entgehen.

Damit Wir nun dieses schändliche Laster nicht weiter im Schwange gehen, sondern mehr und mehr abschaffen lassen; Als setzen und ordnen Wir hiermit und Krafft dieses wissentlich und wohlbedächtlich, daß

1. Weil unter dem Vorwand des Gesundheit-Trinckens ein grosser Mißbrauch vorgehet, und der Weg zur Völlerey gebahnet wird, solches künfftighin gäntzlich abgeschaffet, und von allen Unsern Unterthanen, Angehörigen und Einwohnern, weß Standes oder Wesens sie seyn, gäntzlich unterlassen, und keine Gesundheit mehr getruncken, vielweniger jemand dazu genöthiget, oder derjenige, so sich dessen untersehet, die Gesundheit ausbringet, oder auszutrincken annimmt, davor ernstlich angesehen, und andern zum Exemple bestraffet werden solle.

2. Es sollen auch alle und jede Unsere Kriegs- und Civil-Bediente, Beamte und Obrigkeiten, auch sonderlich die, so das Policey-Wesen zu respiciren haben, jedes Orts mit Fleiß dahin sehen, daß dergleichen Gesundheit auch sonst übermäßiges Trincken von denen Gastgebern, Wirthen, Wein-Bier-und Brandweins-Schencken, Keller-Wirthen und dergleichen Leuten in ihren Häusern nicht gestattet, deßhalb fleißig visitiret, und keinem, er sey wer er wolle, hierinn nachgesehen, sondern wider die Übertreter scharffe Ahndung mit Geld- und nach Befinden Leibes-Straffe vorgenommen werde.

3. Und weil sich bißher gnugsam gewiesen, daß die Obrigkeiten und andere, denen hierinn die Obsicht oblieget, ihr Amt nicht allemahl mit behöriger Sorgfalt hiebey verwaltet; So wollen Wir die Beobachtung dessen, was Wir hierinn gnädigst verordnet, und sonst zu Erreichung Unsers hiebey führenden Zwecks gereichen kan, hiermit allen und jeden ernstlich aufgegeben und befohlen haben, bey Vermeidung Unserer Ungnade, und anderer schweren Straffe hierüber fest und unverbrüchlich zu halten, massen dann Unsere fiscalische Bediente ein wachendes Auge desfalls haben, und so wohl wider die Übertreter dieses Edicts, als auch wider diejenige, so in Aufsicht und Bestraffung nachläßig seyn, ihr Amt pflichtmäßig thun, und hierinn keinem nachsehen sollen.

4. Und damit dieses Übel desto besser und aus dem Grunde gehoben, und mehr aus einem davor hegenden innerlichen Abscheu, als aus Furcht der Straffe von jedermann detestiret und gemieden werde; So haben die Prediger jeden Orts nicht allein ihren Zuhörern in den ordinairen Predigten die Abscheulichkeit dieses Lasters deutlich vorzustellen, sondern auch nach Befinden diejenige, so des Vollsauffens sich befleißigen, absonderlich zu vermahnen, diejenigen, so nicht sich weisen lassen wollen, der Obrigkeit anzuzeigen, nicht weniger dem Inspectori oder Consistorio jedes Orts deshalb behörige Nachricht zu geben, damit dieselbe deshalb weiterund gestalten Sachen nach, der Kirchen-Busse halber verfügen können.

5. Wir wollen und befehlen auch, daß die Trunckenheit zu keiner Entschuldigung verdienter Straffe, sonderlich bey Todtschlägen und anderen schweren Verbrechen fürgewendet oder angenommen, sondern vielmehr, wenn aus Trunckenheit ein Delictum begangen, die Straffe dadurch schwerer gemachet werden solle, damit jedermann sehen möge, daß die Trunckenheit nicht die geringste Ursache der Straffe gewesen, zu welchem Ende dann in solchen Fällen, wann es auf Geld-Gefängniß- und dergleichen geringe Straffen ankömmt, selbige verdoppelt, und wann das Leben verwürcket, die Arth des Todes geschärffet, und nach Befinden an statt des Schwerdts, der Strang, an statt des Stranges das Rad, oder andere dergleichen Exasperation verfüget werden soll.

6. Da sich auch wohl Leute finden, so andere zum Gesundheit-Trincken und Vollsauffen forciren, und also diese in einen Stand setzen, darinn sie nicht Menschen, sondern dem Viehe gleich seyn, und daher aus Brutalité zu Excessen und Verbrechen, die sie nüchtern wohl unterlassen hätten, veranlassen; So soll zwar wider denjenigen, so sich verleiten oder zwingen lassen, was sich gebühret, ergeben, aber auch wider den, so andere gezwungen, beschaffenen Umständen ernstliche Straffe ergehen, und wenn sich finden sollte, daß derjenige, so den andern forciret, seinen Profit hierun-

ter, und dem Beräuscheten das Seinige abzuzwacken gesuchet, selbiger nach aller Rigueru bestraffet werden.

7. Damit sich auch keiner mit der Unwissenheit entschuldigen känne, auch jedermann desto mehr erkenne und spüre, daß dieses Unser gnädigster doch ernster Wille und Befehl sey, worüber Wir beständig und ohne Ansehung der Person wollen gehalten wissen; So soll dieses Unser Edict nicht allein durch den Druck publiciret, und an allen gewöhnlichen Orten, insonderheit in den Wirths-Häusern und Ecken von den Strassen in den Städten affigiret, sondern auch alle Viertel-jährige Buß-Tage öffentlich von den Cantzeln verlesen, und ein jeder dabey nachdrücklich vermahnet werden, sich hiernach gehorsamst zu achten, und für den in heiliger Schrifft angedroheten Göttlichen Zorn, auch Unsere Ungnade und andere unausbleibliche schwere Straffen zu hüten.

Wir befehlen deswegen allen Unseren Militair- und Civil-Bedienten, Regierungen, Verwehsern, Haupt-Leuten, Beamten, Magistraten und Gerichts-Obrigkeiten, auch sonsten männiglich, insonderheit dem Officio Fisci, sich hiernach gehorsamst und genau zu achten, und mit allem Ernst und Nachdruck darüber zu halten. Urkundlich unter Unserer eigenhändigen Unterschrifft und aufgedruckten Königlichen Innsiegel. Geben Berlin, den 31. Mart. 1718.

Fr. Wilhelm (L. S.)

L. O. E. v. Plotho.